치문

제3권
모두 함께 깨달음을

선문·시중·게찬·호법·잡록·부록

원순 풀어씀

도서
출판 법공양

함께 걸어갈 뒷사람들을 위해

볼 수 없는 것을 보고
들을 수 없는 것을 들을 수 있는
능력을 지닌 원력보살처럼
조계산의 송광사 위 쪽 한적한 암자에서
십 수 년을 홀로 정진하며 쉴 틈 없이
경전과 어록을 현대인들이 쉽게 이해할 수 있도록
번역에 매진하고 있는 모습에서
누구보다도 빛나는 내면의 힘을 느낀다면
나 혼자만의 착각일까.

번역에 뜻을 두었다고 해서
누구나 할 수 있는 일이 아님을 잘 알고 있는 나로서는
경외심을 금할 수가 없다.

만날 때마다 키가 더 커져 있는 스님에게
얼마나 컸는지 키 한번 재보자고 한 허물 때문에
이 글을 쓰고 있으니 고소를 금할 수가 없다.

스님들이 절집에 들어와서 계를 받고
강원에 가면 처음 만나는 것이 바로 이『치문緇門』이다.

한문으로 된 것을 외워 바쳐야
강講을 해주던 시절이 엊그제 같은데
지금은 한글로 번역된 것이 여러 권 되는 것 같다.

그 가운데 원순 스님께서 불교를 알려고 하는
현대인들에게 보다 쉽게 이해할 수 있도록
운율에 맞춰 번역작업을 하고 있는 것을
옆에서 지켜보면서 어지간한 끈기와 노력 없이는
힘든 작업이겠구나 하고 생각한 것이 얼마 전 일인데
어느새 세상 나들이 하는 것이 시간문제란다.

스님께서『치문緇門』을 번역하는 동안
인월암에서 한 시간 거리에 있는 천자암을
매일같이 오르내리면서『치문』을 외운다고 하니
어찌 키가 커지지 않을 수 있겠는가.

원순 스님!

오늘도 그 곳의 밤하늘엔
수많은 별들이 밝게 빛나고 있습니까?

부처님의 가르침을 누구에게나
온몸으로 전하려는 스님의 큰 뜻을
조금은 알 것도 같습니다.

우리의 일이란,
결국 신심으로 시작해서 신심으로 마무리되겠지만
오래도록 이 길을 함께 걸어갈 뒷사람들을 위해
더 많은 전설을 만들어 갑시다.

불기 2553년 정월에
향상원向上院에서 수불修弗 합장

『치문경훈』을 한글 풀이하며

『치문경훈緇門警訓』에서 '치緇'는 머리를 깎고 먹물 옷을 입은 검소한 수행자를 뜻하고, '문門'은 올곧은 수행을 통하여 부처님 세상으로 들어가는 문을 말하며, '경훈警訓'은 이러한 수행을 도와줄 수 있는 덕 높은 스승들의 따끔한 가르침을 가리킵니다.

이 『치문경훈』은 현 조계종 불교전통강원에서 처음 배우는 중요한 과목입니다. 험난한 세상에서 올곧은 수행자가 되어 세상의 빛이 되려고 부처님 품안에 들어온 예비 승려들이 처음에 공부하는 것이 바로 이 책입니다.

『치림보훈』에서 『치문경훈』으로

이 책은 중국 북송 때 택현온제擇賢蘊齊 선사가 편찬한 『치림보훈緇林寶訓』이라는 좋은 책이 없어졌을 때, 원나라 환주암 지현영중智賢永中 스님께서 흩어지고 없어진 글들을 모으는 가운데 부처님 가르침을 크게 일깨워 줄 수 있는 글을 조금 더 보태어서 『치문경훈緇門警訓』이라는 새로운 이름으로 황경皇慶 2년 1313년에 발간된 것입니다. 영중 스님께서 중국에 불교가 들어온 뒤로 진晉·유송劉

宋·양梁·북주北周·수隋·당唐·송宋·원元·명明에 이르기까지 전해오던 불교에 관한 좋은 글들을 보충하여 아홉 권으로 편집하여 간행한 것입니다.

그 뒤 명나라 여근如巹(1425-?) 스님이 1474년 1권을 증보하여 열 권으로 만들었습니다.

우리나라로 들어온 『치문경훈』

고려말 공민왕 때 왕사였던 태고보우(1301-1382) 스님이 중국 남쪽 지방으로 공부하러 돌아다니다가 이 책을 만났을 때 그 내용을 보고 너무 좋아하셨던 것 같습니다. 장차 본국에 돌아가 널리 알려서 나라와 백성들을 이롭게 해야 되겠다고 뜻을 굳히고 석옥청공 선사의 법을 이어받은 뒤 1348년 귀국할 때 이 책을 가져왔습니다. 이런 인연으로 몇 년이 흘러 1378년 명회 스님과 도암 스님을 만나 책을 찍고 법보시를 하게 되었습니다. 그리하여 이 책이 절에서 널리 읽혀지게 되었습니다.

이 책에는 생활 속에서 가까이 해야 할 간절한 가르침이 들어 있습니다. 도에 들어가는 첫걸음이요, 어리석은 사람들을 이끌어주는 부처님의 자비입니다.

그러나 이 책은 뛰어난 선지식의 안목으로 인용한 글들이 많이 실려 있어 두루 학문을 섭렵하지 못하면 참으로 걸림 없이 알기 어려웠습니다.

이를 안타깝게 생각한 성총 스님이 조선 숙종 1695년에 자비심으로 『치문경훈』을 추려내 원문에 상세하게 주해를 덧붙여 상중하 세 권으로 구성된 『치문경훈주』를 만들어 출간하였습니다. 그 뒤 『치문경훈주』는 불교전통강원에서 반드시 공부해야 할 교재가 되었습니다.

『치문경훈주』 상권은 『치문경훈』 1권부터 3권 뒷부분 '가사袈裟 공능功能'을 보여주는 부분까지이고, 중권은 3권 '대교영단大敎永斷'부터 7권 뒷부분 '고경화상古鏡和尙'까지입니다. 중권은 『치문경훈』에서 분량이 얼마 안 되는 제5권만 모두 삭제하고 대신 '동산양개 화상 편지글'을 새롭게 실었습니다. 하권은 7권 '설두명각 선사'부터 10권 마지막까지 모두 포함되어 있습니다.[1]

1936년부터 현재까지 불교전통강원에서 교재로 사용해 왔던 『정선현토치문』은 진호 스님이 백암성총 스님의 『치문경훈주』가 분

---

1. 열 권에서 세 권으로 줄어들었다고 하지만 생략된 글은 글자 분량으로 따지면 전체 20분의 1도 안 되는 것이며, 처음부터 영중 스님의 『치문경훈』 아홉 권을 전부 주해하고 '동산양개 화상 편지글'을 새롭게 보태서 상중하 세 권으로 편집한 것이 아닌가 싶습니다.

량이 많다고 생각하여 그 안에서 중요한 내용만 간추린 것입니다. 진호 스님은 이 책을 13장으로 나누어서 한문 본문과 한문 주해에 현토를 달고 부록으로 전기傳記와 계고稽考를 덧붙여 한 권으로 편집하여 출판하였습니다.

스님들이 가야 할 길

『치문경훈』의 구성을 살펴보면 1장은 따끔한 훈계를 주는 글을 모아놓은 '경훈警訓'이고, 2장은 열심히 힘이 닿는 대로 부지런히 내전과 외전을 공부하라는 글을 모아놓은 '면학勉學'이며, 3장은 제자나 후학들에게 올바른 가르침을 남겨둔 '유계遺誡'입니다. 저는 이 글들이 스님들이 어떻게 살아야 할지를 가르치는 것으로 보아 1장부터 3장까지를 『치문』 1권으로 묶어 부제를 '스님들이 가야 할 길'로 정하였습니다.

수행은 중생의 복밭

『치문경훈』 4장은 마음에 늘 새겨두고 살아야 할 글을 모아놓은 '잠명箴銘'이고, 5장은 공부에 관한 편지글을 모아놓은 '서장書狀'이며, 6장은 여러 사찰 건축물에 대한 기록을 모아놓은 '기문記文'이고, 7장은 서문이 있는 책들 가운데 훌륭한 서문만 골라 수행자들에게 귀감이 될 만한 글을 모아놓은 '서문序文'이며 8장은 이산

혜연 선사와 산곡 거사의 발원문이 있는 '원문願文'입니다. 여기까지 『치문』 2권으로 묶어 부제를 '수행은 중생의 복밭'이라고 정하였습니다. '수행을 완성하여 중생의 복밭이 되어야 한다.'는 내용들이 중심이기 때문입니다.

모두 함께 깨달음을

『치문경훈』의 9장은 선문에 관한 내용을 모아놓은 '선문禪文'이고, 10장은 선사들의 가르침을 모아놓은 '시중示衆'이며, 11장은 백시랑과 사마온공의 게송을 모아놓은 '게찬偈讚'입니다. 12장은 황제들이 불법을 따르고 지키려는 내용을 모아놓은 '호법護法'이고, 13장은 기타 신행에 도움을 줄 수 있는 여러 가지 글을 모아놓은 '잡록雜錄'이며, 마지막 부록은 인과응보를 설파하여 수행자의 마음가짐을 다잡는 내용을 모아놓은 '전기傳記'와 '계고稽考'입니다. 불교에서 말하는 이런 내용들은 모두 자기 수행의 완성을 통하여 그 인연으로 모든 중생이 함께 깨닫고 행복해져 부처님 세상이 완성되기를 바라는 것들입니다. 따라서 『치문』 3권에 해당되는 이 부분의 부제를 '모두 함께 깨달음을'이라고 정하였습니다.

이 글을 정리하면서 성총 스님의 서문에서 마음에 와 닿는 글이 있어 그것으로 이 책을 풀이하는 제 마음을 대신하고자 합니다.

"제가 이 일을 하는 것은 도를 이루려 한 것이요 명예를 얻고자 한 것이 아닙니다. 법을 위하는 일이었지 이 몸의 부귀영화를 위했던 것은 아닙니다. 비유하면 봄에 새가 울고 여름에 천둥이 치며 가을에 풀벌레가 울고 겨울에 차디찬 바람이 부는 것처럼, 모든 게 자연스럽게 우러나오는 것이므로 그만 둘 수 있는 일이 아니었습니다.

어찌 저의 좁은 견문見聞을 감히 세상에 드러내어 잘못된 수많은 견해를 바로잡으려고 했겠습니까. 부족하나마 저 혼자만이 할 수 있는 역할을 보여주고자 했을 뿐입니다.

잘못 풀이하여 깊고 오묘한 뜻을 없애 버린다면 이 또한 풀이를 하여도 풀이를 한 것이 아니니, 어찌 해석을 일삼지 않는 고인의 뜻을 체득했다 하겠습니까.

다만 제가 한 이 일들이 많은 사람의 공부에 '태산을 이루는 한 줌의 흙이나 천리를 가는 첫걸음처럼' 조그마한 도움이 될 수 있기를 바랄 뿐입니다."

2009년 2월 인월행자 원순

치문 _ 제1권

『치문경훈』을 만들면서 _ 비구영중

나라와 백성을 이롭게 하고자 _ 태고보우

『치문경훈』 풀이를 하며 _ 백암성총

근기와 욕망, 성품이 다르므로 _ 설호초우

1장. 경훈 _ 배움이란 본디 성품을 닦는 것

1. 위산경책 _ 위산영우
2. 총림 스님들이 귀감 삼아야 할 글 _ 자각종색
3. 올바른 가르침을 내리고자 _ 영명연수
4. 배움이란 본디 성품을 닦는 것 _ 설두명각
5. 중생계는 끝이 없는 영원한 감옥 _ 천태원 스님
6. 늘 자신을 경책하는 글 _ 자운참주

2장. 면학 _ 학문에 힘써야 한다

1. 학문에 힘써야 한다 _ 고산지원
2. 배움에 힘써야 할 열 가지 길 _ 경덕사 법운
3. 부지런히 학문하라 _ 서학로
4. 경전 보는 법을 가르쳐라 _ 보녕인용
5. 많이 배우기를 싫어하지 말라 _ 우가녕 승록

3장. 유계 _ 도에 책임질 것을 당부하노라

1. 도에 책임질 것을 당부하노라 _ 고산지원
2. 제자에게 남긴 아홉 가지 가르침 _ 대중홍사 도안
3. 어린 스님에게 남기는 가르침 _ 양고승 칭법주
4. 어린 동자에게 주는 가르침 _ 종산철우
5. 어린 행자를 훈계하는 글 _ 월굴혜청

치문 _ 제2권

4장. 잠명 _ 출가란 무엇인가

1. 출가란 무엇인가 _ 자은 스님
2. 머리 깎고 법복 입어 _ 규봉종밀 선사
3. 마음 쉬기를 _ 망명 스님

5장. 서장 _ 부모님을 떠나가며

1. 부모님을 떠나가며 _ 동산양개 스님
2. 기다리지 마옵소서 _ 동산양개 스님
3. 어머니의 답장
4. 영가 스님을 초청하며 _ 낭朗 선사
5. 영가 스님의 답장

6. 수전守詮 장로를 법제자로 _ 응암화 선사

7. 육물을 받아 주시옵소서 _ 대지조 율사

8. 도를 깨치는 일은 쉽다 _ 밀암도겸 선사

9. 나만 옳다는 주장이 가장 큰 병 _ 안시랑

10. 주지 임명을 거두소서 _ 고경 화상

6장. 기문 _ 인과를 알고 공부해야

1. 아파도 흔들리는 마음을 챙겨야 _ 초연 거사

2. 영안선원 법당을 지으면서 _ 무진 거사

3. 새롭게 승당을 건립하며 _ 무진 거사

4. 홍주 보봉선원 선불당 _ 승상 장상영

5. 수주 대홍산 영봉사 시방선원 _ 무진 거사

6. 인과를 알고 공부해야 _ 송대제

7. 포선산 혜공선원 윤장기 _ 무위 거사 양걸

7장. 서문 _ 탁발을 내보내며

1. 자경록 서문 _ 남곡 스님
2. 선림묘기 서문 _ 서명사 현칙
3. 탁발을 내보내며 _ 각범홍 선사
4. 세월을 낭비하지 말라

8장. 원문 _ 발원문

1. 이산혜연 선사 발원문 _ 이산혜연 선사
2. 산곡 거사 발원문 _ 산곡 거사

치문 _ 제3권

함께 걸어갈 뒷사람들을 위해 _ 수불 5
『치문경훈』을 한글 풀이하며 _ 원순 8

9장. 선문 _ 선에 관한 글들

1. 선법의 시작은 _ 우가찬영 27
2. 좌선하는 방법 _ 종색 선사 33
3. 참선을 해야 한다 _ 종색 선사 47

10장. 시중 _ 선사들의 가르침

1. 부처님의 참모습을 생각해야 _ 혼융 선사 57
2. 세상 인연은 물들기 쉬워 _ 백양순 선사 61
3. 출가란 무엇입니까 _ 부용해 선사 63
4. 나도 역시 대장부라 _ 나암추 화상 81

11장. 게찬 _ 게송으로 찬탄하다

1. 붓을 잡은 인연으로 내생에 _ 백시랑   89
2. 선을 풀이한 게송 _ 사마온공   99

12장. 호법 _ 불법을 지키고 보호하기를

1. 한현종 때 부처님의 가르침이 _ 법본내전   107
2. 출가의 본업 _ 수나라 황제의 칙서   129
3. 보살계를 내려 주옵소서 _ 진왕 불제자 양광   135
4. 양나라 황제가 도교를 버리고 _ 불제자 소연   151
5. 삼보를 찬탄하다 _ 송나라 인종황제   163
6. 신하들과 불교를 토론하다 _ 서명사 도선   167

13장. 잡록 _ 교훈이 되는 좋은 이야기들

1. 스님을 존중해야 하는 까닭 _ 명교숭 선사   189

2. 스님 되기 어려워 _ 희안 수좌   203

3. 행각할 때 마음가짐 _ 범촉공이 원오에게   219

4. 살모사 독과 똥오줌 _ 우운종무 화상   227

5. 법화경 독송 _ 수아 법사   233

6. 현존하는 삼보에 의지해야   247

7. 불교와 유교와 도교를 함께 _ 우가녕승록   259

8. 태재가 공자에게 성인에 대해 묻다   287

9. 현자들의 게송   291

13장 _ 9. 현자들의 게송

스스로 무심하면 291
병든 승려 보살피며 293
스스로를 경책하며 295
참다운 주지는 297
참된 공부를 해야 299
불안 선사의 예배와 경행과 독송 301
병든 스님 보살피소 305
하얀 머리 문득 놀라 307
동자승에게 주는 가르침 309
주어진 삶 모든 곳에 319
법을 전하리 321
코 찌르는 매화 향기 323
아름다운 풍류 325

14장. 부록

1. 전기 _ 전해오는 재미나는 이야기들

    법화경 독송의 공덕   329

    시주물의 용도를 달리 쓴 호용죄   333

    동산 방장실의 부젓가락   341

    살려 준 은혜에 보답한 뱀   343

    말이 많아 생긴 재앙   345

    경전을 소중하게 여겨야   351

    토굴을 지어 준 복락   353

2. 계고 _ 옛날 일들을 생각하며

    골수를 얻었도다   359

    삼씨 한 알 보리 한 알   361

    주장자를 날려 보내니   363

    순천 선암사를 소재로 쓴 시   365

    호랑이 싸움을 말리다   367

찾아보기 _ 371

일러두기

1. 이 책은 대한불교조계종 교육원에서 2008년에 출간한 『신편치문』 한문 원문을 참고하여 '한글풀이' 하되, 안진호 스님의 『정선현토치문』을 예전 그대로 수록하여 그 분량을 『치문』 1권, 2권, 3권으로 나누어 부제를 달았다.
2. 한문 본문의 현토는 풀이내용을 기반으로 하였기에 이 책을 볼 때에만 참고로 볼 일이다.
3. 성총 스님의 『치문경훈주』에서 주해 내용을 풀이하는 과정에서 잘못이 있다고 판단되어 가감할 필요가 있는 곳에서는 첨삭한 내용들이 있기도 하다.
4. 풀이는 한문순서대로 하되 윤문과정에서 우리 말법에 맞추었다. 한문을 따라가는 직역을 원칙으로 하되 이해가 안 되는 부분은 의역을 하기도 하였다.
5. 각주에서 한자 원문이 함께 실려 있는 것은 성총 스님의 주해이다.
6. 한자 독음은 두음법칙에 따라 표기하였다.

제9장

선에 관한 글들

禪文

1. 傳禪觀法[1]
전 선 관 법

禪法濫[2]觴은
선 법 람 상

自於秦世로 僧叡法師 序關中出禪經[3]이니
자 어 진 세 승 예 법 사 서 관 중 출 선 경

其文 則明心達理之趣也니라.
기 문 즉 명 심 달 리 지 취 야

然이나 譬若 始有其方이되 未能修合이 弗聞療疾인데 徒曰 醫書라.
연   비 약 시 유 기 방   미 능 수 합   불 문 요 질   도 왈 의 서

---

1. '전선관법傳禪觀法'은 『대송승사략大宋僧史略』 상권에 실려 있는 글인데 우가 찬영右街贊寧이 저술한 것이다.
2. 『서경』에서 "세 개의 강이 넓고 깊게 흐르지만 그 근원은 잔 하나 띄울 정도이다." 라고 말했다. '람濫'은 다만 잔 하나 띄울 정도의 물 또는 잔 하나에 가득 채울 정도의 물을 뜻한다. 그 근원은 작지만 점차 장강과 한수와 같은 크고 넓은 강을 이루게 되었다는 것을 말한다. 선법의 전수도 역시 이와 같다.[書云 三江浩浩 其源濫觴. 濫 但可泛一盃而已 又 泛溢於盃觴也. 言其源則 小而漸成江漢之浩瀚. 禪法之傳 亦如是也]
3. 달마 스님이 아직 중국에 오지 않았을 때 동진東晉의 원공遠公 여산혜원廬山慧遠 스님이 『달마다라선경達摩多羅禪經』 2권을 불타발타라에게 번역시켜 진秦의 관중에 보관해 두었었는데, 승예 스님이 관중에 보관해 두었던 이 책을 꺼내 서문을 짓고 세상에 널리 알렸다.[達磨未來中土時 晋遠公譯其禪經二卷 藏秦關中 僧叡出關中所藏禪經 作序流布]

1. 선법의 시작은 _ 우가찬영

선법의 시작은 승예僧叡[1] 스님이 진나라 때 불타발타라가 번역하여 관중關中에 보관해 두었던 『달마다라선경』을 꺼내 서문을 쓰고 세상에 널리 알린 뒤부터이니, 그 서문의 내용은 마음을 밝혀 이치를 통달해야 한다는 긴요한 뜻을 담고 있었습니다.

그러나 그 시대의 상황을 비유하자면 비로소 '선을 하는 방법'은 있되 '아직 수행하여 깨달음에 들어가지 못한 것'이, 마치 병을 치료했다는 소리는 듣지 못했는데 사람들이 부질없이 의서에 있는 처방전만 가지고 떠드는 것과 같았습니다.

---

1. 승예僧叡 스님은 기주冀州 사람인데 구마라집 문하 사철四哲의 한 사람이다. 경론에 널리 통달하고 천축의 여러 나라를 돌아본 뒤 관중關中에 돌아와 구마라집 밑에서 공부하였다. 뒤에 여산에 들어가 혜원慧遠과 함께 정토수행을 하였다. 관중關中은 지금 섬서성陝西省 지방이다.

知 **以大教旣敷**로 **群英**이 **分講**하고
신 이대교기부 군영 분강

註之者 矜其辭義하며 **科之者 逞其區分**[1]하니라.
주지자 긍기사의 과지자 영기구분

執麈搖松은
집주요송

但 尙其乘機應變 解紛하여 **挫銳**[2]하니
단 상기승기응변 해분 좌예

唯觀其智刃辭鋒일뿐 **都忘所詮**이어 **不求出離**니라.
유관기지인사봉 도망소전 불구출리

---

1. '영逞'은 갖고 있는 실력을 자랑하며 자신을 드러내는 것이다. 구분區分은 영역을 구별하는 것으로 여기서는 글을 내용에 따라 서분, 정종분, 유통분 등으로 구분하여 짜임새 있게 구성하는 것을 말한다.[逞者 矜而自呈也. 區分者 區別分限也. 言分別乎序正流通等之區局也]
2. 노나라 중련이 조나라에 여행을 갔다가 진나라가 황제를 사칭한 해악을 말하였더니 진나라 장수가 이 말을 듣고는 50리를 물러갔다. 평원군이 이를 고마워하여 그를 책봉하려 하자 중련이 웃으며 말하기를 "선비를 천하에서 귀하게 여기는 것은 선비들이 사람들을 위하여 어려움을 물리치고 분란을 해소시키되 이익을 취하는 것이 없기 때문입니다. 이익을 취함이 있는 것은 곧 장사치의 일입니다."라고 하였다. 강엄이 전사한 망자들을 제사 지내는 글에서 '거추좌예巨醜挫銳'라 하고, 이를 풀이하기를 거추巨醜는 강력한 오랑캐이며 좌挫는 꺾는 것이요 예銳는 예리한 기개라고 하였다. 본문의 해분좌예解紛挫銳는 어지러운 중생들의 마음을 이해하려 인정만 베풀고, 선禪을 참구하는 사람들이 중생들에게 이익을 베풀고자 하는 예리한 기개를 꺾는 것을 말한다.[魯仲連遊趙 言秦稱帝之害 秦將聞之 却五十里 平原君欲封之 連笑曰 所貴乎天下士者 爲人排難解紛而無取也 有所取者 是商賈之事也. 江淹祭戰亡文 巨醜挫銳 注 巨醜 强胡也 挫 折也 銳 利也. 此言解釋其紛亂之心 折挫其惠利之志]

더구나 부처님의 커다란 가르침이 이미 세상에 펼쳐짐으로써 똑똑한 사람들은 그 가르침을 나름대로 맡아서 강의하고, 참고할 주를 달아 풀이하는 사람들은 그 가르침을 전개하는 화려한 언사로 불법의 이치를 자랑하며, 과목을 나누는 사람들은 그 가르침을 추려 정리함으로써 자신의 실력을 드러내어 뽐내고 있었습니다.

그런데도 하얀 털이 달린 기다란 불자拂子를 잡고 소나무 주장자를 흔드는 사람들은,[1] 다만 상대방의 근기에 임시로 맞추어 어지러운 중생들의 마음을 이해하려 인정만 베풀고, 선禪을 참구하는 사람들이 중생들에게 이익을 베풀고자 하는 예리한 기개를 꺾고 있으니, 이들에게서는 오직 날카로운 언사와 예리한 지혜만 볼 수 있을 뿐, 드러내야 할 뜻을 모두 잊어 생사에서 벗어날 길을 찾지 못하고 있습니다.

---

1. 사슴 가운데 큰 사슴을 '주麈'라 한다. 사슴 떼는 큰 사슴을 따르면서 모두 큰 사슴의 꼬리가 움직이는 것을 보고 행동의 기준으로 삼는다. 예전에 법을 논하던 사람들이 그것을 휘두르는 데는 진실로 이런 까닭이 있었기 때문이었다. 소나무를 흔든다는 것은, 혜랑 선사가 석두 선사에게 법을 얻고는 늘 소나무 가지를 잡고 사람들을 위하여 선禪을 이야기하였기 때문이다. 뒷사람들이 이 까닭에 법을 이야기하는 것을 비유하여 '소나무 가지'라 하였다. 또한 도생道生 스님도 호구산에서 소나무 가지를 들고 법을 설하였다. 시詩로 말하기를 "일천 개의 돌이 법을 듣고 있는데, 소나무 가지 하나로 법을 이야기하네."라고 하였다.[麈之大者爲麈 群鹿隨之 皆視麈尾所轉爲準 古之談者揮之 良有以也. 搖松者 惠朗禪師 得法於石頭 常執松枝爲人禪話 後人以爲談柄松. 又生公擯在虎丘山 執松枝爲談柄故. 詩云 聽徒千箇石 談柄一枝松 云也]

江表^1 遠公이 慨禪法未敷이라가 於是에 苦求而得也라.^{2}
강표 원공   개선법미부   어시 고구이득야

菩提達磨祖師 觀此土之根緣하고 對一期之繁紊에 而宣言曰하되
보리달마조사 관차토지근연   대일기지번문   이선언왈

不立文字는 遣其執文滯迹也요 直指人心은 明其頓了無生也라.
불립문자   견기집문체적야   직지인심   명기돈료무생야

其機 峻하고 其理 圓故로 不免 漸修之徒 篤加訕謗이나
기기 준   기리 원고   불면 점수지도   독가산방

傳禪法者 自達磨爲始焉이라. 直下相繼하며 六代傳衣하고 橫枝而
전선법자 자달마위시언   직하상계   육대전의   횡지이

出 不可勝紀이나 如曹溪寶林傳^3 所明也이니라.
출 불가승기   여조계보림전 소명야

---

1. 여산은 심양의 구강 바깥 편에 있으므로 강표江表라고 말한다. 원공이 머물렀던 곳이다.[廬山在潯陽九江之外 故云江表. 遠公居之]
2. 『정조도』에서 말하였다. "진나라 승려 지엄이 계빈국 불타발타라에게 간청하여 함께 중국에 왔다. 처음 장안에 이르렀고 뒤에 여산에 도착하여 마침내 선에 관한 경전을 원공과 함께 번역하여 진나라 관중에 보관해 두었다."[定祖圖云 秦僧智儼 於罽賓國懇請佛陀跋多 偕來中夏. 初至長安 後至廬山 遂出禪經 與遠公同 譯而藏秦. 關中焉]
3. 당나라 의봉 연간(676-678)에 조숙량이 두 개의 봉우리와 큰 시냇물 사이에 누각을 세워 육조 스님이 그곳에 머문 인연으로 '조계'라 이름하였다. 정원 17년(801)에 금릉의 사문 혜거가 조사 스님들의 게송을 가지고 조계로 가서 서천의 승지삼장과 함께 거듭 교정을 보고 당나라 초기 이래로 법을 전한 종사들의 기연機緣을 모아『보림전』을 완성하였다.[唐儀鳳中 曹叔良建閣於雙峰大溪之間 六祖居之 因名曹溪. 貞元中 金陵沙門慧炬 將祖偈 往曹溪 同西天勝持三藏 重共參校並唐初以來 傳法宗師機緣 集成寶林傳]

양자강 동쪽 구강 바깥쪽에 사는 원공遠公이 올바른 선법이 아직까지도 세상에 알려지고 있지 않음을 개탄하고 있다가, 이에 애써 구해 얻은 것이 이 『달마다라선경』이었습니다.

달마 조사께서는 이 땅에 살고 있는 중생들의 근기와 시절인연을 보고 그 번잡하고 어지러운 세태에 대해 이렇게 말씀하셨습니다.

"'문자를 내세우지 말라는 것[不立文字]'은 문자에 집착해 있음을 버리라는 것이요, '곧장 사람의 마음을 가리킨다는 것[直指人心]'은 단숨에 생멸이 없는 도리를 알게 밝힌다는 것이다."

근기가 준엄하고 이치에 부족함이 없어 오롯한 까닭에, 이런 뜻을 이해하지 못하고 있는 점수漸修만을 주장하는 사람들의 신랄한 비방을 면치 못하기도 하였지만, 이 땅에 선법이 전해진 것은 달마 스님으로부터 비롯된 것입니다.

곧장 이 법이 이어지며 6대에 걸쳐 전법을 상징하는 가사와 발우가 전해지고, 그 뒤 곁가지로 여러 갈래 선법이 전해지는 과정을 하나하나 다 기록할 수는 없지만 『조계보림전曹溪寶林傳』에서 밝히고 있는 내용들과 같습니다.

2. 長蘆慈覺賾禪師[1] 坐禪儀
　　　장로자각색선사　좌선의

學般若菩薩은 **先當起大悲心**하여 **發弘誓願**이어다.
　학반야보살　　선당기대비심　　　발홍서원

精修三昧하며 **誓度衆生**이어니 **不爲一身 獨求解脫**일새니라.
　정수삼매　　　서도중생　　　　불위일신 독구해탈

爾乃 放捨諸緣하고 **休息萬事**어니 **身心一如**이어 **動靜無間**이니라.
　이내 방사제연　　　휴식만사　　　　신심일여　　　동정무간

量其飮食하여 **不多不少**하고 **調其睡眠**하여 **不節不恣**이어다.[2]
　양기음식　　　부다불소　　　　조기수면　　　　부절부자

---

1. 진주의 장로산 자각종색 선사는 낙주 손씨의 아들이니 장로응천 선사의 법을 이었다.[眞州 長蘆慈覺宗賾禪師 洛州孫氏子 嗣長蘆應天禪師]
2. 좌선에서는 다섯 가지를 다스려야 한다. 마음은 가라앉거나 들뜨지 않게 해야 한다. 몸은 긴장하거나 이완되지 않게 해야 한다. 호흡은 너무 급해 거칠거나 너무 약해 느리지 않게 해야 한다. 수면은 너무 절제하거나 많이 자지 않아야 한다. 음식을 너무 적게 먹거나 많이 먹어서는 안 된다. 지금은 두 가지만 이야기하고 있다.[坐禪須調五事 調心 不沈不浮 調身 不緩不急 調息 不澁不滑 調眠 不節不恣 調食 不飢不飽. 今卽有二]

2. 좌선하는 방법 _ 종색 선사

반야지혜를 배우는 보살은 먼저 크나큰 자비심을 일으켜 큰 원력을 가져야만 합니다.

마음을 모아 삼매를 닦아나가면서 중생제도를 맹세해야 할 것이니, 이 한 몸 홀로만 해탈을 구하는 것이 아니기 때문입니다.

이에 모든 인연을 버리고 온갖 일을 쉬어야 하니, 몸과 마음이 하나가 되어 움직일 때나 가만히 있을 때나 그 상태가 조금도 빈틈이 없어야 합니다.

먹고 마시는 음식의 양을 헤아려 많지도 적지도 않게 해야 하고, 잠자는 것을 조절하여 너무 절제해도 안 되고 너무 많이 자서도 안 됩니다.

欲坐禪時 於閒靜¹處에서 厚敷坐物하고
욕좌선시 어한정 처　　후부좌물

寬繫衣帶하여 令威儀齊整然케하고 後 結跏趺坐하니라.
관계의대　　영위의제정연　　　후 결가부좌

先 以右足으로 安左𦙶上하고 左足으로 安右𦙶上하니라.
선 이우족　　안좌폐상　　좌족　　안우폐상

或 半跏趺 亦可하니 但 以左足으로 壓右足而已니라.
혹 반가부 역가　　단 이좌족　　압우족이이

次 以右手로 安左足上하고 左掌으로 安右掌上하며
차 이우수　안좌족상　　좌장　　안우장상

以兩手大拇指面相拄하고는 徐徐히 擧身 前向이라.
이양수대무지면상주　　　서서　거신 전향

復 左右 搖振하며 乃正身 端坐하되 不得 左傾右側 前躬後仰이며
부 좌우 요진　　내정신 단좌　　부득 좌경우측 전궁후앙

令腰脊頭項骨節 相拄이어 狀如浮屠²케하니라.
영요척두항골절 상주　　상여부도

---

1. 시끄럽고 번잡함이 없는 곳을 '한閒'이라 하고, 심란하여 마음이 흐트러짐이 없는 곳을 '정靜'이라 한다.[無喧雜處名閒 無憒鬧處名靜]
2. '부도浮屠'는 모아놓은 모습이라는 뜻이니 유골을 편안히 모셔 놓은 모습을 말한다.[此云聚相 安聚骨相]

좌선을 하려고 할 때는 한가하고 고요한 곳에서 두텁게 방석을 깔고, 그 위에 앉아 옷차림을 편하고 느슨하게 하여 몸가짐을 가지런히 한 뒤 결가부좌를 해야 합니다.

먼저 오른발을 왼쪽 넓적다리 위에 편안히 올려놓고, 왼쪽 발을 오른쪽 넓적다리 위에 편안히 올려놓습니다. 혹은 반가부좌도 괜찮으니 단지 이때는 왼발로 오른발 위를 눌러 주면 됩니다.

다음에는 오른손을 왼발 위에 편안히 올려놓고 왼쪽 손바닥을 오른쪽 손바닥 위에 올려놓은 뒤 양손의 엄지손가락으로 마주 떠받치고는 서서히 몸을 들어 앞을 향합니다.

다시 좌우로 흔들면서 몸을 바르게 하여 단정히 앉되 몸이 좌우로 기울거나 앞뒤로 굽어서도 안 되며, 허리 등골뼈가 목뼈 관절을 바로 떠받들어 그 모습이 마치 반듯한 부도浮屠 같게 해야 합니다.

又 不得 聳身太過하여 令人氣急케하여 不安이라.
우 부득 용신태과 영인기급 불안

要令耳與肩對하고 鼻與臍對하며 舌拄上齶하고 脣齒相着이어다.
요령이여견대 비여제대 설주상악 순치상착

目須微開해야 免致昏睡하여 若得禪定이면 其力最勝이니라.
목수미개 면치혼수 약득선정 기력최승

古有習定高僧은 坐常開目이라.
고유습정고승 좌상개목

向法雲圓通禪師도 亦訶人閉目坐禪하고 以爲黑山鬼窟[1]이라.
향법운원통선사 역가인폐목좌선 이위흑산귀굴

盖有深旨이니 達者 知焉이니라.
개유심지 달자 지언

---

1. 『사행론』에서 "눈을 감고 선정에 들려는 것은 귀신이나 도깨비와 다름없다."고 말하였다. 대철위산과 소철위산 중간 햇빛과 달빛이 비치지 않는 곳이 '깜깜한 산속'이 되는데 그곳에 온갖 귀신이 다 모인다. 이는 눈을 감고 앉아 마음이 분주한 것을 말하는 것이므로 '깜깜한 산속의 귀신 소굴'이라 한다.[四行論 閉目禪定 是謂鬼魅心. 大鐵圍山 小鐵圍山 中間 日月光明不到處爲黑山 群鬼咸萃焉. 言合眼而有坐馳之心故 名黑山鬼窟]

또 몸을 너무 꼿꼿이 세워 사람들의 기운이 급해지게 하여 불안하게 해서는 안 됩니다.

귀는 어깨와 수직이 되고 코와 배꼽도 수직이 되어야 하며, 혀는 윗잇몸을 떠받치고 입술과 이는 서로 붙여야 합니다.

눈은 살며시 떠야 머리가 무겁고 몽롱해지는 상태와 졸음이 오는 것을 막을 수 있으니 그런 후에 선정에 들면 그 선정의 힘이 가장 수승해질 것입니다.

옛날에 선정을 닦던 고승들은 앉아 있을 때 언제나 눈을 뜨고 있었습니다. 예전에 법운원통法雲圓通[1] 선사도 눈을 감고 좌선하는 사람들을 꾸짖고 그 경계를 '깜깜한 산속에 있는 귀신의 소굴'로 여겼습니다. 여기에는 대개 깊은 뜻이 있으니 통달한 사람은 그 뜻을 알 것입니다.

---

1. 법운원통法雲圓通은 성姓이 신辛씨이다. 법운法雲은 절 이름이고 원통圓通은 호이며 이름은 법수法秀이다. 어려서 출가하여 20세에 『화엄경』을 강설하니 명성이 자자했다. 뒤에 남방으로 공부하러 다니다가 천의의회天衣義懷 선사를 만나 바로 종지를 깨치고 십년을 따라다니면서 시봉하였다. 동경東京에 법운사法雲寺를 이루고 개산開山하니 이로 말미암아 운문종풍雲門宗風이 천하에 이름을 날리게 되었다. 그 성품이 강직하여 평생 꾸짖는 것으로 부처님의 일을 해나가니 사람들이 수철면秀鐵面이라 일컬었다. 송宋 원우元祐 5년(1090) 9월 25일에 나이 64세로 입적하였다.

身相 旣定하고 氣息 旣調然後 寬放臍腹이라.
신상 기정   기식 기조연후 관방제복

一切善惡을 都莫思量하라.
일체선악   도막사량

念起하면 卽覺하고 覺之하면 卽失이라.
염기   즉각   각지   즉실

久久忘緣하면 自成一片이니 此坐禪之要術也라.
구구망연   자성일편   차좌선지요술야

竊 爲坐禪 乃安樂法門이나
절 위좌선 내안락법문

而人多致疾者 盖不善用心故也라.
이인다치질자 개불선용심고야

若善得此意則 自然 四大輕安 精神爽利하리라.
약선득차의즉 자연 사대경안 정신상리

正念 分明하여 法味資神하니 寂然淸樂이라.
정념 분명   법미자신   적연청락

若已有發明者 可謂 如龍得水요 似虎靠山이니라.
약이유발명자 가위 여룡득수   사호고산

38

몸이 안정되고 호흡이 고르게 된 뒤 배를 편안하게 해야 합니다.

좋은 일이든 나쁜 일이든 어떤 생각도 하지 말아야 합니다.

한 생각 일어나면 곧 알아차리고, 알아차리면 곧 그 생각은 사라집니다. 오래 오래 공부하다 모든 인연을 잊게 되면 저절로 마음이 한 곳에 모아지니 이것이 좌선하는 요령입니다.

곰곰이 생각해 보면 좌선은 마음을 편안하고 즐겁게 만드는 부처님 가르침이지만, 많은 사람들에게 병이 생기는 것은 대개 마음을 잘못 쓰기 때문입니다.

이와 같이 올바른 방법을 알고 좌선을 한다면 자연스레 육신이 가벼워지며 마음이 편안해 질 것입니다. 정념正念이 분명하여 법의 맛을 아니, 마음이 고요하여 맑은 즐거움이 있습니다.

여기서 깨달음을 얻은 사람은 '용이 넓은 바닷물을 얻은 것과 같고 호랑이가 큰 산을 의지하는 것과 같다.'고 말합니다.

若未有發明者 亦乃因風吹火 用力不多니라.
약미유발명자 역내인풍취화 용력부다

但辨肯心하면 必不相賺하리라.
단판긍심   필불상잠

然이나 而道高魔盛이어 逆順萬端이나
연   이도고마성   역순만단

但能正念現前이면 一切不能留礙니라.
단능정념현전   일체불능유애

如楞嚴經 天台止觀 圭峰修證儀[1] 具明魔事이니
여능엄경 천태지관 규봉수증의   구명마사

預備不虞者 不可不知也라.
예비불우자 불가부지야

若欲出定이면 徐徐 動身하며 安詳而起이지 不得卒暴이라.
약욕출정   서서 동신   안상이기   부득졸폭

出定之後 一切時中 常依方便하여 護持定力을
출정지후 일체시중 상의방편   호지정력

如護嬰兒[2]이어야 卽定力易成矣라.
여호영아   즉정력이성의

---

1. 『규봉수증의圭峯修證儀』는 규봉종밀圭峯宗密 선사가 『원각경』변음장辨音章
   에 있는 삼관三觀 이십오행二十五行을 서술한 책이다.
2. 사람의 가슴 앞쪽을 '영嬰'이라 하니, 갓난아이를 가슴에 안고 젖을 먹여 기르는
   까닭에 '영아嬰兒'라 말하는 것이다.[人之胸前曰嬰 以小兒置之胸前 以乳養之故
   曰嬰兒]

아직 깨닫지 못한 사람이더라도 타오르는 불길에 바람이 부는 것처럼 공부에 많은 힘이 들지 않습니다. 다만 순수하게 믿는 마음만 있다면 반드시 이 공부는 그대를 속이지 않을 것입니다.

그러나 도가 높아지다 보면 마구니들이 많아져 역순의 경계에서 온갖 모습으로 나타나지만, 이때 정념만 드러내면 온갖 역순 경계도 공부를 장애하지 못합니다.

『능엄경』『천태지관』[1]『규봉수증의圭峰修證儀』에서도 이와 같이 온갖 마구니 경계를 다 밝혀 놓았으니, 뒷날 걱정하지 않을 사람은 미리 준비하여 반드시 이 내용을 알아야만 합니다.

선정에서 나오려면 몸을 서서히 움직이면서, 천천히 편안하게 일어나야지 갑작스럽게 일어나서는 안 됩니다.

선정에서 나온 뒤 날마다 살아가는 모든 삶 속에서 늘 자신의 근기에 맞는 수행법에 의지하여 선정의 힘을 보호하기를 마치 갓난아이 보호하듯 해야만 선정의 힘을 쉽게 완성할 수 있습니다.

---

[1] 『천태지관天台止觀』은 『마하지관摩訶止觀』 20권을 말하니 수隋 개황開皇 1년(594) 천태 스님이 옥천사玉泉寺에서 강설한 것을 제자 관정灌頂이 기록해 남긴 책이다.

夫禪定一門이 最爲急務이니
부선정일문   최위급무

若不安禪靜慮이면 到遮裡¹하여 總須茫然하리라.
약불안선정려   도자리   총수망연

所以 探珠이면 宜靜浪이니 動水이면 取應難일새니라.
소이 탐주   의정랑   동수   취응난

定水澄淸이면 心珠自現하리라.
정수징청   심주자현

故로 圓覺經에 云하되 無礙淸淨慧는 皆依禪定生이라하고
고   원각경   운   무애청정혜   개의선정생

法華經에 云하되
법화경   운

在於閒處에서 修攝其心하되 安住不動 如須彌山이라하니라.
재어한처   수섭기심   안주부동 여수미산

是知이니 超凡越聖하려면 必仮靜緣이니라.
시지   초범월성   필가정연

坐脫立亡은 須憑定力²이라.
좌탈입망   수빙정력

---

1. '자리遮裡'는 '저리這裡', '자리者裏'와 같다.
2. 앉아서 죽는 사람은 셀 수가 없고 서서 죽는 사람들 또한 많다. 등은봉 스님은 물구나무를 선 채 죽었으니, 선정의 힘이 아니라면 이렇게 할 수 있겠는가.[坐化者無數而立亡者亦多 鄧隱峯倒立而化 若非禪定之力 能如是乎] 등은봉 스님은 당나라 때 스님으로 마조 스님의 문하에서 법을 깨쳤다.

무릇 '선정'이 한 길이 공부에 가장 급한 일이니, 마음이 고요하고 편안하지 않다면 죽음에 이르러서는 반드시 앞길이 막막해질 것입니다.

바다 속에서 진주를 찾으려면 바다가 고요하고 맑게 가라앉아야만 하니, 파도가 일면 진주를 찾기가 어려운 까닭입니다. 선정의 흐름, 즉 마음이 고요하고 맑으면 마음의 구슬은 저절로 드러납니다.

그러므로 『원각경』에서 "걸림 없이 맑고 깨끗한 지혜는 모두 선정에서 생겨난다." 하였고, 『법화경』에서는 "한적한 곳에서 마음을 모아 닦아나가되 그 마음이 편안히 머물러 흔들림 없기를 수미산과 같이 해야 한다."라고 하였습니다.

이렇듯 알아야 하니, 범부와 성인의 영역을 초월하려면 반드시 마음이 고요해지는 수행의 힘을 빌려야 하는 것입니다.

마음대로 앉아 죽고 서서 죽는 자체가 모두 모름지기 선정의 힘에 의지하는 것입니다.

一生取辦해도 尙恐蹉跎인데
일 생 취 판   상 공 차 타

況乃遷延해서야 將何敵業이리오.
황 내 천 연   장 하 적 업

故로 古人이 云하되
고   고 인   운

若無定力이면 甘伏死門이니 掩目空歸하여 宛然¹ 流浪이라.
약 무 정 력   감 복 사 문   엄 목 공 귀   완 연 유 랑

幸諸禪友여 三復² 斯文하여 自利利他로 同成正覺이어다.
행 제 선 우   삼 복 사 문   자 리 이 타   동 성 정 각

---

1. '완연宛然'은 '의연依然'과 같다.[宛然猶依然也] 눈에 보이는 것처럼 명백하게 예전과 다름없이 육도 윤회해야 한다는 소리이다.
2. '삼복三復'은 여러 번 되풀이하여 읽는 것을 말한다.

이번 생에 이 공부를 마치리라 각오해도 공부를 그르칠까 두려운데, 하물며 미적미적해서야 어떻게 닥쳐오는 중생의 업을 감당할 수 있겠습니까. 그러므로 옛 어른께서 말씀하셨습니다.

"선정의 힘이 없으면 어쩔 수 없이 죽음을 기꺼이 받아들여야 하니, 눈을 감고 빈손으로 중생계에 돌아가 예전과 다름없이 육도 윤회를 해야 한다."

바라옵건대 참선하는 모든 사람들이시여!
이 글을 되풀이해 읽으면서 자신도 이롭고 다른 사람도 이로운 자리이타의 마음으로 모두 함께 올바른 깨달음을 이루옵소서.

3. 勸參禪文
권 참 선 문

夫解須圓解라면 還他明眼宗師요.
부 해 수 원 해　환 타 명 안 종 사

修必圓修라면 分付叢林¹道伴이라.
수 필 원 수　분 부 총 림 도 반

初心薄福이어 不善親依하면 見解가 偏枯하고 修行에 懶惰하나라.
초 심 박 복　불 선 친 의　견 해　편 고　수 행　나 타

或 高推聖境하여 孤負己靈하니 寧知德相神通이오.
혹 고 추 성 경　고 부 기 령　영 지 덕 상 신 통

不信凡夫悟道하리라.
불 신 범 부 오 도

---

1. 총림叢林은 대중 스님들이 함께 모여 살면서 수행하는 곳이다. 풀이 어지럽지 않게 자라나는 것을 '총叢'이라 하고, 나무가 어지럽지 않게 크고 있는 것을 '림林'이라 하니, 총림이란 이런 모습으로 수행하는 공간에 규율과 법도가 있는 것을 말한다. 또 『대론』에서 말하기를 "많은 비구들이 한 곳에 모여 화합하며 사는 것을 승가僧伽라 한다. 비유하면 큰 나무와 자잘한 풀들이 가지런히 모여 숲이 되는 것과 같다. 나무 한 그루를 숲이라 하지 않듯 비구 한 사람을 승가라 하지 않는다. 모든 비구들이 화합하여 가지런히 모인 곳만을 총림叢林이라 부를 수 있다."라고 하였다.[叢林 乃衆僧捿身行道之所也. 草不亂生曰叢 木不亂長曰林 言其內有規矩法度也. 又 大論云 衆多比丘 一處和合 是名僧伽 譬如大樹叢聚成林. 一樹不名爲林 一比丘不名爲僧 諸比丘和合叢聚處 得名叢林]

3. 참선을 해야 한다 _ 종색 선사

무릇 불법에 대한 이해를 오롯하게 하자면 눈 밝은 종사를 찾아야 할 것이요, 참다운 수행을 오롯하게 하려면 총림에 사는 도반들의 도움을 받아야 할 것입니다.

도 닦을 마음을 처음 일으킨 사람이 박복하여, 이런 분들을 가까이 하지 않고 의지하지 않는다면, 견해가 치우치고 잘못되어 수행에 의욕이 없어져서 게을러지게 될 것입니다.

혹은 성현의 경계를 오르지 못할 높은 경계라고 하여 자신의 신령스런 마음을 저버리기도 할 것이니, 어찌 부처님 공덕에서 나오는 신통묘용을 알 수 있겠습니까. 범부가 도를 깨닫는 사실을 믿지 않을 것입니다.

或 自恃天眞하고 撥無因果하니
혹 자시천진　　발무인과

但向 胸襟流出하며 不依地位修行이라.
단향 흉금유출　　불의지위수행

所以 麤解法師 不通教眼하고 虛頭禪客 不貴行門은
소이 추해법사 불통교안　　허두선객 불귀행문

此偏枯之罪也니라.
차편고지죄야

或則 渾身破碎 滿面風埃하고
혹즉 혼신파쇄 만면풍애

三千細行 全無 八萬威儀 總缺이니라.
삼천세행 전무 팔만위의 총결

或卽 追陪人事하고
혹즉 추배인사

緝理門徒하여 身遊市井[1]之間하며 心染閭閻[2]之態니라.
집리문도　　신유시정 지간　　심염여염 지태

---

1. '시市'는 믿고 의지하는 것이다. 노인과 어린이를 넉넉하게 돌보고 보살피며, 그들이 믿고 의지하는 것들이 모자람이 없도록 하는 것이다. 축융이 '시市'를 만들었다고 하며 또 신농씨가 만든 것이라고도 한다. '시市'는 물건을 사고파는 장소이며 '정井'은 동네사람들이 모여 함께 우물을 긷는 곳이다. 옛날에는 아침에 물을 긷는 우물가 근처에서 모여 물건들을 사고팔았던 까닭에 이를 시정市井이라 하였다.[市恃也 養贍老小恃而不匱. 祝融作市 又神農所作. 市 交易之處 井 共汲之所. 古者 朝聚汲水處 將貨物於井邊買賣故 曰市井]
2. '여閭'와 '염閻'은 모두 사람이 살고 있는 곳으로 들어가는 문의 이름이니 세속의 풍습에 물들었다는 것을 말한다.[閭閻 皆里門名也 謂染於俗態也]

혹은 스스로 천진불天眞佛이라는 것만 믿고 인과란 조금도 없는 것이라고 하니, 오로지 생각나는 대로 지껄이면서 자신이 '어떤 자리에서 수행해야 하는지'를 모릅니다.

제대로 법을 알지 못하는 법사는 교리를 이해하는 안목이 없고 헛공부를 하는 선객은 수행하는 인연을 귀하게 여기지 않으니 이들 모두 견해가 치우치고 잘못되어 이런 죄를 짓게 되는 것입니다.

그런 사람들은 위의가 없고 얼굴에는 세속의 때가 더덕더덕하여 수행자가 갖추어야 할 아름답고 자상한 모습이라곤 조금도 찾아볼 수가 없습니다.

그렇지 않으면 조그마한 이익을 얻으려고 세상에서 유명한 사람들을 따라다니기도 하고, 세력을 형성하려 문도들을 모아 저자거리를 넘나들면서 마음은 세속의 삶에 절어 있습니다.

所以로 山野常僧이라도 未免農夫¹之誚요
소이 산야상승 미면농부 지초

城隍²釋子도 反爲儒士之羞이니 此懶惰之罪也니라.
성황 석자 반위유사지수 차나타지죄야

何不再離 煩惱之家하여 重割塵勞之網하고
하부재리 번뇌지가 중할진로지망

飮淸風而訪道流하며
음청풍이방도류

探微言而尋知己하고
탐미언이심지기

澄神祖域 息意宗乘 靜室虛堂에서 斂禪衣而宴坐하며
징신조역 식의종승 정실허당 염선의이연좌

靑山綠水에서 携錫杖하고 以經行이오.
청산녹수 휴석장 이경행

---

1. 여산씨에게 농농이란 아들이 있었다. 그는 온갖 곡식을 잘 키웠으므로 뒷날 이로 인하여 논밭을 경작하는 백성들을 '농농'이라 하였다.[厲山氏有子 曰農 能植百穀 故 後世因名耕田氓爲農]
2. '황황'은 『설문해자說文解字』에서 "성 주위로 파 놓은 못인데 물이 있으면 '지池'라 하고 물이 없으면 '황황'이라 한다."고 하였다.[隍 說文 城池 有水曰池 無水曰隍]

그러므로 산중에 사는 승려들이라도 산골 농부의 꾸짖음을 면치 못하는 것이요, 성 안에 사는 스님들도 오히려 올바른 선비들이 싫어하는 사람이 되어 버리고 마니, 이는 수행에 의욕이 없으므로 게을러서 생긴 잘못입니다.

어찌 번거로운 삶을 떠나 온갖 번뇌를 다시 끊어 내지 못합니까.

어찌 맑은 바람을 마시며 부처님의 깊은 가르침을 탐구하지 못합니까.

어찌 도반에게 공부를 묻지 않고 자신의 내면에 늘 잠재해 있는 공부하려는 마음을 자극하여 북돋아 일깨워 주는 사람들을 찾지 못합니까.

어찌 마음을 맑힌 조사의 영역, 온갖 분별을 쉬어버린 최상의 깨달음, 고요하고 텅 빈 선방에서 옷깃을 가다듬고 편안히 앉아 있지를 못합니까.

어찌 푸른 산 맑은 물결 속에서 지팡이를 짚고 한가롭게 거닐지를 못합니까.

忽若心光透漏하여 凝滯氷消하면 直下에 分明하니
홀약심광투루   응체빙소   직하   분명

豈昧三祇之極果하며[1] 本來具足인데 何妨萬行之因華리오.[2]
기 매 삼 기 지 극 과   본 래 구 족   하 방 만 행 지 인 화

由是로 宗說兼通[3]하여 若杲[4]日이 麗虛空之界[5]요
유시   종설겸통   약고 일   이허공지계

心身俱靜하니 如琉璃合寶月之光이니라.
심신구정   여유리합보월지광

可謂 蓬生麻中이면 不扶自直이요 衆流 入海하면 總號天池[6]니라.
가위 봉생마중   불부자직   중류 입해   총호천지

反觀前非해야 方知大錯이니 忠言逆耳나 敢冀銘心하소서.
반관전비   방지대착   충언역이   감기명심

此世 他生에서 同爲法侶하소서.
차세 타생   동위법려

---

1. 부처님 한 분 한 분이 모두 삼아승지겁 수행을 통하여 깨달음을 이루었다.[佛佛
   皆修因於三阿僧祇劫 以成佛果]
2. 모든 보살들이 다 온갖 보살행을 닦아 그것으로 성불成佛의 인因을 삼았다.[諸菩
   薩皆修萬行 以爲成佛之因]
3. 청량이 말하였다. "종통宗通은 스스로 수행하여 마음이 툭 트여 종지를 깨달은
   것이요, 설통說通은 아직 깨닫지 못한 사람에게 자신의 깨달음을 걸림 없이 논리
   정연하게 설파할 수 있는 것이다."[淸凉云 宗通自修行 說通示未悟]
4. 해가 나무 아래 있으면 묘杳요, 나무 가운데 있으면 동東이요, 나무 위에 있으면
   고杲이다.[日在木下曰 杳 日在木中曰 東 日在木上曰 杲]
5. 『주역』에서 "해와 달은 하늘에 붙어 있고 온갖 곡식 나무와 풀은 땅에 붙어 있다."
   라고 하였다. 려麗는 '리離'라 읽지만 '붙어 있다' 또는 '부착되어 있다는 뜻이다.
   [易 日月麗乎天 百穀草木麗乎土. 麗音離 附也 著也]
6. 천지天池는 남명南溟이니 남해南海를 말한다.[南溟也]

홀연 마음의 빛이 어두운 무명을 뚫어 응어리진 번뇌가 얼음 녹듯 사라지면 그 자리에서 깨달음이 분명하니, 어찌 오랜 세월을 거쳐야만 이룰 수 있는 최고의 깨달음이라고 하여 그 이치에 어두울 것이며, 부처님의 성품이 본디 다 갖추어져 있는데 어찌 온갖 행이 부처님의 연꽃으로 피어나는 것을 방해할 수 있겠습니까.

이로 말미암아 마음이 툭 트이고 논리가 정연하여 밝은 해가 허공에 떠오르는 것과 같음이요, 몸과 마음이 다 고요하니 투명한 유리가 보배로운 달빛을 머금고 있는 것과 같습니다.

삼 가운데 쑥이 나면 북돋아 주지 않아도 저절로 곧게 큰다 말할 수 있는 것이요, 온갖 물줄기가 바다로 흘러들면 모두 바닷물이라고 말할 수 있을 것입니다.

예전의 잘못을 되돌아보아야 비로소 큰 잘못을 알 수 있으니, 충고하는 말이 귀에 거슬리겠지만 마음에 깊이 새겨 두기를 감히 바라옵니다.

이 인연으로 이 세상과 다음 생에서 함께 선법禪法을 같이 공부하는 도반이 되어 주시옵소서.

제 10 장
선사들의 가르침
示衆

1. 廬山東林 混融禪師 示衆
여 산 동 림 혼 융 선 사 시 중

避萬乘尊榮하고 受六年飢凍이나 不離草座하며
피만승존영　　수육년기동　　불리초좌

成等正覺하여 度無量衆하니 此는 黃面老爺 出家樣子니라.
성등정각　　도무량중　　차　황면노야 출가양자

後輩忘本하고 反爲口體하니 不務耕桑인데도
후배망본　　반위구체　　불무경상

見成利養[1]하고 爲便이라.
현성이양　　위편

不奉君親인데도 免事征役爲安이라.
불봉군친　　면사정역위안

仮名服하고 竊世緣하며 以鬪諍으로 作佛事하니라.[2]
가명복　　절세연　　이투쟁　작불사

---

1. 이양利養에서 재물에 욕심 부리는 것을 이利라 하고 그 이利를 즐기는 것을 양養이라 한다.
2. 불법 가운데도 논쟁이 많았다. 또한 천축에서 대승과 소승이 불법을 제 소견대로 나누어 주장하기도 하고, 대승 안에서도 성상性相이 달랐으며, 소승 가운데에서도 20부파로 갈라졌다. 저마다 다 자신만이 옳고 다른 종파는 그르다고 하였다. 이에 중국까지 이 영향이 미치니 어찌 다툼을 면할 수 있었겠는가.[佛法中 多有諍論 且如西天大小乘 分河飮水 大乘之內 性相殊 小乘之中 二十部異 各皆自是他非 爰及此方 詎免諍]

1. 부처님의 참모습을 생각해야 _ 혼융[1] 선사

임금의 부귀영화를 버리고는 6년 동안 춥고 배가 고팠지만 조금도 여기에 굴하지 않으며 설산을 떠나지 않고 수행하며, 올바른 깨달음을 성취하여 헤아릴 수 없이 많은 중생들을 제도하셨으니, 이것이 석가모니 부처님의 출가하신 모습입니다.

그런데도 후학들은 출가한 본분을 망각하고 도리어 입과 몸만을 위하여 살고 있으니, 밭을 갈거나 누에치는 일을 하지 않았는데도 눈앞의 이양利養만 취하여 편안한 생활을 하고 있습니다.

임금과 부모를 모시지 않는데도 조세租稅나 부역賦役을 면하고 안락한 삶을 살고 있습니다. 법복을 입고 세상의 인연을 도둑질하며, 다른 사람들과 싸우고 다투는 것으로 부처님의 일을 삼고 있습니다.

---

1. 동림혼융東林混融은 형주衡州 사람인데 '동림'은 호號이고 '혼융'은 이름이다. 여산 동림사에 오래 머물렀으므로 호를 '동림'이라 한다. 여산廬山은 강서성 구강현 남쪽에 있는 산이다. 은주殷周 때 광속匡俗이라는 신선이 이 산에 오두막을 치고 살았으므로 광려匡廬, 광산匡山 또는 여부廬阜라고도 한다. 이 산은 삼면이 강에 접해 있고 서쪽만 육지에 임한 명산인데 안개와 구름이 만연하여 산의 진면목을 잘 볼 수 없다고 한다. 이곳은 동진東晉 때 혜원慧遠 스님이 이 산에 있는 호계虎溪의 동림사에서 백련사白蓮社를 맺어 정토수행을 닦은 곳으로 그 이름이 더욱 알려졌다.

老不知悔에 死爲園菌하니 良可悲夫라.
노 부 지 회   사 위 원 균   양 가 비 부

汝輩出家여
여 배 출 가

當思齊 草座之前하며 自省園菌之下해야
당 사 제 초 좌 지 전   자 성 원 균 지 하

可爾니라.
가 이

---

1. 범마정덕이란 장자가 있었다. 그의 정원에 있는 나무에서 큰 버섯이 자랐는데 그 맛이 매우 좋았다. 하지만 오직 장자와 그 둘째 아들만이 그 버섯을 따서 먹을 수 있을 뿐, 나머지 식구들은 모두 그것을 볼 수 없었다. 15대 조사 가라제바가 그것이 한 비구의 전생 인과임을 알고, 장자에게 "연세가 몇입니까?" 물으니, "일흔아홉입니다."라고 대답하였다. 존자가 이르기를 "그대의 나이 여든하나가 되면 이 나무에서 버섯이 자라지 않을 것입니다."고 하였다.[有長者 名梵摩淨德 園中有樹生大耳 其味甚美 惟長者及第二子取以食之 自餘親屬 皆不能見. 十五祖迦羅提婆 知比丘之宿因 問長者 年多少 曰 七十九. 尊子曰 汝年八十一 此樹不生耳] 정덕의 집안에서는 일찍이 한 스님에게 오랫동안 지극정성으로 공양을 올렸는데, 그 스님이 도를 깨치지 못하고 세상을 떠나게 되었다. 시주 받은 은혜를 생전에 도를 깨달아서 갚지 못했기에 그 스님은 시은施恩에 보답하기 위하여 금생에 목이버섯이 되어 갚게 된 것이다.

늙어서도 뉘우칠 줄 모르다가 죽어서 그 과보로 시주의 은혜를 갚기 위하여 정원의 목이버섯이 되기도 하니, 참으로 슬프다 할 수 있습니다.

그대 출가자들이시여!
6년 동안 고행하며 공부를 놓지 않았던 옛 부처님의 모습을 생각하시면서, 시주 은혜를 갚지 못해 정원의 목이버섯으로 환생한 옛 스님의 일로 자신의 공부를 스스로 반성해 보셔야 합니다.

그래야 옳은 것입니다.

2. 白楊順禪師[1] 示衆
백 양 순 선 사   시 중

染緣은 易就이나 道業은 難成이니 不了目前 萬緣差別일새니라.
염연   이취   도업   난성   불료목전 만연차별

只見 境風浩浩 凋殘功德之林이요
지견 경풍호호 조잔공덕지림

心火炎炎 燒盡 菩提之種이라.
심화염염 소진 보리지종

道念이 若同情念이면 成佛 多時요
도념   약동정념   성불 다시

爲衆이 如爲己身이면 彼此事辦하리라.
위중   여위기신   피차사판

不見 他非我是라면 自然 上敬下恭이요
불견 타비아시   자연 상경하공

佛法 時時現前하니 煩惱 塵塵解脫하리라.
불법 시시현전   번뇌 진진해탈

---

1. 백양순白楊順은 면주綿州 사람인데 성은 문文씨이고 백양白楊은 호號이며 순順은 법순法順이니 이름이다. 어려서 출가하여 경전을 익히고 대관년중大觀年中(1107-1110)에 불안청원佛眼淸遠을 찾아가 뵙고 법을 깨쳤다. 계율대로 스님은 맑고 검소하게 살았으며 육환장과 삿갓만을 가지고 혼자 다녔다고 한다. 송宋 소흥紹興 9년(1139) 4월 8일 나이 64세에 입적하였다.

2. 세상 인연은 물들기 쉬워 _ 백양순 선사

세상의 인연에는 물들기 쉽지만 도를 닦는 것은 어려우니, 이는 눈앞에 펼쳐지는 온갖 차별의 실상을 알지 못하기 때문입니다.

다만 온갖 경계가 공덕의 숲을 황폐화시키는 것만을 볼 뿐이요, 타오르는 불길처럼 치열한 번뇌가 깨달음의 종자를 남김없이 태워버리는 것만 볼 뿐입니다.

하지만 '도에 대한 간절한 생각'이 중생이 자신을 생각하는 것만큼 지극하다면 성불할 기회가 많아질 것이요, '중생을 위하는 간절한 마음'이 자신의 몸을 위하는 것만큼 절실하다면 너 나 할 것 없이 이루지 못할 일이 없을 것입니다.

남은 잘못이고 나만 옳다는 생각을 하지 않는다면 자연스레 윗사람을 공경하고 아랫사람에게 공손해질 것이요, 부처님의 법이 시시각각 눈앞에 드러나니 눈앞에 보이는 경계 하나하나 모든 번뇌에서 다 해탈할 것입니다.

3. 芙蓉楷禪師[1] 小參
부용해선사   소참

夫出家者 爲厭塵勞하여 求脫生死하려
부출가자 위염진로   구탈생사

休心息念하고 斷絶攀緣故로 名出家니라.
휴심식념   단절반연고   명출가

豈 可以 等閒利養으로 埋沒平生이리오.
기 가이 등한이양   매몰평생

直須兩頭撒開하고 中間放下하여야 遇聲遇色에도 如石上栽花하고
직수양두살개   중간방하   우성우색   여석상재화

見利見名에도 如眼中着屑이라. 況從無始以來 不是不曾經歷이고
견리견명   여안중착설   황종무시이래 불시부증경력

又 不是不知次第이며 不過翻頭作尾이어 止於如此인데 何須苦苦
우 불시부지차제   불과번두작미   지어여차   하수고고

貪戀이리오. 如今不歇이면 更待何時리오.
탐연   여금불헐   갱대하시

---

1. 부용해芙蓉楷(1043-1118)는 기수沂水 사람인데 성은 최崔씨이고 부용芙蓉은 호이며 해楷는 도해道楷니 이름이다. 투자의청投子義靑 선사를 찾아뵙고 법을 깨쳤다. 숭녕崇寧 3년(1104) 휘종徽宗이 스님의 명성을 듣고 시방원十方院에 머물도록 하고 자의紫衣와 정조定照 선사라는 호를 내려 주었다. 송宋 중화重和 원년(1118) 5월 14일 "내 나이 일흔여섯 세상 인연 다했도다. 살아서 천당을 좋아 하지도 않았고 죽어서도 지옥을 두려워하지 않는다. 모든 걸 내던지고 삼계 밖에 몸 누이니 활발발한 그 모습에 어찌 구속이라는 것이 있겠는가.[吾年七十六 世緣今已盡 生不愛天堂 死不怕地獄 撒手橫身三界外 騰騰任運何拘束]"라는 임종 게송을 남기고 입적하였다. 저서에 『어록』이 전한다.

3. 출가란 무엇입니까 _ 부용해 선사

출가란 무엇입니까. 세속의 번거로운 삶을 싫어하여 생사를 벗어나고자 모든 망념을 쉬고 반연을 끊는 것이므로 '출가'라고 하는 것입니다. 그러니 어찌 잘 얻어먹는 것으로써 평생 귀한 시간을 낭비할 수 있겠습니까.

옳다 그르다는 생각을 바로 뿌리치고 그 생각을 뿌리쳤다는 생각조차 놓아버려야, 색과 소리를 보고 들을 때에도 바위 위에 꽃을 피우고 이익과 명예를 볼 때에도 눈에 들어간 먼지처럼 여길 것입니다.

하물며 무시이래 일찍이 겪어보지 않은 것도 아니고 또 인연들이 어떻게 벌어질지 그 과정을 알지 못하는 것도 아니며, 중요한 것을 놓치고 작은 일에 연연하여 세속의 삶을 벗어나지 못했을 뿐인데 어찌 이런 삶을 계속 애쓰고 탐내어 그리워하겠습니까.

지금 이런 삶을 그만두지 않는다면 다시 어느 때를 기다려 공부할 수 있겠습니까.

是以로 先聖은 教人에
시이   선성   교인

只要盡却今時라 能盡今時하면 更有何事리오.
지 요 진 각 금 시   능 진 금 시   갱 유 하 사

若得心中無事이면 佛祖도 猶是冤家이니
약 득 심 중 무 사   불 조   유 시 원 가

一切世事에 自然 冷淡해져야 方始那邊相應하리라.
일 체 세 사   자 연 냉 담   방 시 나 변 상 응

你不見이오.
니 불 견

隱山¹은 至死까지 不肯見人하고 趙州는 至死까지 不肯告人²하며
은 산   지 사   불 긍 견 인   조 주   지 사   불 긍 고 인

匾檐³은 拾橡栗하여 爲食하니라.
편 첨   습 상 율   위 식

---

1. 은산隱山은 마조도일馬祖道一의 제자 담주용산潭州龍山 스님을 말하는데 생몰 연대 및 삶의 기록이 정확하지가 않다.
2. 사람을 만나면 다만 "차나 마셔라." 하고는 다른 말이 없었다.[逢人 只云 喫茶去 了無他語]
3. 편첨匾檐은 육조혜능의 제자이고 법호는 효료曉了인데 생몰연대 및 삶의 기록이 정확하지가 않다. 뒷날 뇌징雷澄이 이 스님의 탑명塔銘을 지어 비로소 알려지게 되었다고 한다.

이 때문에 옛 성현께서는 사람들에게 이렇게 가르치셨습니다.

"다만 지금 주어진 일에 최선을 다해야만 한다. 지금 주어진 일에 최선을 다하면 다시 여기에 무슨 할 일이 더 있겠는가."

마음에 할 일이 없다면 부처나 조사도 오히려 원수와 같은 것이니, 모든 세상일에 자연스럽게 멀어져야 비로소 저쪽 부처님의 세상을 보게 될 것입니다.

그대는 보지 못하였습니까.

은산隱山 스님은 죽을 때까지 사람들을 만나려고 하지 않았고, 조주趙州 스님은 죽을 때까지 "차나 마셔라." 하면서 어떤 말로도 사람들을 가르치려 하지 않았으며, 편첨區檐 스님은 상수리와 밤을 주워 하루 먹을거리로 삼고 살았습니다.

大梅¹는 以荷葉으로 爲衣하고 紙衣道者는 只披紙하며 玄泰²上
대매   이하엽   위의   지의도자   지피지   현태 상

座는 只着布하니라. 石霜³은 置枯木堂 與人坐臥하며 只要死了你
좌   지착포   석상   치고목당 여인좌와   지요사료니

心하고 投子는 使人辦米 同煮共餐케하며 要得省取你事니라.
심   투자   사인판미 동자공찬   요득성취니사

且從上諸聖 有如此榜樣이니 若無長處라면 如何甘得이리오.
차종상제성 유여차방양   약무장처   여하감득

---

1. 대매大梅(?-808)는 성이 정鄭씨이고 이름은 법상法常인데 대매大梅는 호이다. 마조도일의 제자인데 처음 마조를 찾아뵙고 묻기를 "어떤 것이 부처입니까?" 하니, "마음 자체가 부처다."라고 한데서 크게 깨쳤다. 당唐 덕종德宗 때 대매산에 호성사護聖寺를 짓고 크게 종풍을 떨쳤다. 당唐 원화元和 3년(808) 6월 9일 나이 88세로 입적하였다. 대매 선사는 게송으로 "연못에 핀 연잎으로 입을 옷은 충분하다."라고 하였다.[大梅禪師 偈云 一池荷葉衣無盡]
2. 현태玄泰는 어떤 사람인지 기록이 확실치는 않지만 과묵하여 말이 적은 사람인데 당 천복2년(902) 4월 20일 입적하였다. 평생 동안 비단옷을 입어본 적이 없어 그 당시 사람들이 '태포납泰布衲'이라고 불렀다.[一生未嘗衣帛 時人謂之泰布衲]
3. 석상石霜(?-888)은 여능廬陵 신감新淦 사람인데 성은 진陳씨이고 이름은 경저慶諸이며 석상石霜은 호이다. 13세에 출가하여 23세에 숭산에 가서 구족계를 받았다. 뒤에 원지圓智의 법을 이어 석상산石霜山에서 그를 시봉하고 살았다. 원지圓智가 입적한 뒤에 사방에서 납자들이 모여드니 오백여 명이나 되었다. 당唐 희종僖宗이 스님의 명성을 듣고 자의紫衣를 하사했으나 굳이 사양하고 받지 않았다. 당唐 계광啓光 4년(888) 2월 20일 나이 82세로 입적하였다. 시호는 보회대사普會大師이다. 스님이 석상에 20년 머물 때 공부하는 사람들이 대체로 늘 앉아서 눕지를 않으니, 우뚝 솟은 모습이 마치 베어놓은 나무 그루터기 같았으므로 천하 사람들이 그들을 '고목나무 같은 스님들'이라고 불렀다.[師居石霜二十年 學者多有常坐不臥 屹若株机 天下謂之枯木衆]

대매大梅 스님은 커다란 연잎으로 몸을 가리고 살았고, 지의[1] 스님은 종이로만 몸을 가리고 살았으며, 현태玄泰 스님은 비단 옷을 입은 적이 없었습니다.

석상石霜 스님은 고목당枯木堂에서 대중들과 함께 늘 앉아 눕지 않고 공부하며 일어나는 번뇌를 쉬었을 뿐이고, 투자投子[2] 스님은 대중들과 곡식을 준비하여 밥을 지어먹으면서 공부만 살피도록 하였습니다.

예전의 모든 성현들에게는 이와 같은 본보기가 있었으니, 여기에 본받을 점이 없었다면 어찌 이런 삶을 기꺼이 받아들일 수 있겠습니까.

---

1. 지의도자紙衣道者는 당나라 때 승려인데 임제의현을 찾아뵙고 언하에 종지를 깨달으니 삼현삼요三玄三要에 밝았다. 뒷날 탁주涿州에 머물며 항상 종이옷을 입고 여생을 보냈으므로 사람들이 지의화상紙衣和尙이라 일컬었다.
2. 투자投子(1032-1083)는 서주舒州 청사靑社 사람인데 성은 이李씨이고 이름은 의청義靑이며 투자投子는 호이다. 일곱 살에 묘상사妙相寺로 출가出家하여 처음 법상종을 배우고 또 화엄종을 깊이 연구하여 세상 사람들이 '청화엄靑華嚴'이라 일컬었다. 뒤에 선문의 큰스님들을 찾아다니다가 부산법원浮山法遠의 가르침을 받고 드디어 태양경현太陽警玄의 법을 이었다. 여산 혜일사慧日寺에서 대장경을 두루 열람하다 희영熙寧 6년(1073) 서주로 돌아와 백운산 해선사海禪寺에 머문 뒤에 투자산投子山 승인원勝因院에서 태양太陽의 종풍을 선양하였다. 송宋 원풍元豊 6년(1083) 5월 4일 나이 52세 법랍 37세로 입적하였다. 법을 이은 제자로는 부용도해芙蓉道楷가 있다.

諸仁者여 若也 於斯體究라면 的不虧人이요
제인자 약야 어사체구 적불휴인

若也 不肯承當이면 向後 深恐費力하리라.
약야 불긍승당 향후 심공비력

山僧 行業에 無取인데도 忝主山門이니
산승 행업 무취 첨주산문

豈可 坐費常住하며 頓忘先聖付囑이리오.
기가 좌비상주 돈망선성부촉

今者 輒斅古人 爲住持體例하며 與諸人議定하리라.
금자 첩효고인 위주지체례 여제인의정

更不下山이요 不赴齋이며 不發化主하리라.
갱불하산 불부재 불발화주

唯將本院莊課 一歲所得을
유장본원장과 일세소득

均作三百六十分하여 日取一分用之하되 更不隨人添減하리라.
균작삼백육십분 일취일분용지 갱불수인첨감

모든 대중들이여, 이 말에 뼛속 깊이 느낀 바가 있다면 참으로 다른 사람을 망치지 않을 것이요, 이 말을 받아들이지 못한다면 뒷날 헛공부가 되지 않을까 심히 우려가 됩니다.

산승이 살아온 행적에 크게 내세울 것이 없는데도 외람되게 산문의 주인이 되었으니, 어찌 앉아서 상주물을 소비하며 예전 성현의 당부를 잠시나마 잊고 살겠습니까.

이제 옛 어른께서 주지 소임을 맡아 살던 본보기를 자주 대중에게 가르치며 모든 사람들과 상의하여 청규를 결정할까 합니다.

다시는 산을 내려가지 않을 것이요, 바깥 대중공양의 청에 응하지 않을 것이며, 식량을 구한다고 화주를 내보내지 않을 것입니다.

오직 절집의 논밭에서 나오는 한 해 소득을 3백6십으로 나누어 하루에 하루치만 쓰되, 다시는 사람 숫자에 따라 그 양을 더 보태거나 줄이지를 않겠습니다.

可以備飯則 作飯하고
가이비반즉 작반

作飯不足則 作粥하며 作粥不足則 作米湯하리라.
작반부족즉 작죽   작죽부족즉 작미탕

新到相見이라도 茶湯而已요 更不煎點하고
신도상견   다탕이이 갱부전점

惟置一茶堂 自去取用하며 務要省緣이어 專一辦道하리라.
유치일다당 자거취용   무요성연   전일판도

又況活計具足이라.
우황활계구족

風景不疎이어 花解笑하고 鳥能啼하며 木馬長鳴하니 石牛善走하나라.
풍경불소   화해소   조능제   목마장명   석우선주

天外之靑山이 寡色하니 耳畔之流泉에 無聲이라.
천외지청산 과색   이반지유천 무성

嶺上에서 猿啼하니 露濕中宵之月하고
영상   원제   노습중소지월

林間에서 鶴唳¹하니 風回淸曉之松하나라.
임간   학려   풍회청효지송

---

1. 학의 목이 굽어 있어 그 소리가 사납게 나오므로 학의 울음소리를 '려唳'라고 한다.[鶴頸曲 其聲出戾故 以鶴鳴爲唳]

밥 할 식량이 준비되면 밥을 짓고, 밥 지을 식량이 부족하면 죽을 쑤며, 죽을 쑤기에도 부족하면 멀건 미음을 끓이겠습니다.

처음 절에 찾아온 손님한테도 한 잔의 차만 간단히 대접할 뿐이요 간식거리를 더 준비하지 않을 것이고, 차실에만 두고 필요하면 스스로 갖다먹게 할 것이며, 세상의 반연을 덜어 오직 도 닦는 일에만 전념할 것입니다.

살아갈 이런 방책을 절에 다 갖추고 있는데 수행자로서 여기에 무엇을 더 이야기할 것이 있겠습니까.

경치도 볼 만하니 꽃이 방긋 웃고 새가 즐겁게 지저귀며, 목마가 슬피 우니 돌로 된 소가 잘 달리고 있습니다.

하늘가에 푸른 산이 빛을 바래니 귓가에 흐르는 샘물 소리가 들리지 않습니다.

높은 산봉우리 위에서 원숭이가 우니 영롱한 이슬이 한밤에 보름달을 적시고, 숲 속에서 학이 우니 맑은 새벽에 찬바람이 소나무를 휘감아 돕니다.

春風起而 枯木龍吟하고 秋葉彫而 寒林華發이라.
춘풍기이 고목용음　추엽조이 한림화발

玉階 舖苔蘚之紋하니 人面 帶烟霞之色하고
옥계 포태선지문　인면 대연하지색

音塵 寂爾하여 消息 沈然하며 一味 蕭條하니 無可趣向이라.
음진 적이　소식 침연　일미 소조　무가취향

山僧이 今日 向諸人面前에 說家門도 已是不着便인데
산승　금일 향제인면전　설가문　이시불착편

豈可更去 陞堂入室하여 拈搥竪拂하고 東喝西棒하며 張眉努目하여
기가갱거 승당입실　염추수불　동할서방　장미노목

如癇[1] 病發相似리오.
여한 병발상사

不惟屈沈上座라 況亦孤負先聖이리라.
불유굴침상좌　황역고부선성

---

1. '癇'은 '한閑'이라고 읽으며 어린아이가 앓는 간질이다. 의서에서 "어린아이에게 다섯 가지의 간질이 있어 오장에 저마다 연관되는 짐승이 있다. 심장 간질은 말소리가 양과 같고, 간 간질은 개와 같으며, 지라 간질은 소와 같고, 폐 간질은 닭과 같으며, 콩팥 간질은 돼지와 같다."라고 하였다.[癇音閑 小兒癲病. 醫書 小兒有五癇 五臟各有畜所屬 心癇 其聲如羊 肝癇 其聲如犬 脾癇 其聲如牛 肺癇 其聲如鷄 腎癇 其聲如猪]

봄바람이 부니 마른나무에 거문고 소리가 나고, 가을 잎이 시드니 겨울 찬 숲에서 화사한 꽃이 핍니다.

하얀 옥빛 계단에 파란 이끼가 깔리니 사람들의 얼굴이 저녁노을 빛을 띠고, 세간의 소리와 경계가 고요하여 온갖 소식이 끊어지며, 하나같이 적막하니 더 이상 나아갈 곳이 없습니다.

산승이 오늘 모든 대덕 스님들 앞에서 집안일을 이야기하는 것도 이미 편치 않은 일인데, 어찌 다시 법문하는 자리에 앉아 주장자를 잡고 두드리며 불자를 세우고, 아무데서나 거침없이 소리 높여 할을 하고 커다란 주장자로 때리며, 눈썹을 치세우고 눈을 부릅떠서 간질병 환자처럼 처신할 수 있겠습니까.

이는 덕이 높은 스님들에게 굴욕감을 줄 뿐만 아니라 옛 성현들의 뜻을 저버리는 짓이 될 것입니다.

你不見이오.
니 불견

達磨 西來하여 少室 山下에서 面壁九年하고
달마 서래   소실 산하   면벽구년

二祖는 至於立雪斷臂하니 可謂 受盡艱辛이라.
이조   지어입설단비   가위 수진간신

然而나 達磨 不曾 措了一辭하고 二祖 不曾 問着一句라.
연이 달마 부증 조료일사   이조 부증 문착일구

還喚達磨作不爲人得麽아 二祖做不求師得麽아.
환환 달마작불위인득마   이조주불구사득마

---

1. 숭산에는 대실봉과 소실봉이 있다. 숭산을 소실봉으로 부를 때는 달마 스님과 연관이 있다.[崇山有大室小室 故號崇山爲小室] 소실봉에 달마 스님이 9년 면벽한 소림사가 있다.

그대는 보지 못하였습니까.

달마 대사는 서쪽에서 와 숭산 소림사에서 9년 동안 벽을 마주보며 참선을 하였고, 혜가 스님은 눈보라 속에서 법을 구하기 위하여 팔을 끊기까지 하였으니, 두 분은 온갖 어려움을 다 겪었다고 할 수 있습니다.

그렇지만 달마 대사께서는 일찍이 법을 일러 주기 위하여 한마디 말도 하지 않았고, 혜가 스님은 불법에 대하여 일찍이 한구절도 묻지를 않았습니다.

그렇다고 달마 대사께서 사람들을 조금도 위하지 않았다고 말할 수 있겠습니까. 아니면 혜가 스님이 스승에게 법을 조금도 구하지 않았다고 말할 수 있겠습니까.

山僧은 每至說着古聖做處마다
산승   매지설착고성주처

便覺無地容身하고는 慙愧後人軟弱이어다.
변각무지용신   참괴후인연약

又況 百味¹ 珍羞 遞相供養하며 道我하기를
우황 백미 진수 체상공양   도아

四事具足 方可發心이라하니
사사구족 방가발심

只恐做手脚不迭에² 便是隔生隔世去也니라.
지공주수각부질   변시격생격세거야

時光似箭이니 深爲可惜이로다.
시광사전   심위가석

雖然如是라도 更在諸人 從長相度니라. 山僧 也强敎 你不得이니라.
수연여시   갱재제인 종장상도   산승 야강교 니부득

---

1. 『대지도론』에서 말하였다. "백미百味란 무엇인가. 백 가지 종류로써 공양할 수 있는 것을 백미百味라 한다. 또 떡의 종류가 5백인데 그 맛이 백 가지이므로 백미百味라 한다. 또 백 종류 약초로 '기쁨의 환약'을 만들어 이를 백미百味라 한다. 또는 음식과 국 및 떡의 종류가 전부 백 가지가 있다고 하거나, 온갖 음식이 다 마련된 것을 백미라고 한다."[智論云 百味者 有能以百種供養 是名百味 有云餠種數五百 其味有百 是名百味 有云百種藥草 作歡喜丸 是爲百味 有云飮食羹餠 總有百 有云飮食 種種備足 故稱爲百味]
2. 만약 견성하여 번뇌를 벗어날 수 있다면 육근호용이 되지만, 그렇지 않다면 죽을 때 어찌 모든 감각기관을 마음대로 쓸 수 있겠는가.[若能見性 有黏斯脫則六根互用 不然 那能迭相作用諸根也]

산승은 매번 옛 성현들의 일을 이야기할 때마다 몸 숨길 곳이 없음을 깨닫고는, 후학들의 자질이 나약한 것에 부끄러운 생각이 들었습니다.

더군다나 후학들이 온갖 별미로 앞 다투어 공양하며 "네 가지 공양이 다 갖추어져야 도 닦을 마음을 낼 수 있습니다."라고 하는 말을 들을 때, 저는 다만 손쓸 틈도 없이 순식간에 닥칠 죽음이 걱정될 뿐입니다.

세월이 화살처럼 빠르니 참으로 애석합니다.

상황이 이렇더라도 저마다 타고난 장점이 있으니 이를 따르면 도를 이룰 길이 있을 것입니다.

산승이 그대를 억지로 가르칠 수는 없는 것입니다.

諸仁者여 還見古人偈麽아.
제인자　환견고인게마

山田脫粟飯　　野菜淡黃虀
산전탈속반　　야채담황제

喫則從君喫　　不喫任東西.
끽즉종군끽　　불끽임동서

伏惟하건대
복유

同道시여 各自 努力하여 珍重하소서.
동도　　각자　노력　　　진중

대중 스님들이시여,

복주福州 우두미牛頭微 선사의 게송을 들어 본 적이 있습니까.

    산마루 논밭 훑어 지어 놓은 밥 한 그릇
    해질 들녘 나물 캐서 묽게 무친 반찬 조금
    먹겠다면 그대 마음 내킨 대로 잡수시고
    먹기 싫어 남긴다면 그 인연을 따르리라.

간절히 바라옵건대
같은 길을 걸어가는 수행자들이여!
저마다 노력하여 몸가짐 마음가짐을 잘 살피시옵소서.

4. 懶庵樞和尚[1] 法語
나 암 추 화 상   법 어

佛 誡羅睺羅하며 頌云하되
불 계 라 후 라   송 운

十方世界 諸衆生　念念已證 善逝果
시방세계 제중생　염념이증 선서과

彼旣丈夫 我亦爾　何得自輕 而退屈.
피기장부 아역이　하득자경 이퇴굴

六凡四聖[2] 同此一性이니 彼旣如是라면 我何不然이오.
육범사성 동차일성　　피기여시　　아하불연

直須內外資熏이어야 一生取辦이나
직수내외자훈　　　 일생취판

更若悠悠過日이면 是誰之咎리오.
갱약유유과일　　 시수지구

---

1. 나암추懶庵樞(?-1176)는 중국 오흥吳興 사람인데 성은 서徐씨이고 호는 나암懶庵이며 추樞는 도추道樞이니 이름이다. 도량거혜道場居慧 선사의 법을 이었다. 융흥초隆興初(1163) 항주 영은사에 머물 때 송宋 효종孝宗이 불러 법을 묻고는 했다. 뒷날 임금의 허락을 받고 명교明敎의 영안원永安院에 머물다 순희淳熙 3년(1176)에 입적하였다.
2. 육범사성六凡四聖에서 '육범'은 지옥·아귀·축생·수라·인간·천상 이 여섯 가지를 말하고, '사성'은 성문·연각·보살·불佛 이 네 가지를 말한다.

4. 나도 역시 대장부라 _ 나암추 화상

부처님께서 라후라[1]를 훈계하며 게송으로 말씀하셨습니다.

시방세계 존재하는 모든 중생 남김없이
일으키는 생각마다 참 깨달음 증득하니
저이들이 장부라면 나도 역시 대장부라
스스로를 업신여겨 공부에서 물러날까.

육도에 윤회하는 중생들과 성문, 연각, 보살, 부처님이 알고 보면 똑같이 이 한 가지 성품이니, 저들이 이를 깨달아 성불하였다면 나도 어찌 그러하지 않겠습니까.

곧장 안팎으로 이 도리를 참구해야 한 생에 공부를 다 마칠 수 있을 터인데, 유유자적 세월만 보낸다면 이는 누구의 허물이 되겠습니까.

---

[1] 라후라羅睺羅는 부처님의 아들인데 15세에 출가하여 아라한과를 성취하였다. 부처님의 10대 제자 가운데 밀행제일密行第一로 존경받았다.

古德 云하되
고덕 운

此身 不向今生度면 更待 何生度此身이리오.
차신 불향금생도 갱대 하생도차신

天台智者 大師 云하되
천태지자 대사 운

何不 絶語言 置文字에서 破一微塵 出大千經卷이오.
하불 절어언 치문자 파일미진 출대천경권

一微塵者 衆生의 妄念也요 大千經卷者 衆生의 佛性이니
일미진자 중생 망념야 대천경권자 중생 불성

衆生의 佛性이 爲妄念所覆일새 妄念 若破則 佛性現前이니라.
중생 불성 위망념소복   망념 약파즉 불성현전

此老人은 爲固執文字語言者하여 興此歎也니라.
차노인 위고집문자어언자   흥차탄야

此亦是金鎞¹刮膜之이니 他日 眼開이어야 方知得力하니라.
차역시금비 괄막지   타일 안개   방지득력

---

1. 금비에 대해 『열반경』에서 "한 맹인이 눈을 치료하기 위하여 훌륭한 의사를 찾아가자 그 의사가 금비로 눈의 각막을 치료하였다."라고 말하였다. 이는 천태 대사의 설법이 사람들 마음의 눈을 열어준 것에 비유한 것이다.[金鎞者 涅槃經云 如有盲人 爲治眼故 造詣良醫 良醫卽以金鎞抉其眼膜. 以況台老所說開人心目也]

그러므로 옛 어른께서 말씀하셨습니다.

"이 몸을 금생에 제도하지 못한다면 다시금 어느 생에 이 몸을 제도할 수 있겠는가."

천태지자天台智者 대사께서 말씀하셨습니다.

"어찌 언어문자를 내버린 자리에서 '모든 번뇌'를 타파하고 '삼천대천세계를 밝히는 경전'을 꺼내지 않는 것인가."

'모든 번뇌'란 중생의 '망념'이요 '삼천대천세계를 밝히는 경전'은 중생의 '불성佛性'이니, 중생의 불성이 망념에 덮여 있으므로 망념이 타파되어야 불성이 드러나는 것입니다.

이 노스님께서는 언어문자에 집착하는 사람을 위하여 이렇게 말씀하신 것입니다.

이 또한 '금으로 만든 칼'[1]로 보이지 않는 눈의 각막을 후벼 광명을 드러내는 것이니, 뒷날 눈이 열려야 여기서 힘을 얻은 줄 알 것입니다.

---

1. 금비金錍는 옛날 인도 의사들이 안과 수술을 할 때 쓰던 금으로 만든 칼인데 지혜를 상징하는 말로 쓰인다.

楞嚴經 云
능엄경 운

云何 賊人이 仮我衣服하고 裨販如來하여 造種種業이오.
운하 적인 가아의복 비판여래 조종종업

若不以戒攝心者 縱饒解齊佛祖라도
약불이계섭심자 종요해제불조

未免 裨販如來 造種種業이니 況平平之人이리오.
미면 비판여래 조종종업 황평평지인

淸凉國師[1] 以十願律身者
청량국사 이십원율신자

良有以也이니 戒는 以愼으로 爲義하니라.
양유이야 계 이신 위의

又 曰하되 洗心曰齋요 防患曰戒이니라.
우 왈 세심왈재 방환왈계

---

1. 화엄종 제6조 청량징관(?-839) 대사는 자字가 '대휴'이고 회계 하후씨의 아들이다. 지덕 연간 중 열 가지 일로 스스로 채찍질하여 말하였다. "첫째, 몸으로는 사문의 위의를 버리지 않겠다. 둘째, 마음으로는 여래의 가르침을 어기지 않겠다. 셋째, 앉아서는 법계의 경전을 등지지 않겠다. 넷째, 성품은 알음알이 경계에 물들지 않겠다. 다섯째, 발은 비구니 절의 티끌도 밟지 않겠다. 여섯째, 옆구리가 거사들의 의자에 닿지 않게 하겠다. 일곱째, 눈으로는 예의가 아닌 모습을 보지 않겠다. 여덟째, 혀로는 때가 지난 음식을 맛보지 않겠다. 아홉째, 손에서는 둥글고 투명한 염주를 놓지 않겠다. 열째, 언제라도 의발을 곁에서 여의지 않겠다."
[華嚴第六祖 澄觀大士 字大休 會稽夏候氏子也. 至德中 以十事自勵曰 體不捐沙門之表 心不違如來之制 坐不背法界之經 性不染情碍之境 足不履尼寺之塵 脇不觸居士之榻 目不視非儀之彩 舌不味過午之餚 手不釋圓明之珠 宿不離衣鉢之側]

『능엄경』에서 말하였습니다.

"어찌하여 도적들이 나의 옷을 입고 여래를 팔아 온갖 업을 짓고 있는가."

수행자가 아름다운 삶으로써 마음을 다스리지 못한다면 설사 알고 있는 것이 부처와 조사 스님에게 버금가더라도, 부처님을 팔아 온갖 업을 짓는 것을 면치 못할 것이니, 하물며 그렇지도 못한 사람이야 더 말해 무엇 하겠습니까.

청량국사淸凉國師께서 열 가지 원으로 몸과 마음을 다스렸던 것은 참으로 까닭이 있었으니, 아름다운 삶의 바탕이 되는 계율은 삼가는 것으로써 그 뜻을 삼는 것입니다.

또 말하기를 "마음을 깨끗하게 씻어내는 것을 '재齋'라 하는 것이요 근심걱정을 방지하는 것을 '계戒'라 한다."고 하였습니다.

제 11 장
게송으로 찬탄하다
偈讚

1. 白侍郞 六讚偈 幷序[1]
　　백 시 랑 　육 찬 게 　병 서

樂天에는 常 有願이니
낙천　　　상 유원

願하옵건대 以今生世俗文筆之因으로
원　　　　이 금 생 세 속 문 필 지 인

翻爲 來世 讚佛乘 轉法輪之緣也니라.
번위 내세 찬불승 전법륜지연야

今年 登七十이니 老矣病矣이어 與來世相去甚邇라.
금년 등칠십　　　노의병의　　여내세상거심이

故로 作六偈하여
고　작육게

跪唱 於佛法僧前하며 欲以起因發緣 爲來世張本也이니라.
궤창 어불법승전　　　욕이기인발연 위내세장본야

---

1. 이 글은『장경집』에 나온다. 백거이(772-846)는 자字가 낙천이니 향산의 불광여만 선사에게 법을 받고는 스스로 '향산 거사'라고 불렸다. 목종 장경 원년에 중서사인의 관직에서 항주자사가 되었다.『백씨장경집』75권이 있고 원미지가 서문을 썼다. 계림의 장사치들이 이 책을 구하고자 하는 마음이 매우 간절하였다 하고, 동국의 재상들도 매번 백전百錢으로 시 1편을 바꾸었다고 한다.[出長慶集 白居易 字樂天 得法於香山佛光如滿禪師 自號香山居士. 穆宗長慶元年 自中書舍人 出爲杭州刺史. 有白氏長慶集七十五卷 元微之序. 鷄林賈人求市頗切云 東國宰相每以百錢換一篇云] 백거이는 당나라의 대표적인 시인이다. 한때 형부시랑刑部侍郎을 지냈으므로 백시랑白侍郎이라고도 한다. 그의 문장은 정갈하고 간절하며 평이하여 원진元稹이나 유우석劉禹錫과 이름을 같이하며 원백元白 또는 유백劉白이라 일컬었다. 그의 대표적 작품은 '장한가長恨歌'와 '비파행琵琶行' 등이 있고 문사와 서민들 간에 널리 애송되었다. 당唐 회창會昌 6년(846) 나이 75세에 임종하였다.

1. 붓을 잡은 인연으로 내생에 _ 백시랑

저에게는 늘 원력이 있었으니, 그 원력은 이번 세상에서 붓을 잡은 인연으로 다음 세상에서 부처님의 법을 찬탄하고 전파하게 되기를 바라는 것입니다.

이제 벌써 나이 일흔이니 늙고 병이 들어 내세가 매우 가까워져 있습니다.

그러므로 게송 여섯 개를 지어 불법승 삼보 앞에 무릎 꿇고 소리 내어 읽으면서, 그 인연을 일으켜 내세의 영원한 삶을 줄 밑거름을 삼고자 합니다.

讚佛

十方世界 天上天下　我今盡知 無如佛者
시방세계 천상천하　아금진지 무여불자

堂堂巍巍 爲天人師　故我禮足[1] 讚歎歸依.
당당외외 위천인사　고아예족 찬탄귀의

讚法

過現當來 千萬億佛　皆因法成 法從經出
과현당래 천만억불　개인법성 법종경출

是大法輪 是大寶藏　故我合掌[2] 至心回向.
시대법륜 시대보장　고아합장 지심회향

---

1. 몸에서 가장 높이 있는 자신의 머리로 상대방의 가장 아래 있는 발에 이마를 대고 예배하는 것은 지극히 공경한다는 의미이다.[以我無上之頂 禮彼最下之足 敬之至也]
2. 『관음소』에서 말하였다. "중국에서는 두 손을 맞잡는 것이 공경의 표시이고, 인도나 남방에서는 두 손바닥을 합치는 것이 공경의 표시가 된다. 손이 본디 두 갈래도 나누어져 있지만 지금 하나로 합치는 것은, 방종하지 않고 오로지 마음이 하나로 모아졌음을 드러내는 것이다."[觀音疏云 此方 以拱手爲恭 外國 以合掌爲敬. 手本二邊 今合爲一 表不放縱 專至一心]

부처님을 찬탄하다

시방세계 천상천하 제가 아는 모든 성현
그 가운데 석가모니 부처님이 으뜸이어
당당하고 높으신 분 하늘 인간 스승 되니
그러므로 절을 하고 찬탄하며 귀의하리.

가르침을 찬탄하다

과거 현재 오는 세상 많고 많은 부처님들
법을 통해 성불하니 그 법 설한 경전들은
부처님의 가르침을 가득 담은 보배창고
두 손 모아 합장하고 지극정성 회향하리.

讚僧

緣覺聲聞 諸大沙門　漏盡果滿 衆中之尊
연각성문 제대사문　누진과만 중중지존

仮和合力 求無上道　故我稽首 和南僧寶.
가화합력 구무상도　고아계수 화남승보

讚衆生

毛道¹凡夫 火宅衆生　胎卵濕化 一切有情
모도 범부 화택중생　태란습화 일체유정

善根苟種 佛果終成　我不輕汝 汝無自輕².
선근구종 불과종성　아불경여 여무자경

---

1. 범어의 '바라'는 모도毛道를 말한다. 이는 행동과 마음이 안정되지 않아 가벼운 털과 같아서 바람 따라 이리저리 나부끼는 모습을 말한다.[梵云婆羅 此云毛道 謂行心不定 猶如輕毛 隨風東西也]
2. 상불경 보살은 늘 모든 사람에게 예를 올리며 "저는 그대를 가볍게 여기지 않습니다." 말하였고, 보현 보살은 "저는 모든 중생을 온갖 것으로 받들고 공양하니, 마치 부모나 여래를 공경하듯 조금도 다를 것이 없습니다."라고 하였다. 또 『법화경』에서는 "법사의 도행은 맑고도 엄준하여 대중들이 공경하는 바가 되었다. 길을 갈 때 땅만 보며 걷다가 길에서 자그마한 벌레라도 보면 곧 스스로 '이 불자가 나보다 먼저 득도할지 어찌 알겠는가.' 생각하고는 바로 피해 걸어갔다."고 하였으니, 후학들이 어찌 이처럼 살 것을 생각하지 않을 수 있겠는가.[常不輕菩薩常禮一切云 我不輕汝. 普賢云 我於一切衆生 種種承事供養 如敬父母乃至如來 等無有異. 又 法華云 法師道行淸峻 爲衆所敬 若行之時 但視地而行 見有微虫當路 卽自念言 焉知此佛子 先得得道 便避而行. 後學可不思齊]

승보를 찬탄하다

성문 연각 빠짐없이 모여 사는 수행자들
번뇌 끊고 공부 이뤄 뭇 중생의 으뜸이라
화합하는 힘으로써 무상도를 구해가니
머리 숙여 예배하고[1] 승보님께 귀의하리.

중생을 찬탄하다

불타는 듯 번뇌 많은 고통 속의 모든 중생
태란습화 인연 따라 여러 모습 지닌 유정
온갖 선근 심는다면 부처님이 되시리니
저의 절을 받으시고 스스로를 의심마소.

---

1. 『순자』에서 "머리가 허리와 일직선이 되게 굽히는 것을 배拜라 하고, 허리 밑으로 머리가 내려 간 것을 계稽라 하며, 머리가 땅에 닿는 것을 계상稽顙이라 한다."고 하였다. 이를 풀이하기를 평형平衡은 경쇠의 모양인 'ㄱ'처럼 몸을 굽혀 머리가 허리와 수평이 되는 것을 말한다.[荀子云 平衡曰拜 下衡曰 稽 首至地曰 稽顙. 注 平衡 謂磬折而首與腰平]

懺悔

無始劫來 所造諸罪　若輕若重 無大無小
무시겁래 소조제죄　약경약중 무대무소

我求其相 中間內外　了不可得 是名懺悔.[1]
아구기상 중간내외　요불가득 시명참회

---

1. 이것은 이참이다. 사참이라면 밤낮없이 삼업이 청정해지도록 부처님 앞에서 지은 죄과를 다 아뢰며 몸으로 참회해야 하며 다시는 죄악을 감추지 않고 또 새로 짓지도 않아야 한다.[此卽理懺. 若是事懺 晝夜六時 三業淸淨 對於尊像 披陣 罪過 更不覆藏 又不造新]

실상을 아는 것이 진짜 참회

알 수 없는 오랜 세월 지어 왔던 모든 죄들
가볍거나 무겁거나 크고 작은 죄업에서
중간이든 안팎이든 죄의 실상 찾아봄에
'그 실체가 공성이라' 아는 것이 진짜 참회.[1]

---

1. 참회는 죄의 자성自性이 공空임을 깨달아 참회하는 '이참理懺'이 있고 절을 하며 몸으로 뉘우치는 '사참事懺'이 있다. '이참'은 실상實相의 이치를 관하여 허물을 뉘우치고 마음을 바로 잡는 참회이다. 죄란 비난 받을 만한 나쁜 행동이지만 그것도 실상을 깨닫고 보면 본디 자성이 없다. 중생의 죄업은 옳고 그름을 따지는 마음에서 부질없이 일어나기 때문이다. 따라서 죄업으로부터 벗어나려면 먼저 그 죄를 비롯되게 하는 중생의 마음을 버려야 한다. 옳고 그름을 따져서 시비하는 분별심이 사라질 때, 중생의 죄도 함께 없어진다. 죄도 없어지고 분별하는 마음도 사라질 때, 그 자리가 바로 모든 법에 실체가 없다는 공성空性이다. '나는 나쁘다. 이것은 죄이다.'라고 생각하는 주체로서의 마음이 사라지니, 이 마음의 대상이 되는 객체인 죄도 함께 사라지는 것이다.

發願

煩惱願去 涅槃願住　十地願登 四生願度
번뇌원거 열반원주　십지원등 사생원도

佛出世時 願我得親　最先勸請 請轉法輪
불출세시 원아득친　최선권청 청전법륜

佛滅度時 願我得値　最後供養 受菩提記.[1]
불멸도시 원아득치　최후공양 수보리기

---

1. 순타는 이곳 말로 '오묘한 뜻을 아는 사람'이라는 뜻인데 구시라성의 '솜씨 좋은 목수'의 아들이었다. 부처님께서 열반할 때 하늘과 세상 사람들이 올린 공양은 모두 받지 않고 오직 순타의 공양만 받았다. 부처님께서 "모든 부처님이 열반할 때 최후로 공양하는 사람은 그 복덕이 어떤 것보다 뛰어나다." 말씀하셨다. 또 『열반경』에서 말하였다. "부처님이 열반할 때 하늘과 세상 사람들이 다 공양을 올렸으나 받지 않고 오직 순타의 공양만 받았다. 모든 대중들이 큰 소리로 '신기하도다. 순타가 큰 복덕을 이루어 여래께 최후 공양을 올리는구나. 우리들은 복이 없어 올린 공양물이 쓸모없이 되었구나.' 하므로, 여래께서는 몸 털구멍 하나하나에서 헤아릴 수 없이 많은 부처님을 드러내고, 그 부처님마다 헤아릴 수 없이 많은 비구승들을 거느리게 하고는, 모든 부처님과 대중 스님들이 낱낱이 다 몸을 드러내어 대중들의 공양을 받게 하였다. 석가께서는 스스로 순타가 올린 공양을 받아 그 맛있는 음식을 마갈타국에서 사용하는 10말 용량으로 80말을 채우니, 부처님의 신통력으로 모든 대중들을 만족케 하였다."[純陀 此云解妙義 乃拘尸羅城巧匠之子. 佛臨涅槃 一切天人所有供養皆不受之 惟受純陀之供 佛言 一切諸佛 臨涅槃時 最後供養者 其福勝於一切. 又 涅槃云 佛臨涅槃時 一切天人大衆皆獻不受 獨受純陀之供 一切大衆出大音聲唱言 奇哉 純陀成大福德 能令如來取最後供 我等無福 所設供具 卽爲唐捐. 如來卽於身上一一毛孔 化無量佛 各有無量諸比丘僧 諸佛及衆悉皆現身 受大衆供 釋迦自受純陀所奉之供 其成熟之食 以摩伽陀所用之斛 滿足八斛 以佛神力 一切大衆足]

바라노니 저의 소원

바라노니 남김없이 모든 번뇌 여의옵고
바라노니 영원토록 무여열반 머무소서.

바라노니 보살 십지[1] 어서 빨리 올라가서
바라노니 모든 중생 제도하길 원합니다.

원력 가진 부처님이 이 세상에 출현할 때
바라노니 평생토록 가까이서 모시면서
가장 먼저 부처님의 가르침을 청하옵고
그 가르침 이 세상에 펼치도록 당부하리.

이 세상에 인연 다해 부처님이 열반할 때
바라노니 그 자리를 뜨지 않고 지키면서
부처님의 최후 공양 몸소 차려 올린 뒤에
제가 뒷날 부처님 될 보리수기 받으리라.

---

1. 십지十地는 곧 환희지歡喜地·이구지離垢地·발광지發光地·염혜지焰慧地·난승지難勝地·현전지現前地·원행지遠行地·부동지不動地·선혜지善慧地·법운지法雲地 열 가지를 가리킨다.

2. 司馬溫公[1] 解禪偈
  사 마 온 공   해 선 게

文中子는 以佛로 爲西方聖人하니 信如文中子之言則 佛之心 可
문중자   이불   위서방성인   신여문중자지언즉 불지심 가

知矣라. 今之言禪者 好爲 隱語로 以相迷하고 大言으로 以相勝하여
지의   금지언선자 호위 은어 이상미   대언   이상승

使學者悵悵然 益入於迷妄故로 余廣文中子之言而解之하여 作
사학자창창연 익입어미망고   여광문중자지언이해지   작

解禪偈 六首라. 若其果然則 雖中國이라도 行矣라 何必 西方이리오.
해선게 육수   약기과연즉 수중국   행의   하필 서방

若其不然則 非余之所知也라.
약기불연즉 비여지소지야

---

1. 사마광은 자字가 '군실'이요 관직이 재상까지 올랐고 '온국공'에 책봉되었다. 소식이 공의 묘비에다 "공께서는 부처님을 좋아하지 않기에 '그 자세하고 빈틈 없는 이론도 대체적으로 나의 책을 벗어나지 않으니 그 거짓됨을 내가 믿지 않는다.'고 하니, 유병산이 이를 논하여 '오호라 총명이 도리어 사람의 눈을 멀게 하는 것이 이처럼 심할 줄이야. 내용이 같으면 자신의 책에서 나온 것이고, 다르면 거짓된 것이라 하여 믿지 못하니, 스스로 총명한 지혜를 멀게 하는 것으로써 만족할 뿐이로다.'고 하였다."는 글을 써놓았다.[司馬光 字君實 官至宰相 封溫國公. 蘇軾作公墓誌云 公不喜佛 曰 其精微 大抵 不出於吾書 其誕 吾不信. 劉屛山 論曰 嗟乎 聰明之障人 如此其甚耶 同則 以爲出於吾書 異則 以爲誕而不信 適足 以自障其聰慧而已] 사마온공司馬溫公(1019-1086)은 송나라 사람으로 이름은 광光이다. 온국공溫國公에 책봉되었으므로 '사마온공'이라 불렀다. 시호는 문정文正이다. 신종神宗 때 왕안석王安石의 신법新法을 반대하다가 관직에서 물러나고 철종哲宗 때 정승이 되어 신법을 모두 폐지하였다. 저서에 『자치통감自治通鑑』 『통감고이通鑑考異』 『독락원집獨樂園集』 등이 있다. 『자치통감』은 중국의 편년사編年史 중에서 가장 잘된 것이라고 한다.

2. 선을 풀이한 게송 _ 사마온공

문중자[1]는 부처님을 서방의 성인이라 여기니 문중자의 말을 믿는다면 부처님의 마음을 알 수 있을 것입니다.

지금 선禪을 말하는 사람들이 알아듣지 못할 말로 서로 어리석게 만들기를 좋아하고, 큰 소리 치는 것으로써 서로 이기기를 좋아하여, 불법을 배우는 사람들로 하여금 더 미망 속에 갈팡질팡[2] 빠져들게 하므로, 제가 문중자의 말을 잘 풀이하여 선에 대한 이해를 돕는 게송 여섯 수를 짓겠습니다.

그 내용이 옳다면 이 나라에서도 실천해야 하니, 어찌 서방에만 이 가르침이 들어맞겠습니까. 만약 옳지 않다고 한다면 제가 알 바 아닙니다.

---

1. 문중자文中子는 수隋나라 때 용문龍門 사람이다. 성은 왕王씨이고 이름은 통通이며 자字는 중엄仲淹이다. 수隋 대업년중大業年中(605-616)에 저작랑著作郎, 국자박사國子博士의 직책으로 나라에서 불렀으나 부름에 응하지를 않았다. 문인門人들이 사적으로 시호를 문중자文中子라 하였다.
2. 『서경』에서 "눈먼 봉사는 보이는 것이 없어 갈팡질팡할 것인데 어떻게 도울 것인가." 하였는데, 창창倀倀은 길을 잃은 모습이며 또 보이는 것이 없다는 것이다.[書曰 瞽者 無相倀倀然 其何之助也. 倀倀 失道貌 又無見也]

忿怒如烈火　利欲如銛¹鋒
분노여열화　이욕여첨 봉

終朝長戚戚²　是名阿鼻獄.
종조장척척　시명아비옥

顔回安陋巷³　孟軻養浩然
안회안루항　맹가양호연

富貴如浮雲⁴　是名極樂國.
부귀여부운　시명극락국

孝悌通神明⁵　忠信行蠻貊⁶
효제통신명　충신행만맥

積善來百祥　是名作因果.
적선래백상　시명작인과

---

1. '섬銛'은 '첨瞻'으로 읽으며 '예리한 것'을 말한다.[銛音瞻 利也]
2. 『논어』에서 "소인배들은 늘 근심하고 근심할 뿐이다."고 하였다.[論語 小人長戚戚]
3. 안자가 밥 한 그릇 표주박 한 모금으로 좁은 골목에 살았는데, 사람들은 그 가난에 대한 근심을 감당하지 못했지만 안회는 청빈을 즐거움으로 삼는 것을 개의치 않았다.[顔子 一簞食 一瓢飮 居于陋巷 人不堪其憂 回也不改其樂]
4. 공자는 말하였다. "부귀공명은 나에게 뜬구름 같다."[子曰 富貴於我 如浮雲]
5. 신神은 천신이며 명明은 해와 달이다. 부모에게 돈독하게 효도 공경하면 천지신명이 알지 못할 것이 없다.[神 天神也 明 日月也. 敦行孝悌則 神及明無不知也]
6. 만맥蠻貊은 남쪽 오랑캐 만蠻과 북쪽 오랑캐 적狄이다.[南蠻 北狄]

성을 내고 분노하는 그 마음은 불길 같고
작은 이익 헛된 욕심 날카로운 칼날 같아
아침부터 저녁까지 하루 종일 근심 걱정
이를 일러 말하자면 무간지옥 아니던가.

안회 같이 덕 높은 이 청빈한 삶 즐기었고
맹자¹ 같은 현자들은 호연지기 길러 가며
뜬 구름인 부귀공명 마음속에 두질 않아
이를 일러 말하자면 극락정토 아니던가.

효도 공경 지극하면 천지신명 알아주고
충성 신의 어김없이 오랑캐도 지킨다면
좋은 일이 모아져서 온갖 상서 일어나니
이를 일러 말하자면 인과법이 아니던가.

---

1. 맹가孟軻(BC 392-BC 289)는 중국 전국시대의 철인이다. 산동성 추현鄒縣에서 출생하였는데 가軻는 이름이고 자字는 자흥子興 또는 자차子車이며 자사子思의 문인이었다. 『맹자孟子』를 저술하여 왕도의 인의를 주장하였다. 후세에 공자 다음가는 성인이라 하여 아성亞聖이라 일컬었다. 어머니의 삼천지교三遷之敎 단기지훈斷機之訓에 감화를 받아 성장하였다. 주周나라 난왕赧王 26년(BC 289) 11월 10일 나이 84세에 임종하였다. 호연浩然은 호연지기浩然之氣의 약칭이다. 널리 천지간에 가득 차 있는 정대正大한 원기元氣 또는 사람의 마음에 차 있는 정대한 기운을 말한다. 맹자가 말하였다. "나는 나의 호연지기를 잘 길러 그 기운참은 지극히 크고도 지극히 강건하니, 곧게 길러 해악이 없는 것으로써 곧 하늘과 땅 사이를 채울 것이다."[孟子曰 我善養吾浩然之氣 其爲氣也 至大至剛 以直養而無害 則塞於天地之間]

言爲百代師　行爲天下法
언위백대사　행위천하법

久久不可掩　是名不壞身.
구구불가엄　시명불괴신

仁人之安宅　義人之正路
인인지안택　의인지정로

行之誠且久　是名光明藏.
행지성차구　시명광명장

道德修一身　功德被萬物
도덕수일신　공덕피만물

爲賢爲大聖　是名佛菩薩.
위현위대성　시명불보살

말 한마디 하나하나 천년만년 스승이요
실천하는 행위들이 온 누리의 법이 되어
영원토록 빛이 나니 숨길 일이 아니어서
이를 일러 말하자면 금강불괴 몸이로다.

어진 삶은 사람들이 편안히 살 저택이요
옳은 삶은 사람들이 나가야 할 올바른 길
이런 삶을 실천하여 진실 되게 오래 사니
이를 일러 말하자면 '빛을 가진 사람'이라.

큰 이치와 큰 덕으로 이 한 몸을 닦아가며
모든 중생 위하기에 그 공덕을 회향하면
그 모습이 현인이요 그대로가 성인이니
이를 일러 말하자면 불보살이 아니던가.

제12장

불법을 지키고 보호하기를

護法

1. 漢顯宗[1] 開佛化 法本內傳
　　한 현 종 개 불 화 법 본 내 전

傳云하되
전 운

明帝 永平 十三年[2] 上夢神人하니 金身丈六이고 項有日光이라.
명제 영평 십삼년 상몽신인 　　금신장육 　　항유일광

寤已 問諸臣下하니 傅毅對詔에 有佛이니 出於天竺이라하니
오이 문제신하 　　부의대조 　유불 　출어천축

乃遣使往求하여 備獲經像及僧二人이라.[3]
내견사왕구 　　비획경상급승이인

帝는 乃 爲立佛寺하고 畵壁 千乘萬騎 繞塔三匝하니라.
제 　내 위립불사 　　화벽 천승만기 요탑삼잡

---

1. 한현종漢顯宗은 후한後漢 제2대 명제明帝의 묘호廟號이다. 광무光武의 넷째 아들이고 이름은 장莊이며 시호는 명明이다. 영평永平 18년(75) 8월에 죽었다.
2. 영평永平은 후한後漢 명제明帝의 연호이다. 영평永平 13년은 서기 70년이다.
3. 황제가 박사 왕준 등 18명을 파견하여 함께 서역으로 가서 불법을 구하게 하였다. 월지국에 이르러 두 명의 천축승려 가섭마등迦葉摩騰과 축법란竺法蘭을 만나 흰 모직물에 그린 불화와 석가모니 부처님의 입상立像, 불사리, 『사십이장경』을 백마에 싣고 돌아왔다.[帝遺博士王遵等十八人 同往西域 求其佛法 至月支國 遇二梵僧 帶白㲲畵釋迦立像及舍利幷四十二章經 馱白馬而至]

1. 한현종 때 부처님의 가르침이 _ 법본내전

『법본내전法本內傳』[1]에서 말하였습니다.

명제明帝 영평永平 13년에 임금께서 신인神人의 꿈을 꾸니, 크고 우람한 신인의 몸은 황금빛이었고 목 윗부분은 햇살처럼 밝은 빛에 두둥실 둥그렇게 둘러싸여 있었습니다.

잠에서 깨어난 뒤에 신하들에게 이 일을 물으니, 부의傅毅[2]가 "신인은 부처님이시니 천축에서 태어나신 분입니다."라고 아뢰니, 임금이 사신을 파견하여 불법을 구하도록 하여, 사신들이 경전과 불상 및 스님 두 분을 모시고 돌아왔습니다.

임금은 스님들을 위하여 절을 세우고 벽에다 천 대의 수레와 일만의 기마병을 거느리고 부처님을 존경하는 표시로 탑 둘레를 세 번이나 도는 그림을 그리게 하였습니다.

---

1. 『법본내전法本內傳』은 5권인데 저술한 사람이 누구인지 정확하지 않다. 내용은 한나라 때 불교와 도교가 저마다 경전을 불태워 영험을 다룬 것을 기록한 책이다. 『광홍명집廣弘明集』첫 번째에 실려 있다.
2. 부의傅毅는 후한後漢 무릉茂陵 사람인데 자字는 무중武仲이다. 학식이 많고 문장에 능하였다.

又 於南宮清凉臺 及高陽門上 顯節陵所에
우 어남궁청량대 급고양문상 현절릉소

圖佛立像하고 幷四十二章經 緘於蘭臺石室하니라.
도불입상　　병사십이장경 함어난대석실

廣如前集牟子所顯이라.
광여전집모자소현

傳云
전운

時有沙門 迦葉摩騰 竺法蘭 位行難測이나 志存開化라.
시유사문 가섭마등 축법란　위행난측　　지존개화

蔡愔 使達 請騰東行하니
채음 사달 청등동행

不守區域 隨至雒陽하여 曉喩物情하며 崇明信本하니라.
불수구역 수지낙 양　　효유물정　　　숭명신본

---

1. 명제가 생전에 미리 무덤을 만들어 현절릉이라 부르고는 여기에 불화를 그리고 불상을 세웠다.[明帝預造壽陵 號曰顯節陵 於此畵佛立像]
2. 가섭마등迦葉摩騰은 중인도中印度 사람인데 대소승 경전에 정통하였다. 영평永平 10년(67) 축법란竺法蘭과 함께 낙양에 들어와 백마사에서 『사십이장경』 등을 번역하였는데 중국에 불교가 이때 처음으로 들어 왔다.
3. 채음蔡愔은 후한後漢 사람인데 낭중郎中이란 벼슬을 지냈다. 명제明帝의 명을 받고 대월씨大月氏에 이르러 가섭마등, 축법란 두 스님을 모시고 불상과 불경을 가지고 낙양에 돌아와 백마사白馬寺를 창건하였다.
4. '낙雒'은 본래 '낙洛'이었다. 어환이 "광무제가 한漢나라는 '불의 기운[火行]'이어 '물[水]'을 꺼리는 까닭에 '수水'를 떼어버리고 '추隹'를 더했다. 광무제 이후로는 '낙雒'자로 고쳤다.[雒 本作洛. 漁篆云 光武 以漢火行忌水故 去水加隹 自光武後 改爲雒字]

또 남쪽 궁전에 있는 청량대淸凉臺와 낙양에 있는 고양문高陽門 위와 현절릉顯節陵에도 부처님 그림을 그리며 불상을 조성하였고, 아울러 귀중한 문서를 관리하는 난대蘭臺의 석실에도 『사십이장경』¹을 보관하였습니다.

자세한 것은 앞서 『모자이혹론牟子理惑論』² 등에서 말한 내용들과 같습니다.

『법본내전』에서 말하였습니다.

당시 가섭마등과 축법란 스님이 이른 경지와 수행력은 가늠하기 어려운 일이었으나 중생을 교화시키는데 뜻이 있는 것은 분명하였습니다. 그러므로 채음蔡愔이 사신으로 찾아가 마등 스님에게 중국으로 함께 갈 것을 청하니 서슴없이 그를 따라 낙양에 와서 중생들을 교화하며 믿음의 근본을 높이고 밝혔습니다.

---

1. 『사십이장경四十二章經』은 후한後漢의 가섭마등과 축법란의 공역이고 인도에서 중국으로 전래된 첫 번째 경전이라고 한다. 내용은 불교의 요지를 42장으로 나누어 간명하게 설명한 것이다.
2. 모자牟子는 동한東漢 때 안구安丘 사람인데 이름은 융융이고 자字는 자우子優이다. 영평永平 5년(65)에 사예교위司隸校尉를 거쳐 대홍려大鴻臚·대사농大司農 사공태위司空太尉를 역임하다 건초建初 4년(75)에 죽었다. 저서에 『모자이혹牟子理惑』 2권이 있다.

帝問騰 曰에
제 문 등 왈

法王出世인데 何以化不及此오하니
법 왕 출 세　　하 이 화 불 급 차

答曰하되
답 왈

迦毘羅衛國者 三千大千世界 百億日月之中心也라.
가 비 라 위 국 자　삼 천 대 천 세 계　백 억 일 월 지 중 심 야

三世諸佛 皆在彼生하시고 乃至天龍鬼神 有願行者
삼 세 제 불　개 재 피 생　　　　내 지 천 룡 귀 신　유 원 행 자

皆生於彼하여 受佛正化하고 咸得悟道라. 餘處衆生은 無緣感佛일새
개 생 어 피　　수 불 정 화　　함 득 오 도　　여 처 중 생　무 연 감 불

佛不住也니라. 佛雖不住이라도 光明及處에 或五百年 或一千年
불 불 왕 야　　불 수 불 왕　　　광 명 급 처　혹 오 백 년 혹 일 천 년

或二千年外 皆有聖人이어 傳佛聲敎하여 而化導之니라.
혹 이 천 년 외 개 유 성 인　　전 불 성 교　　이 화 도 지

廣說敎義인데 文이 廣故로 略也니라.
광 설 교 의　　문　광 고　약 야

임금께서 마등 스님에게 "법왕이 세상에 나오셨는데 어찌하여 그 가르침이 여기에 미치지 않습니까?" 물으니,

대답하시기를

"가비라위국은 삼천대천세계의 백억이나 되는 해와 달이 있는 곳의 중심입니다. 과거현재미래의 모든 부처님이 거기에서 태어나시고, 원력을 실천하는 천룡과 귀신들도 모두 그곳에서 태어나 부처님의 올바른 교화를 받고 모두 도를 깨치게 되어 있습니다. 나머지 다른 곳 중생들은 부처님의 교화에 당장 감응할 인연이 없었기에 부처님께서 가시지 않는 것입니다. 부처님께서 가시지 않더라도 광명이 미치는 곳에는 5백 년, 1천 년, 2천 년 뒤에 성인이 부처님의 가르침을 전하여 그곳 중생들을 모두 교화하고 이끌 것입니다."라고 하였습니다.

이렇듯 부처님의 가르침을 폭넓고 깊이 있게 설파하셨는데, 글로 쓰자니 분량이 너무 많아 그 내용은 생략합니다.

傳云에
전 운

永平 十四年 正月一日 五岳諸山道士 朝正之次에 自相命曰하되
영평 십사년 정월일일 오악제산도사 조정지차　자상명왈

天子 棄我道法하고 遠求胡敎라 今因朝集에 可以表抗之니라.
천자 기아도법　　원구호교　금인조집　가이표항지

其表[1] 略曰하리라.
기표　약왈

五岳 十八山觀 太上[2] 三洞[3] 弟子
오악 십팔산관 태상 삼통 제자

褚善信[4] 等 六百九十人은 死罪로 上言하나이다.
저선신 등 육백구십인　사죄　상언

臣聞이라 太上은 無形無名이어 無極無上이며 虛無 自然하여
신문　　태상　　무형무명　　무극무상　　허무 자연

大道가 出於造化之前일새 上古同遵하며 百王이 不易이라.
대도　 출어조화지전　　 상고동준　　 백왕　 불역

---

1. 표表는 임금에게 올리는 글이다.
2. 태상太上은 태상노군太上老君이니 도교에서 노자를 높여 부르는 말이다.
3. 삼통三洞은 삼청三淸과 같다.
4. 저선신褚善信은 생몰연대 및 전기 미상이다.

『법본내전』에서 말하였습니다.

영평 14년 서기 71년 정월 초하루 오악이란 지역 이곳저곳 여러 산에 살고 있는 모든 도사들이 정월 조례에 참석하려던 차에 서로 논의하여 이르기를 "천자께서 우리 도교의 법을 버리고 멀리 오랑캐의 가르침을 구하고 있다. 지금 모인 참에 우리의 뜻을 드러내 항의하는 것이 옳을 것이다."라고 하였습니다.

그들이 자신의 뜻을 밝히려고 임금에게 올린 내용을 간단히 요약해 보겠습니다.

"오악 십팔산十八山에 있는 도관道觀에서 태상노군太上老君의 가르침을 실천하고 옥청원시천존玉淸元始天尊, 상청영보도군上淸靈寶道君, 태청태상노군太淸太上老君을 모시는 제자들을 대표하여 저선신褚善信 등 육백구십 명은 죽을죄를 무릅쓰고 임금님께 한말씀 올리겠습니다.

저희들은 태상太上이 형태나 이름도 없이 무극無極 무상無上이면서 텅 빈 아무 것도 없는 곳에서 저절로 그러하여, 큰 도가 천지가 만들어지기 전에 나왔기에 먼 옛날부터 모든 임금들이 다 같이 그 법을 따르면서 바꾼 적이 없었습니다."

今 陛下 道邁羲黃하고 德高堯舜이라.
금 폐하 도매희황　덕고요순

竊承하니 陛下 棄本하고 追末하며 求敎西域이어
절승　　폐하 기본　　추말　　구교서역

所事 乃是胡神일새 所說 不參華夏니라.
소사 내시호신　　소설 불참화하

願하옵건대 陛下는 恕臣等罪하고 聽與試驗하소서.
원　　　　폐하　 서신등죄　　　청여시험

臣等 諸山道士는 多有徹視遠聽하며 博通經典이라.
신등 제산도사　 다유철시원청　　 박통경전

從元皇已來
종원황이래

太上群錄 太虛符祝을 無不綜鍊이어 達其涯極하니
태상군록 태허부축　 무불종련　　 달기애극

或策使鬼神하고 或吞霞飮氣하며
혹책사귀신　　 혹탄하음기

或入火不燒하고 或履水不溺하며
혹입화불소　　 혹리수불닉

---

1. 태상군록太上群錄은 도교의 여러 서적을 말하며 태허부축太虛符祝은 부귀영화 와 행운을 바라는 도교의 부적이나 축원 같은 것을 말한다.

"지금 폐하의 도와 덕은 복희伏羲, 황제黃帝, 요堯, 순舜 임금보다 고매高邁하십니다.

그런데 지금 가만히 생각해 보니 폐하께서는 근본을 버리고 곁가지를 추구하며 서역에서 가르침을 구하시어, 섬기는 것이 오랑캐의 신이기에 말씀하시는 것이 중국의 정서에 맞지를 않습니다.

바라옵건대 폐하께서는 저희들의 외람된 죄를 용서하시고 저희들의 능력을 시험하여 주옵소서.

저희들 산에 있는 모든 도사들은 대개 사물의 핵심을 꿰뚫어 보고 멀리서 나는 소리도 들으며 도가의 경전에 널리 통달하고 있습니다.

원황元皇 때부터 태상노군太上老君의 여러 서적과 태허太虛의 부적符籍과 축원祝願을 통틀어 단련하지 않은 것이 없어 그 본질에 통달하고 있으니,

귀신을 마음대로 부리기도 하고, 하늘의 붉은 노을에 가득 차 있는 기운을 마시고 살기도 합니다. 불 속에 들어가서도 불에 타지를 않고 물 위를 걸어 다녀도 물속에 빠지지를 않습니다."

或白日昇天하고 或隱形不測하며 至於方術에 無所不能이니라.
혹백일승천　　혹은형불측　　지어방술　무소불능

願하옵건대 得與其比較하소서.
원　　　　　득여기비교

一則 聖上意安이요 二則 得辨眞僞이며
일즉 성상의안　　이즉 득변진위

三則 大道有歸요 四則 不亂華俗이리라.
삼즉 대도유귀　　사즉 불란화속

臣等이 若比對不如라면 任聽重決이요
신등　약비대불여　　임청중결

如其有勝이면 乞除虛妄이나이다.
여기유승　　걸제허망

"밝은 대낮 하늘에 올라가기도 하고, 모습을 슬쩍 감추면 어디에 있는지 찾을 길이 없으며, 방술에 이르러서는 불가능한 것이 없습니다.

바라옵건대 오랑캐 신을 믿는 사람들과 어느 쪽이 나은지 그 우열을 비교하여 주시옵소서.

그리하시면 첫째는 성상의 뜻이 편안할 것이요, 둘째는 참과 거짓을 분별할 수 있을 것이며, 셋째는 대도에 귀의하게 될 것이요, 넷째는 중국의 풍속이 어지럽혀지지 않을 것입니다.

저희들이 그들과 견주어서 그들만 못하다면 어떤 결단이라도 폐하의 뜻을 따를 것이요, 만약 저희들이 더 수승한 면이 있다면 오직 허망한 것들을 제거해 주시기를 바랄 뿐입니다."

勅遣尙書令宋庠[1] 引入長樂宮케하여 以今月十五日로 可集白
칙견상서령송상   인입장락궁   이금월십오일   가집백

馬寺하니 道士等 便置三壇하고 壇別 開三十四門이라.
마사   도사등 변치삼단   단별 개삼십사문

南嶽道士 褚善信 華嶽道士 劉正念 恒嶽道士 桓文度
남악도사 저선신 화악도사 유정념 항악도사 환문탁

岱岳道士 焦得心 嵩嶽道士 呂惠通 霍山 天目 五臺
대악도사 초득심 숭악도사 여혜통 곽산 천목 오대

白鹿等 十八山道士 祁文信等 各賫 靈寶眞文 太上玉訣 三元
백록등 십팔산도사 기문신등 각재 영보진문 태상옥결 삼원

符錄等 五百九卷은 置於西壇하고
부록등 오백구권   치어서단

茅成子 許成子 黃子 老子等
모성자 허성자 황자 노자등

二十七家의 子書 二百三十五卷은 置於中壇하며
이십칠가   자서 이백삼십오권   치어중단

饌食奠祀百神은 置於東壇하니라.
찬식전사백신   치어동단

帝 御行殿[2]은 在寺南門하고 佛舍利 經像은 置於道西하니라.
제 어행전   재사남문   불사리 경상   치어도서

---

1. 송상宋庠은 생몰연대 및 전기 미상이다.
2. 어행전御行殿은 임금이 길을 가다가 쉬기 위하여 임시로 머무는 궁전이다.

임금이 상서령尙書令 송상宋庠을 보내 도가道家와 불가佛家의 사람들을 장락궁長樂宮으로 불러들여 그 달 15일 백마사에 모이도록 하니, 도사들은 곧 세 개의 단을 설치하고 단마다 따로 34개의 문을 열어두었습니다.

남악도사 저선신褚善信, 화악도사 유정념劉正念, 항악도사 환문도桓文度, 대악도사 초득심焦得心, 숭악도사 여혜통呂惠通, 곽산·천목산·오대산·백록산 등 18산에 있는 도사 기문신 등은 저마다 『영보진문靈寶眞文』과 『태상옥결太上玉訣』 및 『삼원부록三元符錄』과 같은 도교 경전 509권을 가져다가 서쪽 단에 안치하고,

『모성자茅成子』 『허성자許成子』 『황자黃子』 『노자老子』와 같은 27가家의 자서子書 235권을 중앙에 있는 단에 두었으며,

온갖 신에게 바칠 제사 음식들은 동쪽 단에 두었습니다.

임금께서 머무실 어행전御行殿은 절의 남쪽 문에 두고, 부처님의 사리와 경전 및 불상은 길가 서쪽에 안치하였습니다.

十五日 齋訖에
십오일 재흘

道士等이 以柴荻으로 和檀沈香하여 爲炬하고 遶經泣曰하되
도사등 이시적   화단침향   위거   요경읍왈

臣等 上啓 太極大道 元始天尊 衆仙百靈.
신등 상계 태극대도 원시천존 중선백령

今 胡神이 亂夏인데도
금 호신 난하

人主께서 信邪일새 正敎가 失蹤하고 玄風¹이 墜緖나라.
인주   신사   정교   실종   현풍   추서

臣等이 敢置經 壇上하고
신등 감치경 단상

以火取驗으로 欲使開示蒙心하고 得辨眞僞하리라.
이화취험   욕사개시몽심   득변진위

便縱火焚經인데 經從火化하여 悉從煨燼하니라.²
변종화분경   경종화화   실종외신

---

1. 현풍玄風은 노장老莊의 학설을 말한다.
2. 불경은 타지 않고 다만 연기에 그을려 황색이 될 뿐이었다. 그뒤 종이를 만드는 사람이 경전을 모두 황색으로 물들여 표시하였으며 부처님의 경전을 존칭하여 황권黃卷이라고 하였다.[佛經不燒 但烟熏爲黃色而已. 其後造紙者 表經皆染爲黃色而尊稱黃卷云]

15일 날 점심공양을 마치자 도사들이 억새로 엮은 섶에 전단향과 침향나무를 섞어 횃불을 만들고 경전을 에워싼 채 흐느끼며 말하였습니다.

"저희들은 태극대도太極大道[1] 원시천존元始天尊[2] 중선백령衆仙百靈님께 아뢰옵니다.

지금 오랑캐 신이 중국을 어지럽히는데도 임금이 이 삿된 신을 믿고 있으므로, 올바른 가르침이 실종되고 깊은 이치가 있는 노장老莊의 가르침이 땅에 떨어져버렸습니다.

저희들이 감히 단 위에 경전을 안치하고 불로 시험함으로써 어리석은 마음을 깨우쳐 참과 거짓을 가리고자 합니다."

그리고 경전에다 불을 놓았는데 그들의 경전이 불길에 모두 잿더미가 되어버렸습니다.

---

1. 태극대도太極大道는 하늘과 땅이 열리기 전 원기元氣가 혼돈混沌 상태로 있을 때이다.
2. 원시천존元始天尊은 신의 이름이다. 도가에서 원시천존元始天尊은 태원太元보다 먼저 생겨났다고 한다.

道士等은 相顧失色하며 大生怖懼니라.
도사등 상고실색 대생포구

將欲昇天隱形者도 無力可能하고 禁效¹ 鬼神者도 呼策不應하자
장욕승천은형자 무력가능 금효귀신자 호책불응

各懷愧恧하며 南嶽道士 費叔才는 自憾而死라.
각회괴뉵 남악도사 비숙재 자감이사

太傅 張衍이 語褚信 曰하되
태부 장연 어저신 왈

卿等 所試 無驗은 卽是虛妄이니 宜就西來眞法이라.
경등 소시 무험 즉시허망 의취서래진법

褚信 曰하되 茅成子 云에 太上者 靈寶天尊 是也이며
저신 왈 모성자 운 태상자 영보천존 시야

造化之作은 謂之太素²라하니 斯豈妄乎아.
조화지작 위지태소 사기망호

衍 曰하되 太素에 有貴德之名이언정 無言敎之稱인데
연 왈 태소 유귀덕지명 무언교지칭

今 子說에 有言敎하니 卽爲妄也니라. 信이 默然하니라.
금 자설 유언교 즉위망야 신 묵연

---

1. 금효禁效는 주술의 힘으로 상대방을 굴복시키는 것이다.
2. 태소太素는 물질의 근본을 말한다.

이에 도사들은 서로 돌아보며 대경실색하고 두려움에 떨었습니다. 하늘로 올라가 숨으려던 사람들도 그렇게 할 힘이 사라지고, 주술로 귀신을 부리던 사람들도 귀신들이 호응하지 않자 저마다 부끄러워했으며 남악도사 비숙재費叔才는 스스로 이 현실을 한탄하며 죽었습니다.

태부太傅 장연張衍이 저신褚信에게 "그대들이 시험한 바 영험이 없다는 것은 곧 허망하다는 증거이니 이제 서쪽에서 온 참된 법을 취해야 할 것이다."라고 말하자,

저신이 "『모성자』에 이르기를 '태상노군은 신령스럽고 보배로운 천존이며 모든 것을 만들고 변화시키는 것을 태소太素라 한다.' 하였으니, 이것이 어찌 허망 되겠습니까?"라고 하였습니다.

장연이 이에 이르기를 "태소에 귀하고 덕스러운 명성이 있을지언정 언교言敎로 일컬어 증명한 것이 없는데, 지금 그대가 언교로 이야기하고 있으니 이야말로 허망한 것이다."고 하자 저신이 침묵하였습니다.

時 佛舍利에서 光明五色이
시 불사리 광명오색

直上空中하여 旋環如盖하며 遍覆大衆하자 暎蔽日光하니라.
직상공중   선환여개   변부대중   영폐일광

摩騰 法師는 踊身高飛하며 坐臥空中 廣現神變하니라.
마등 법사 용신고비 좌와공중 광현신변

于時 天雨寶華 在佛僧上하고 又 聞天樂하여 感動人情하니
우시 천우보화 재불승상   우 문천악   감동인정

大衆咸悅하며 歎未曾有라하고 皆遶法蘭하여 聽說法要니라.
대중함열   탄미증유   개요법란   청설법요

蘭은 並吐梵音하여 歎佛功德하며
란 병토범음   탄불공덕

亦令大衆 稱揚三寶케하며 說하기를
역령대중 칭양삼보   설

善惡業은 皆有果報일새 六道三乘에서 諸相不一이니라.
선악업 개유과보   육도삼승   제상불일

又 說하기를
우 설

出家功德은 其福이 最高이고 初立佛寺는 同梵福量이니라.
출가공덕 기복 최고 초립불사 동범복량

그때 부처님의 사리에서 곧장 허공으로 오색광명이 치솟아 둥글게 선회하며 양산처럼 그 곳에 있는 대중들의 머리 위를 덮자 그 밝은 빛에 햇빛조차 가리어졌습니다.

마등 스님은 몸을 솟구쳐 높이 날며 공중에서 앉고 눕는 많은 신통 변화를 드러내었습니다.

이때 하늘에서 보배로운 꽃비가 부처님상과 스님들의 머리 위로 내리고, 또 천상의 음악이 흘러나와 사람들을 감동시키니, 대중들이 다함께 기뻐하며 '일찍이 없었던 일'이라 찬탄하며 모두 축법란을 에워싼 채 그 분이 불법의 요점에 대해서 법을 설하는 것을 들었습니다.

축법란은 천상의 목소리로 부처님의 공덕을 찬탄하고, 또한 대중들이 삼보를 찬양하게 만들며 설법하기를 "좋은 업이든 나쁜 업이든 모두 과보가 있으므로 삼승三乘과 육도六道에서 나타나는 모든 모습들이 똑같지 않다."라고 하였습니다.

또 "출가 공덕은 그 복이 가장 높고 처음 절을 세운 복덕은 범천梵天의 복덕과 같다."라고 하였습니다.

司空 陽城侯 劉峻은 與諸官人士庶等 千餘人과 出家하고
사공 양성후 유준   여제관인사서등 천여인   출가

四嶽 諸山道士 呂惠通等 六百三十人도 出家하며
사악 제산도사 여혜통등 육백삼십인   출가

陰夫人 王婕妤等 與諸宮人婦女 二百三十人도 出家하니라.
음부인 왕첩여등 여제궁인부녀 이백삼십인   출가

便立十所寺하여 七所는 城外하여 安僧하고
변립십소사   칠소   성외   안승

三所는 城內하여 安尼하니 自斯已後로 廣矣니라.
삼소   성내   안니   자사이후   광의

傳有五卷이나 略不備載하니라.
전유오권   약불비재

有人¹은 疑此傳近出하고 本無角力之事라하나
유인   의차전근출   본무각력지사

案吳書하면 明費叔才憾死故로 傳을 爲實錄矣니라.²
안오서   명비숙재감사고   전   위실록의

---

1. 도사道士 윤문조尹文操이다.
2. 『오서』에서 감택이 오나라 군주에게 말하였다. "불법이 처음 들어왔을 때 오악의 도사들이 마등 스님과 힘을 겨루었는데, 도사들이 뜻대로 되지 않자 비숙재가 한탄하고 죽어버렸습니다. 문도들이 남악으로 돌아가 장사를 지냈던 까닭에 출가를 하지는 못했습니다."[吳書 闞澤對吳主曰 佛法初來 五岳道士 與摩騰角力 道士不如 費叔才憾而死 門徒歸葬南岳 故不預出家]

이에 사공司空 양성후陽城侯 유준劉峻은 데리고 온 관리와 선비, 서민들 1000여 명과 함께 모두 출가를 하였고, 사악四嶽을 비롯하여 모든 산에 있는 도사 여혜통呂惠通 등 630명도 출가하였으며, 음부인陰夫人과 왕의 궁녀 및 모든 궁인과 부녀자 230명도 함께 출가하였습니다.

곧 열 곳에 사찰을 세워 일곱 곳은 성 밖에 두어 비구가 수행하고 세 곳은 성 안에 두어 비구니가 수행하니, 이로부터 불법이 더욱 널리 퍼지게 되었습니다.

『법본내전』이 다섯 권이나 되지만 그 내용들을 생략하고 다 싣지는 않겠습니다.

도사 윤문조가 『법본내전』이 최근에 나온 것이라 의심하고 본디 도교와 힘을 겨루었던 일이 없었다고 주장하지만, 『오서』에 의하면 비숙재費叔才가 한탄하며 죽은 것이 분명하므로 『법본내전』을 실제의 기록으로 삼습니다.

2. 隋高祖 文皇帝 勅文[1]
수 고 조 문 황 제 칙 문

皇帝는 敬問 光宅寺 智顗禪師[2]하노라.
황제 경문 광택사 지의선사

朕은 於佛敎에 敬信情重이라.
짐 어불교 경신정중

往者 周武之時 毀壞佛法할때 發心立願을 必許護持라.
왕자 주무지시 훼괴불법 발심입원 필허호지

及受命於天하여 仍卽興復하려
급수명어천 잉즉흥복

仰憑神力하여 法輪重轉하니 十方衆生이 俱獲利益이니라.
앙빙신력 법륜중전 시방중생 구획이익

比以有陳 虐亂殘暴이어 東南百姓 勞役에 不勝其苦니라.
비이유진 학란잔폭 동남백성 노역 불승기고

---

1. 수隋나라(581-617)는 문제文帝 양견楊堅이 북주北周의 선위禪位를 받아 세운 왕조이다. 서울은 장안이고 진陳나라를 멸하여 남북조를 통일했지만 3주主 37년 만에 당나라에게 망하였다. 고조 문황제文皇帝는 수나라의 첫 황제인데 화음華陰 사람이고 성은 양楊씨이며 이름은 견堅이다. 어릴 때 이름은 나라연那羅延이다. 처음에는 북주北周에 관직을 가져 수공隋公에 책봉 받았지만 581년 진陳나라 정제靜帝의 선위禪位를 받아 제위帝位에 오르고 국호를 수隋라 하였다. 묘호廟號는 고조高祖이고 시호는 문文이며 연호는 개황開皇과 인수仁壽를 썼다. 문제文帝는 불교를 독실히 믿어 절과 탑을 세우는 등 그 업적이 많았다.
2. 지의智顗 선사는 양나라 산기상시 익양공 진기의 두번째 아들인데 광주 대소산 사대 선사를 찾아가 심관心觀을 전수 받았다.[梁散騎常侍益陽公 陳起之第二子 詣光州大蘇山 思大禪師受心觀]

2. 출가의 본업 _ 수나라 황제 칙서

존경하는 광택사光宅寺 지의智顗 선사께 저는 묻습니다.

저는 부처님 가르침을 믿고 공경하는 마음이 매우 깊습니다. 지난 날 북주北周 무제武帝(516-578)가 부처님의 법을 허물고 훼손할 때, 저는 발심하여 원을 세우기를 반드시 불법을 보호하고 보존하리라고 생각했습니다.

이에 하늘에서 명을 받아 불법을 부흥시키려고 우러러 부처님의 신통력에 의지하여 부처님의 법을 다시 전파하니, 시방세계 모든 중생들이 다함께 좋은 이익을 얻게 되었습니다.

얼마 전 동남방의 백성들이 진나라의 잔학하고 포악한 노역에 시달려 감당 못할 고통을 받고 있었습니다.

故로 命將出師하여 爲民 除害하니
고　명장출사　　위민 제해

吳越之地 今得廓淸이어 道俗 又安일새 深稱朕意니라.
오월지지 금득확청　　도속 우안　　심칭짐의

朕은 尊崇正法하여 救濟蒼生하려
짐　존숭정법　　구제창생

欲令福田永存케하여 津梁無極이라.
욕령복전영존　　　진량무극

師는 旣已離世網하고 修已化人일새
사　기이리세망　　수기화인

必希獎進僧伍 固守禁戒하여
필희장진승오 고수금계

使見者 欽服하고 聞卽生善케하리니 方副大道之心이라.
사견자 흠복　　문즉생선　　　　방부대도지심

是爲出家之業이니라.
시위출가지업

장군에게 명하여 군사를 동원해서 백성들을 위하여 해악을 제거하니, 오월吳越의 땅은 이제 깨끗이 정리정돈 되어 수행자와 백성들의 삶이 편안해졌기에 참으로 저의 뜻에 맞는 일입니다.

제가 바른 법을 받들고 존중하여 온 백성들을 구제하기 위해, 영원히 중생의 복전福田을 존속시켜 모든 중생을 제도하는 역할이 끊이지 않도록 하려고 합니다.

선사께서는 이미 그물망처럼 촘촘한 세속의 번뇌를 여의시고 자신의 행실을 닦아가며 다른 사람들을 교화하고 계시므로, 반드시 승려들이 굳게 계율 지킬 것을 장려하여 이들을 보는 사람들로 하여금 공경하여 따르도록 하고 이들의 이름을 듣는 사람들이 착한 마음을 내게 하셔야 하니, 그래야 비로소 대도의 마음에 부응하는 것입니다.

이것이 출가의 본업입니다.

若身從道服인데도 心染俗塵이면
약신종도복   심염속진

非直 含生之類 無所依歸라 抑恐 妙法之門 更來謗讟이라.
비직 함생지류 무소의귀   억공 묘법지문 갱래방독

宜相勸勵로 以同朕心이어다.
의상권려   이동짐심

春日 漸暄하니 道體 如宜也라.
춘일 점훤   도체 여의야

　　　　　　　　　開皇 十年 正月十六日[1]
　　　　　　　　　개황 십년 정월십육일

內史令 安平公 臣 李德林[2]이 宣하고 內史侍郎 武安子 臣
내사령 안평공 신 이덕림   선   내사시랑 무안자 신

　　　　　　李元操[3]가 奉하며 內史舍人 裵矩[4] 行하다
　　　　　　이원조   봉   내사사인 배구   행

───────────────

1. 개황開皇은 수문제隋文帝의 연호年號이고 개황 10년은 서기 590년이다.
2. 이덕림李德林은 수나라 안평安平 사람인데 자字는 공보公輔이다. 고서에 해박하고 음양이나 천문에도 밝았다. 시호는 문文이고 문제文帝 때 내사령內史令을 지냈다.
3. 이원조李元操는 박릉博陵 사람이니 원조元操는 어릴 때 이름인데 뒤에 문박文博으로 고쳤다. 성품이 청결하고 강직하였다. 개황년중開皇年中(581-600)에 우기위羽騎尉를 지냈고 저서에 『치도집治道集』이 있다.
4. 배구裵矩의 자字는 홍대弘大인데 학문을 좋아하였다. 북제北齊에서 벼슬을 지내고 수나라에 들어와 이부시랑吏部侍郎이 되었다. 시호는 경경敬이다.

만약 출가한 사람들이 법복을 입고 있으면서도 마음이 세속의 번뇌에 물들어 있다면, 중생들이 의지하고 귀의할 곳이 없을 뿐만 아니라 도리어 오묘한 불법 문중에 다시 많은 이들의 비방과 원망이 찾아올까 두렵습니다.

마땅히 서로 공부하도록 권유하고 격려해 줌으로써 저의 마음과 같아져야 할 것입니다.

봄날이 점차 따뜻해지고 있으니 도의 바탕인 몸과 마음이 편안해지셔야 합니다.

개황開皇 10년 정월 16일
내사령 안평공 신하 이덕림이 선포하고
내사시랑 무안자 신하 이원조가 받들며
내사사인 배구가 이 칙서를 시행하다

3. 晋王 受菩薩戒疏
진 왕 수 보 살 계 소

使持節 上柱國 太尉公 楊州摠管諸軍事 楊州刺使
사지절 상주국 태위공 양주총관제군사 양주자사

晋王 弟子 楊廣은 稽首奉請하오니
진왕 제자 양광   계수봉청

十方三世諸佛과 本師釋迦如來
시방삼세제불   본사석가여래

當降此土 補處彌勒[1] 一切尊經 無量法寶
당강차토 보처미륵   일체존경 무량법보

初心以上 金剛以降 諸尊大權摩訶薩埵
초심이상 금강이강 제존대권 마하살 타

辟支 緣覺 獨脫明悟二十七賢聖[2] 他心道眼
벽지 연각 독탈명오이십칠현성   타심도안

---

1. 보처미륵補處彌勒은 미륵이 56억 7천만 년 뒤에 성도하여 석가여래의 뒤를 잇는 부처라는 뜻이다. 보처補處는 전불前佛이 멸한 뒤에 성불하여 그 빈자리를 메운다는 말이다.
2. 이십칠현성二十七賢聖은 견도見道 이후 무학위無學位 아라한과阿羅漢果에 이르는 18유학有學과 9무학無學을 말한다. 18유학有學은 예류향預流向·예류과預流果·일래과一來果·일래향一來向·불환향不還向·불환과不還果·아라한향阿羅漢向·수신행隨信行·수법행隨法行·신해信解·견지見至·가가家家·일간一間·중반中般·생반生般·유행반有行般·무행반無行般·상류上流이고, 9무학九無學은 퇴법退法·사법思法·호법護法·안주법安住法·감달법堪達法·부동법不動法·불퇴법不退法·혜해탈慧解脫·구해탈俱解脫이다.

3. 보살계를 내려 주옵소서 _ 진왕 불제자 양광

사지절使持節 상주국上柱國 태위공太尉公

양주총관제군사楊州摠管諸軍事 양주자사楊州刺使

진왕晉王[1] 불제자 양광楊廣은 머리 숙여 받들어 청하옵니다.

시방삼세 모든 부처님과 우리 본사 석가모니 부처님,

이 땅에 내려오실 미륵 부처님,

존귀한 모든 경전과 헤아릴 수 없이 많은 법보,

초심 이상 금강 이하의 존경스런 모든 큰 보살님들,

벽지불, 연각, 홀로 이치를 깨쳐 가는 스물일곱 단계의 성현들,

다른 사람의 마음을 환히 꿰뚫어 아는 안목을 지니신 분,

---

1. 진왕晉王은 중국 수나라 제2대 황제인 양제煬帝(569-618)를 말한다. 이름은 양광楊廣이고 연호는 대업大業이며 문제文帝의 둘째 아들이다. 처음 진왕晉王이 되어 남조南朝 진陳나라를 토벌하는 데 크게 활약하였다. 만리장성을 만들고 대운하를 완성하여 강남의 물자를 북으로 운반하는 일에 크게 공헌을 했다. 진왕晉王으로 있을 때는 지자대사智者大師에게 귀의하고 그를 위하여 천승재千僧齋를 베풀기도 했다. 대업大業 3년(607) 천하의 비구 비구니로서 덕이 없는 사람들을 환속시키고 동시에 사원을 보수 정리한 뒤 절을 '도량道場'이라 부르게 하였다. 보살계菩薩戒는 대승 보살이 받아 지니는 계율이다.

乃至 三有最頂 十八梵王[1]
내지 삼유최정 십팔범왕

六欲天[2]子 帝釋天主 四大天王[3]
육욕천 자 제석천주 사대천왕

天仙龍神 飛騰隱顯 任持世界 作大利益
천선용신 비등은현 임지세계 작대이익

守塔衛法하고 防身護命하며 護持淨戒하는 無量善神이라.
수탑위법   방신호명   호지정계   무량선신

咸願 一念之頃 承佛神力 俱會道場하시어
함원 일념지경 승불신력 구회도장

證明弟子誓願하고 攝受弟子功德하소서.
증명제자서원   섭수제자공덕

竊以識暗萌興 卽如來性인데 無明俯墜이어 本有未彰이라.
절이식암맹흥 즉여래성   무명부추   본유미창

---

1. 십팔범왕十八梵王은 색계色界 18천天의 왕을 말한다.
2. 육욕천六欲天은 욕계欲界 6천天을 말한다.
3. 사대천왕四大天王은 욕계 6천의 첫 번째인 사왕천의 주主로서 수미산의 사주四洲를 수호하는 신들이다. 지국천왕持國天王은 동쪽을, 증장천왕增長天王은 남쪽을, 광목천왕廣目天王은 서쪽을, 다문천왕多聞天王은 북쪽을 수호하는데 모두 제석천의 명命을 받아 사천하四天下를 두루 돌아다니면서 사람들의 행위를 살펴 이를 보고하는 신이라고 한다.

중생계의 정상에 계신 십팔범왕十八梵王,
육욕천자六欲天子, 제석천주帝釋天主, 사대천왕四大天王,
하늘나라에 사는 신선神仙과 용신龍神들,
날아다니기도 하고 몸을 숨겼다 드러냈다 하면서 이 세상을 맡아 중생들에게 큰 이익을 주는 선신善神들,

부처님의 탑과 법을 지키고 불자의 생명을 보호하면서 깨끗한 계율을 보호하여 지켜주시는 헤아릴 수 없이 많은 좋은 신들께 머리 숙여 받들어 청하옵니다.

바라옵건대 모든 분들께서는 지금 바로 부처님의 위신력威神力을 받아, 모두 함께 이 도량에 모이시어 제자의 서원을 증명하시고 제자의 공덕을 애틋하게 거두어 주시옵소서.

곰곰이 생각해 보면 어두운 알음알이들이 일어나는 것 그 자체가 여래의 성품인데, 이것에 무명이 덮여 본디 있던 저의 성품이 아직 드러나지 않았던 것입니다.

理數^1 斯歸일새 物極則反이나
이수 사귀   물극즉반

欲顯當果라면 必積于因이라
욕현당과   필적우인

是調御世雄 備歷生死를 草木爲籌하나 不可勝計이고
시조어세웅 비력생사   초목위주   불가승계

恒沙^2 集起하나 固難思議이니 深染塵勞라야 方能厭離니라.
항사 집기   고난사의   심염진로   방능염리

法王이 啓運하여 本化菩薩은 譬如日出 先照高山이요
법왕   계운   본화보살   비여일출 선조고산

隨逗根宜하여 權爲方便은 如彼衆流 咸宗大海니라.
수두근의   권위방편   여피중류 함종대해

---

1. 이수理數란 하늘의 도이니 지극히 오묘한 것이다. '수數'로 인하여 그 이치를 밝히니, 대개 이치는 '수數'로 인하여 드러나고 '수數'는 이치를 통하여 나오는 까닭에, '이理'와 '수數'는 서로 의지할 수 있는 것이로되 어긋날 수 있는 것이 아니다.[理數者 天道至妙 因數可以明其理 盖理因數顯 數假理出故 理數 可相倚而 不可違也]
2. 항사는 '갠지스 강'이라고도 한다. 아뇩달지 사방에서 물줄기가 나오는데 동쪽 '은빛 소의 입'에서 갠지스 강이 흘러나오니 그 강의 모래들이 지극히 미세하고 도 많다. '갠지스 강 모래알'은 과거에 받은 생의 숫자를 헤아리기 어려움을 비유한 것이다.[恒沙 亦云殑伽河. 阿耨達池 四面各出一河 東銀牛口 出殑伽河 其沙 極細而多 喩過去受生之數 難量也]

이치와 사물의 움직임은 서로 영향을 미치면서 근본으로 돌아가는 것이므로 사물이 극단에 달하면 제자리로 돌아가는 것이지만, 그래도 오는 세월 속에 부처님의 세상을 드러내고자 하면 반드시 그 인과를 쌓으셔야 할 것입니다.

이는 부처님께서 보살로 수행하시던 삶과 죽음의 여정을 산천초목으로 산가지를 만들어 모두 합쳐 셈하여도 셈할 수 없고, 갠지스 강 모래알만큼 많은 생각을 모두 모아 일으켜 생각해도 참으로 헤아리기 어려운 것인데, 번뇌에 깊이 물들고 나서야 비로소 생사를 싫어하여 여읠 수 있었던 것입니다.

법왕이신 부처님께서 몸소 보여주시며 본디 보살을 교화하신 것은 비유하면 마치 뜨는 해가 먼저 높은 산을 비추는 것과 같을 것이요, 근기에 맞추어 크고 작은 법으로 자유자재하게 방편을 삼으신 것은 마치 저 많은 물줄기들이 다함께 큰 바다를 향해 나아가게 하는 것과 같습니다.

弟子 基承積善이새
제자 기 승 적 선

生在皇家하여 庭訓¹早趨하고 胎敎夙漸하니 福履攸鍾이라.
생 재 황 가   정 훈 조 추   태 교 숙 점   복 리 유 종

妙機須悟이니 恥崎嶇於小逕하고 希優遊於大乘하며
묘 기 수 오   치 기 구 어 소 경   희 우 유 어 대 승

笑止息於化城하고 誓舟航於彼岸이라.
소 지 식 어 화 성   서 주 항 어 피 안

但開士²萬行은 戒善爲先이니 菩薩十受하여 專持最上³이라
단 개 사 만 행   계 선 위 선   보 살 십 수   전 지 최 상

喩造宮室에 必因基址이니 徒架虛空이면 終不成立이니라.
유 조 궁 실   필 인 기 지   도 가 허 공   종 불 성 립

---

1. 공자가 홀로 앉아 있다가 아들 공리가 성큼성큼 뜰을 지나가기에 "시詩를 배웠느냐?" 물으니, "시를 배우지 않았습니다."라고 하였다. 공자가 "시를 배우지 않으면 말할 만한 거리가 없느니라." 하니 공리가 그 자리를 물러나 시를 배웠다. 다른 날 공리가 또 성큼성큼 뜰을 지나가자 공자가 "예禮를 배웠느냐?" 물으니, "예를 배우지 않았습니다." 하므로, 공자가 "예를 배우지 않으면 남한테 내세울 만한 거리가 없느니라." 하기에 공리가 물러나 예를 배웠다. 『잡기』에 이 내용이 나온다. 훗날 사람들이 그 부친에게 배우는 것을 일컬어 '정훈庭訓'이라 하였다. [夫子嘗獨坐 鯉趨而過庭 子曰 學詩乎 曰 不學詩 子曰 不學詩 無以言 鯉退而學詩. 他日 鯉又趨而過庭 子曰 學禮乎 曰 不學禮 子曰 不學禮 無以立 鯉退而學禮. 出雜記. 後人 學於其親者 謂之庭訓]
2. 곧 중생을 이끌어 깨우침을 주시는 분이니 보살을 말한다.[卽開導之士 謂菩薩也]
3. 대승 보살의 열 가지 계율은 십중금계十重禁戒라고 한다. 그 열 가지는 살생하지 말 것, 도둑질하지 말 것, 음행婬行하지 말 것, 거짓말을 하지 말 것, 술을 사거나 팔지 말 것, 사부대중의 허물을 말하지 말 것, 나를 칭찬하거나 남을 비방하지 말 것, 재물이나 가르침을 베푸는 일에 인색하지 말 것, 성내는 마음으로 상대가 참회하는 것을 거절하지 말 것 등을 말한다.

제자는 바탕이 좋아 전생에 좋은 업을 많이 닦았기에 황실에 태어나 좋은 가정교육을 받고, 어머니의 뱃속에서 태교도[1] 일찍부터 차근차근 받았으니 온갖 복록이 다 모인 것입니다.

그러니 오묘한 기틀로 깨달아야 할 것이니, 소승에서 집착하여 갈팡질팡하는 공부를 부끄러워하고 대승의 큰 바다에서 여유롭고 평탄한 공부를 할 수 있기를 바라야 할 것입니다. 허깨비와도 같은 화성化城에서 멈추어 만족하지 말고 반야 용선을 타고 중생계 저 건너편 부처님의 세상으로 나아갈 것을 맹세해야 할 것입니다.

다만 온갖 보살행의 실천에서는 '계를 지닌 선행'이 먼저 앞장서야 하니 보살은 열 가지 계를 받아 오롯하게 지녀야 하는 것이 최상의 방편입니다. 비유컨대 궁전을 지을 때 반드시 터를 먼저 닦아야지 부질없이 허공에 짓는다면 끝내 뜻을 이루지 못할 것입니다.

---

1. 태교에 관하여 기록하고 있는 『열녀전』에서 "주나라 왕비 태임이 임신을 하자 눈으로 추악한 모습을 보지 않고, 귀로는 음란한 소리를 듣지 않으며 입으로는 건방진 말을 하지 않았다. 뱃속에 있는 아이를 잘 가르쳐 아들 창昌을 낳았다."고 하였다. 또 "아이를 임신했을 때 음악 하는 사람에게 북을 치고 악기를 연주하며 시를 읊조리게 하였다."고 하였다.[胎教 列女傳 太妊有娠 目不視惡色 耳不聽婬聲 口不言傲語 能以胎敎子而生昌. 又 孕子時 使瞽者鼓樂誦詩]

弗揆庸懵이나 抑又聞之 孔老釋門 咸資鎔鑄[1]하니
불규용몽　 억우문지 공노석문 함자용주

不有軌儀이면 孰將安仰이리오.
불유궤의　 숙장안앙

誠復釋迦能仁 本爲和尙하고 文殊師利 冥作闍梨[2]라도
성부석가능인 본위화상　 문수사리 명작사리

而必藉人師하여 顯傳聖授라.
이필차인사　 현전성수

自近之遠 感而遂通일새
자근지원 감이수통

薩陀波崙[3]은 罄髓於無竭[4]하고 善財童子는 忘身於法界니라.
살타파륜　 경수어무갈　 선재동자　 망신어법계

經有明文인데 敢爲臆說이리오. 深信佛語하고 聿遵明導니라.
경유명문　 감위억설　 심신불어　 율준명도

---

1. 용주鎔鑄는 쇠를 녹여 틀에 부어 원하는 바를 만드는 것이다.[鎔融 陶鑄也]
2. 사리闍梨는 아사리阿闍梨의 약칭인데 스승을 말한다. 그 뜻은 정행正行이니 제자의 품행을 바로 잡아 줄 수 있다는 말이다. 궤범사軌範師라고도 한다. '리梨'는 '여黎'로 쓰기도 한다.
3. 살타파륜薩陀波崙은 이곳 말로 상제이다.[此云 常啼]
4. 무갈無竭은 '담무갈'이니 '법을 일으키는 사람'이라는 뜻이다. 상제는 무갈이 중향성에서 반야의 법을 설한다는 말을 듣고 뼛속의 골수를 뽑아 팔아 그 돈으로 공양물을 마련하여 법을 구하였다.[具云曇無竭 此云法起. 常啼聞無竭在衆香城說般若 叩骨取髓求之]

사람들이 자신의 어리석음을 헤아리지도 못하면서 공자, 노자, 부처님의 가르침이 모두 수행의 완성을 도와준다고들 듣고 있으니, 수행의 법칙과 위의가 서 있지 않다면 어느 누가 장차 이들의 법을 편안히 우러러 볼 수 있겠습니까.

참으로 석가모니 부처님께서 도道와 덕이 높으신 본디 우리 스승님이 되고, 문수사리 보살님은 가만히 다가와 훌륭한 가르침을 주시는 아사리가 되더라도, 반드시 스승이라는 모습을 빌려 성스러운 가르침을 드러내고 전해 주셨습니다.

가까이로부터 먼 곳에 이르기까지 지극정성이 감응하면 마침내 통하는 것이므로, 부처님의 가르침을 얻지 못한 슬픔으로 언제나 눈물이 가득하였던 '살타파륜 상제常啼 보살'은, 반야지혜를 설하는 담무갈曇無竭 비구의 훌륭한 법문을 듣고자 자신의 골수를 전부 다 뽑아 팔아 그 돈으로 정성을 다하여서 공양을 올렸고, 선재동자는 법계에서 깨달음을 얻고자 먼 길을 가면서도 자신의 몸을 조금도 돌보지 않았던 것입니다.

이런 내용들이 경전에 분명히 있는데 제가 어찌 감히 억지 이야기를 꾸며 내겠습니까. 부처님의 말씀을 깊이 믿고 스스로 분명한 가르침을 따를 뿐입니다.

天台智顗禪師 佛法龍象이니 童眞出家하여 戒珠圓淨이라.
천태지의선사 불법용상   동진출가   계주원정

年將耳順에 定水淵澄이어 因靜 發慧니 安無礙辯이리오.
연장이순   정수연징   인정 발혜   안무애변

先物後己 謙挹盛風이나 名稱普聞은 衆所知識이라.
선물후기 겸읍성풍   명칭보문   중소지식

弟子 所以로 虔誠遙注하여 命楫遠延이나 每畏緣差 値諸留難이
제자 소이   건성요주   명즙원연   매외연차 치제유난

라가 亦旣至止에 心路豁然 及披雲霧하여 卽消煩惱라.
     역기지지   심로활연 급피운무   즉소번뇌

謹以今開皇十一年十一月二十三日
근이금개황십일년십일월이십삼일

摠管金城에서 設千僧蔬飯하고 敬屈禪師하여 授菩薩戒라.
총관금성   설천승소반   경굴선사   수보살계

---

1. 용상龍象은 지혜와 덕행을 겸비한 고승을 비유한 말이다.
2. 『논어』위정편爲政篇에 "나이 육십이면 다른 사람의 온갖 비방도 귀에 거슬리지 않는다."고 하였다. 소리가 마음이 통하는 자리에 들어오니 거슬릴 것이 없다는 말이다. '이理'와 '사事'가 모두 통하여 어떤 소리를 들어도 따라가지 못할 바가 없다.[論語 爲政篇 六十耳順 言聲入心通 無所違逆. 事理皆通 入耳無所不順]
3. 왕이 보살계를 받으려고 편지로 여러 번 청하였지만 스님께서 처음에는 자신의 덕이 부족하다고 말하고는 이름있는 스님에게 그 일을 양보하였다. 그 뒤로는 같이 공부하던 도반을 천거하면서 세 번이나 사양하였다. 하지만 왕의 간절한 청을 피할 수 없었으므로 나아가게 되었다.[王欲受菩薩戒 致書累請 師初陳寡德 次讓名僧 後擧同學 三辭而不能免 乃赴之]

천태지의天台智顗 선사는 불법문중에서 아주 뛰어나신 고승이니, 어려서 출가하여 밝고 아름다운 부처님의 삶을 오롯하고 맑게 사신 분입니다. 연세가 예순이 될 때 선정의 물결이 맑고 깊고 잔잔하여 그 고요함으로 지혜가 생겼으니 어찌 걸림 없는 변재가 없겠습니까.

다른 사람을 앞세우고 자신은 뒤로 물러나 언제나 겸손한 마음에서 자신의 명성을 드러내지 않았지만, 그 명망名望이 널리 알려진 것은 대중들이 모두 다 알고 있는 바입니다.

제자는 그런 까닭에 지극한 정성을 멀리 계신 스님께 쏟으면서 스님을 맞이하기 위하여 배를 보내 모시고자 하면서도, 인연이 어긋나 혹 모시지 못할까를 노심초사 하고 있었습니다.

그러던 차에 스님께서 무사히 도착하여 머무시게 되자 마음이 탁 트여 갑갑했던 온갖 근심걱정이 다 사라져 버렸습니다.

지금 개황開皇 11년(591) 11월 23일, 정중하게 금성金城에서 일천 명이나 되는 승려에게 온갖 맛있는 공양을 올리고, 선사께 머리 숙여 보살계를 내려주시기를 청하고 있는 것입니다.

戒名爲孝[1]라하고 亦名制止[2]라하니
계 명 위 효   역 명 제 지

方便智度로 歸親奉極하고 以此勝福으로 奉資至尊皇后하여
방 편 지 도   귀 친 봉 극   이 차 승 복   봉 자 지 존 황 후

作大莊嚴하고 同如來慈 普諸佛愛하여 等視四生 猶如一子니라.
작 대 장 엄   동 여 래 자 보 세 불 애   등 시 사 생 유 여 일 자

弟子卽日 種羅睺業이어 生生世世 還生佛家하여
제 자 즉 일 종 라 후 업   생 생 세 세 환 생 불 가

如日月燈明[3]之八王子 如大通智勝十六沙彌[4]이듯
여 일 월 등 명 지 팔 왕 자 여 대 통 지 승 십 육 사 미

眷屬因緣이 法成等侶하여 俱出有流하고 到無爲地하며
권 속 인 연   법 성 등 려   구 출 유 류   도 무 위 지

平均六度 恬和四等[5]하여 衆生無盡 度脫不窮하리라.
평 균 육 도 염 화 사 등   중 생 무 진 도 탈 불 궁

---

1. 부모에게 효도하고 순종하려면 반드시 선善을 닦아야 한다. 선善은 이치에 어긋나지 않으니 이를 일러 지계持戒라 한다.[孝順父母 必須修善 善不違理 是名持戒]
2. 제지制止는 계戒의 다른 이름이다. 선善을 규정하여 실행케 하고 악惡은 그쳐 끊도록 한다.[制止 戒之別名 制善令行 止惡令斷]
3. 일월등명日月燈明은 일월등명불日月燈明佛의 약칭이다. 이 부처님의 광명光明이 하늘에서는 해와 달과 같고 땅에서는 등불과 같으므로 이같이 부른다.[法華經 序品]
4. 대통지승大通智勝은 옛적 부처님의 명호인데 이 부처님이 세상에 계실 때 16왕자가 모두 출가하여 사미가 되어서 『법화경』을 듣고 깨달았다고 한다. 아홉 번째 사미가 성불하여 아미타불이 되고 열여섯 번째 사미가 성불하여 석가여래가 되었다고 한다.
5. 사등四等은 자慈·비悲·희喜·사捨 사무량심四無量心을 말한다.

계戒의 뜻을 이치대로 해야 할 일을 따라가는 '효孝'라 말하기도 하고, 또한 이치에 어긋나는 악행을 멈추는 '제지制止'라고 하기도 합니다.

이는 온갖 방편[1]으로 친부모에게 돌아가 그 분들 받들기를 극진히 하고, 이 수승한 복덕으로 황제와 황후를 받들어, 더할나위 없이 좋은 모습으로 부처님의 자비와 같은 모든 부처님의 사랑을 두루 실천하여, 천차만별 온갖 중생을 한 자식처럼 평등하게 보는 것입니다.

제자는 오늘 부처님의 아들이 될 씨앗을 심어 세세생생 부처님 집안에 태어날 것이요, 일월등명불의 여덟 왕자나 대통지승여래의 열여섯 사미처럼 권속 인연들이 법으로 맺어진 도반이 되어 함께 모두 번뇌를 벗어나고 부처님의 세상에 도달할 것입니다.

평등하고 차별 없이 육바라밀을 실천하며 기쁘게 자비희사慈悲喜捨의 마음으로 잘 어울려 중생이 다 없어지는 그날까지 제가 중생을 제도하는 일도 그 끝이 없을 것입니다.

---

1. 『정명소』에서 말하였다. "방편은 임시로 활용하는 지혜이다. 이 지혜를 쓰면 뜻한 일을 이룰 수 있는 것이 마치 아버지가 자식을 길러 어른을 만드는 것과 같다. 이 지혜로 모든 번뇌를 건너가면 진실한 지혜이니, 이 지혜는 법신을 드러낼 수 있는 힘이 있는 까닭에 이는 마치 어머니가 아들을 낳은 것과 같다."[淨名疏云 方便是權智 權智外用 能有成辦 如父營求長成. 智度卽是實智 實智有能顯出法身之力故 如母能生]

結僧那於始心하고 終大悲以赴難하니[1]
결 승 나 어 시 심　　종 대 비 이 부 난

博遠如法界하여 究竟若虛空하고
박 원 여 법 계　　구 경 약 허 공

具足成就하여 皆滿願海리라.
구 족 성 취　　개 만 원 해

　　　　　　　　　　　　　　　　楊廣 和南[2]
　　　　　　　　　　　　　　　　양 광 화 남

---

1. 두 구절은 『조론』의 문장이다. 승나僧那는 '서원을 널리 펴는 것'이다.[兩句卽肇論文. 僧那 此云弘誓]
2. 왕이 계사戒師에게 의복과 물품 58가지를 베풀었다. 스님께 공양 올리고 시주하는 것을 친친襯이라 한다.[王襯戒師 衣物五十八事. 供僧兼施曰襯]

처음 도 닦을 마음을 낸 자리에서 굳게 큰 원력을 세워 끝까지 부처님의 대자대비로 중생들의 어려움을 해결하고자 중생들의 부름대로 어디든 달려갈 것입니다.

그 원력이 법계에 널리 멀리 퍼져 마침내 허공과 같아지고, 그 원력을 빠짐없이 성취하여 모든 중생들이 함께 원력의 바다를 가득 채울 것입니다.

부처님의 제자 양광이
두 손 모아 합장 귀의하옵니다

4. 梁皇¹ 捨道事佛詔
　　양 황　사 도 사 불 조

梁高祖 武皇帝는 年三十四에 登位하여 在政 四十九年이라.
양고조 무황제　연삼십사　등위　　재정 사십구년

雖億兆務殷이나 而卷不釋手이니
수억조무은　　　이권불석수

內經外典을 罔不措懷하여 皆爲訓解 數千餘卷이라
내경외전　　망불조회　　개위훈해 수천여권

而儉約自節하며 羅綺不緣하고 寢處虛閒에 晝夜無怠라
이검약자절　　　나기불연　　침처허한　　주야무태

致有布被莞席하며 草屨葛巾이니라.
치유포피완석　　　초구갈건

---

1. 양황梁皇은 양무제梁武帝(464-549)를 말한다. 중국 남조南朝 양나라 초대 고조高祖 황제이다. 성은 소蕭이고 이름은 연衍이며 난릉蘭陵 사람이다. 한나라 재상 소하蕭何의 24대손이며 법명은 관달冠達이다.[梁 高祖 姓蕭名衍 蘭陵人 漢相蕭何二十四代孫 法名冠達] 소연은 박학하고 문무를 겸비하여 남제南齊의 경릉竟陵 왕자량王子良의 집에서 침약沈約과 범운范雲 등 문인귀족들과 교유하여 '팔우八友'라는 이름도 들었다. 500년 옹주雍州의 군단장이던 소연은 남의 황제 동혼후東昏侯에 맞서 군사를 일으켜, 그 도읍인 건강建康 지금의 남경南京을 함락시켜 남제를 멸망시키고 제위에 올라 국호를 양梁이라 불렀다. 무제의 치세는 50년에 이르러 전반부에는 정치에 매진했으나, 후반에는 그의 불교신앙이 정치에도 나타나 불교사상의 황금시대가 되었다. 불교에 대한 믿음이 독실하여 모든 경론에 통하고 스스로 『반야경般若經』 『열반경涅槃經』 등을 강의하기도 했다. 스님들을 예배 공경하고 절을 창건하며 참법懺法을 지어 조정의 모든 신하들에게 '보살계'를 받도록 권하였다. 그리고 몸소 계율을 엄하게 지켜 살아가는 모습이 스님과 같았으며 세 번이나 무차대회無遮大會를 열었다. 시호는 무武이고 묘호廟號는 고조高祖였다.

4. 양나라 황제가 도교를 버리고 _ 불제자 소연

양梁 고조高祖 무황제武皇帝는 서른네 살 때 보위에 올라 마흔아홉 해를 정사를 보살피며 살았습니다.

수많은 백성들을 위하여 해야 할 일이 많았지만 한시도 손에서 책을 놓지 않고 살았으니, 불경이든 외전이든 그 내용을 알고 있는 것들이 모두 수 천여 권이나 되었습니다.

검소하게 살면서 절약하며 비단옷을 입지 않고, 침실도 조촐하게 꾸며 밤낮으로 공부에 게으름이 없었습니다.

심지어 무명 이불을 갖다 덮거나 왕골돗자리를 깔았으며, 짚신을 신고 거친 두건을 머리에 둘러매고 살았습니다.

初臨大寶[1]에도 卽備斯事하여
초임대보　　즉비사사

日惟一食하며 永絶辛羶이니
일유일식　　영절신전

自有帝王에 罕能及此니라.
자유제왕　한능급차

舊事老子하며 宗尙符圖이나 窮討根源에 有同妄作일새
구사노자　　종상부도　　궁토근원　유동망작

帝乃躬運神筆하여 下詔捨道하되 文曰
제내궁운신필　　　하조사도　　문왈

維天監[2]三年四月八日 梁國皇帝 蘭陵蕭衍
유천감 삼년사월팔일 양국황제 난릉소연

稽首和南 十方諸佛 十方尊法 十方聖僧하나이다.
계수화남　시방제불　시방존법　시방성승

---

1. 대보大寶는 천자의 자리를 말한다.
2. 천감天監은 양무제의 연호이다.

처음 천자의 자리에 올랐을 때도 이런 삶을 살아, 하루에 오직 한 끼만 먹으면서 평생 맵고 비린내 나는 음식을¹ 전혀 먹지 않았으니, 본디 제왕으로서 이렇게 할 수 있는 분들은 매우 드물었습니다.

예전에는 양무제가 노자를 섬기면서 부적符籍과 앞일을 예언하는 도참圖讖들을 귀중하게 여겼습니다. 그러나 그 근원을 철저하게 검토한 결과 거짓 조작된 것들이 있었으므로, 황제가 거침없이 붓을 놀려 칙명으로 도교를 버리고 불교를 믿게 하며 몸소 글을 써서 다음과 같이 말하였습니다.

천감天監 3년(504) 4월 8일 양梁나라 황제 난릉蘭陵 사람 소연蕭衍은 머리 숙여 시방세계 모든 부처님과 존경스런 가르침, 성스러운 스님들께 두 손 모아 합장 귀의하옵니다.

---

1. 오신채五辛菜는 맵고 비린내가 나는 자극성이 있는 다섯 가지 채소류를 말한다. 불가에서는 마늘·파·달래·부추·무릇을 가리키고, 도가에서는 부추·파·마늘·평지 무릇을 이른다. 모두 음욕과 분노를 불러일으키는 음식이라고 하여 먹지 않는다.

伏見 經云하되
복견 경운

發菩提心者 卽是佛心이니 其餘諸善도 不得爲喩라
발보리심자 즉시불심   기여제선   부득위유

能使衆生 出三界之苦門하여 入無爲之勝路일새니하니
능사중생 출삼계지고문   입무위지승로

故로 如來漏盡 智凝成覺하여
고   여래루진 지응성각

至道通機하니 德圓取聖이라.
지도통기   덕원취성

發慧炬而照迷하고 鏡法流以澄垢하며
발혜거이조미   경법류이징구

啓瑞迹於天中하고 爍靈儀於象外하며
계서적어천중   삭령의어상외

度群迷於慾海하고 引含識於涅槃하여
도군미어욕해   인함식어열반

登常樂之高山하고 出愛河之深際하며
등상락지고산   출애하지심제

言乖四句하고 語絶百非로다.
언괴사구   어절백비

저는 가만히 경전을 살펴보다 경전에서 "도 닦을 마음을 내는 것이 곧 부처님의 마음이니, 그 외에 어떤 좋은 일도 이것의 공덕과는 비교할 수 없다. 도 닦을 마음을 내는 것은 중생들이 삼계의 고통에서 벗어나 무위법의 수승한 길로 들어가게 하기 때문이다."라고 말하는 내용을 보았습니다.

그러므로 여래께서는 번뇌가 다 없어진 지혜로운 깨달음을 이루어 지극한 도로 중생들의 온갖 근기에 통하시니 오롯한 공덕으로 성스러움을 취하셨습니다.

지혜의 횃불로 어둠의 길을 밝히고 맑은 법의 흐름을 거울삼아 오염된 법을 맑혔으며, 상서로운 징조를 하늘에 드러내고 세상 사람들의 상상을 초월하는 신령스러운 위의를 빛나게 하셨습니다.

어리석은 중생들을 욕망의 바다에서 제도하시고 모든 중생들을 열반으로 이끌어 주시어, 영원한 즐거움이 있는 높은 산에 오르게 하고 애욕의 깊은 강물에서 빠져 나오게 했습니다.

여래의 말씀은 모두 중생들의 온갖 분별을 뛰어넘으신 것입니다.

應跡娑婆하여 示生淨飯하고
응 적 사 바   시 생 정 반

王宮誕相에 步三界而爲尊하며
왕 궁 탄 상   보 삼 계 이 위 존

道樹成光이어 遍大千而流照니라.
도 수 성 광   변 대 천 이 류 조

但以機心淺薄하여 好生厭怠일새
단 이 기 심 천 박   호 생 염 태

自期二月하고 當至雙林¹하여
자 기 이 월   당 지 쌍 림

爾乃湛說圓常하고는 且復潛輝鶴樹²니라.
이 내 담 설 원 상   차 부 잠 휘 학 수

---

1. 쌍림雙林은 중인도 구시나가라 밖 니련선하尼連禪河가 흐르던 사라쌍수 숲이니 세존께서 열반하신 곳이다.
2. '사라는 견고堅固라는 뜻인데 여덟 뿌리가 합쳐져 네 그루가 된 까닭에 쌍림雙林이라 부른다. 부처님이 열반할 때 너무 슬퍼 하얗게 변한 그 나무 색이 학과 같았으므로 학수鶴樹라고도 한다. 승려 량亮이 "나무의 높이는 5장 남짓 하고 나무의 윗부분은 합쳐져 있고 아래 뿌리 부분은 떨어져 있다. 그 꽃은 매우 희고 그 열매는 마치 병처럼 생겼는데 향기와 아름다운 모습을 다 갖추었다."고 하였다.[娑羅此云堅固 八根合爲四株 故號曰雙林. 佛臨涅槃時 慘然變白 其色如鶴 故云鶴樹. 僧亮云 樹高五丈許 上合下離 其花甚白 其實如瓶 香美具足]

사바세계에 모습을 드러내어 정반왕의 아들로 태어나시고, 왕궁에서 탄생하실 때는 연꽃 위를 걸으시며 삼계에 존귀하신 분임을 알려 주셨습니다.

보리수 아래에서 환한 깨달음을 이루자 그 빛을 삼천대천세계에 빠짐없이 두루 비추어 주셨습니다.

다만 중생들의 마음이 가볍고 생각이 얕아 수행을 싫어하고 게으름만 피우기에 스스로 2월 15일을 기약하여 쌍림에 이르러서는 오롯하고 영원한 진리를 설파하시고는 담담하게 열반에 드셨습니다.

부처님께서 생명의 빛을 거두자 사라쌍수 푸르른 나무들이 하얀 학처럼 흰 빛으로 변해버렸습니다.

閣王滅罪하고 婆藪除殃이니
사 왕 멸 죄　　바 수 제 앙

若不逢值 大聖法王이면 誰能救接이리오.
약 불 봉 치 대 성 법 왕　　수 능 구 접

在跡雖隱이라도 求道에 無虧니라.
재 적 수 은　　구 도　무 휴

弟子 經遲荒迷하여 耽事老子는 歷葉相承하여 染此邪法일새
제 자 경 지 황 미　　탐 사 노 자　 역 엽 상 승　　염 차 사 법

習因 善發로 棄迷知返하니 今捨舊醫하고 歸憑正覺일새니라.
습 인 선 발　기 미 지 반　　금 사 구 의　 귀 빙 정 각

---

1. 사왕闍王은 아사세왕阿闍世王의 약칭이다. 마갈타국 빔비사라왕의 아들 아사세는 아버지를 죽이고 후회하면서 너무 괴로워하다 온 몸 곳곳에 독창이 생겨 그 악취로 가까이 갈 수가 없었다. 온갖 약으로 치료가 안 되자 명의 기바는 왕에게 부처님을 친견하라고 권하였다. 왕이 부처님 앞에서 부끄러운 마음으로 자신의 허물을 참회하자 부처님께서 '지혜와 자비의 삼매'에 들어가 빛을 비추니 독창이 치유되고 죄 또한 소멸되었다.[摩竭陀國 頻婆王之子 阿闍世 殺父心悔 以熱惱故 遍體生瘡 臭不可近 種種世藥 難以療之 耆婆勸王見佛 王卽詣佛前 慙愧悔罪 佛入月愛三昧 放光照之 毒瘡卽愈 亦罪消滅]

2. 『방등다라니경』에서 말하였다. "이때 바수가 지옥에서 92억 명의 죄인을 데리고 사바세계로 왔는데 시방세계도 역시 그러하자, 문수가 사리불에게 '이 모든 죄인들은 부처님이 세상에 나오시기 전에 선하지 못한 행위로 지옥에 들어갔다가 화취 보살의 대광명 때문에 그 빛을 받아 세상으로 나왔다.'라고 하였다." '바婆'는 천天의 뜻이요 '수藪'는 혜慧의 뜻이니, "어찌 하늘의 지혜를 가진 사람이 지옥의 고통을 받겠는가."라고 말할 수 있겠다.[方等陀羅尼經云 爾時 婆藪從地獄出 將九十二億罪人 來詣娑婆世界 十方亦然 文殊語舍利弗言 此諸罪人 佛未出時造不善行 經於地獄 因於華聚放大光明 承光而出 婆 天 藪 慧 云 何天慧之人 地獄受苦]

3. 습인習因은 동류인同類因이라고도 한다. '습習'은 습속習續으로 이어지다는 뜻이다. 인과因果 관계에서 원인이 그 결과와 같은 것을 말한다. 이를테면 선악 따위의 '인因'이 같은 선악 따위의 '과果'를 초래하는 '인因'이 되는 것을 말한다.

부처님의 광명으로 아사세왕이 아버지 죽인 죄를 용서받고, 바수선인이 지옥의 재앙을 덜게 되었으니 대성법왕大聖法王을 만나지 않았다면 그 누가 이들을 구제할 수 있었겠습니까.

부처님의 자취가 보이지 않더라도 간절히 도를 구한다면 그 뜻에 조금도 어긋날 것이 없습니다.

제자가 지난날 머뭇거리며 황당하고 미혹되게 노자를 열심히 섬겨 왔던 것은 그들의 외전을 섭렵하며 대대로 이 삿된 법에 오염되어 왔기 때문입니다.

그런데 지금 때맞춘 발심으로 어리석음을 버리고 올바른 자리로 돌아갈 줄을 아니, 옛날 의지했던 곳을 버리고 올바른 깨달음에 기대고 있기 때문입니다.

願使未來世中에 童男出家하여
원사미래세중　동남출가

廣弘經敎하고 化度含識하며 同共成佛이어다.
광홍경교　　화도함식　　동공성불

寧在正法之中에 長淪惡道리오.
영재정법지중　장륜악도

不樂 依老子敎하여 暫得生天하리니
불요 의로자교　　잠득생천

涉大乘心하고 離二乘念하리라.
섭대승심　　이이승념

正願 諸佛證明하고 菩薩攝受하소서.
정원 제불증명　　보살섭수

　　　　　　　　　　　　　　弟子 蕭衍 和南
　　　　　　　　　　　　　　제자 소연 화남

바라옵건대 오는 세상에서는 동진 출가하여 부처님의 가르침을 널리 전파하고 모든 중생을 교화 제도하며, 모두 함께 성불할 수 있도록 하여 주시옵소서.

어찌 올바른 법에서 벗어나 삼악도에 영원토록 빠질 수 있겠습니까.

노자의 가르침에 의지하여 잠시 하늘에 태어나는 일들을 조금도 즐기지 않을 것이니, 대승의 마음을 섭렵하고 이승의 망념을 여읠 것입니다.

오직 바라옵건대 모든 부처님께서는 이 원력을 증명하여 주시고, 모든 보살님께서는 애틋하게 거두어 주시옵소서.

제자 소연이
두 손 모아 합장 귀의하옵니다

5. 仁宗皇帝[1] 讚三寶文
인종황제 찬삼보문

讚佛

天上天下 金仙[2]世尊　一心十號 四智三身
천상천하 금선 세존　일심십호 사지삼신

度脫五陰 超蹄六塵　生靈[3]歸敬 所謂能仁
도탈오음 초유육진　생령 귀경 소위능인

讚法

萬法唯心 心須至靜　由彼一心 能生萬行
만법유심 심수지정　유피일심 능생만행

背覺爲妄 悟眞則聖　稽首法門 昭然佛性
배각위망 오진즉성　계수법문 소연불성

---

1. 인종황제는 송나라 제4대 황제인데 성은 조趙씨이고 이름은 정禎이다. 1023년 13세에 즉위하고 조모인 유후劉后가 11년 동안 수렴청정을 하다가 24세부터 친히 정사를 돌보았다. 1063년 3월에 죽었다.
2. 금선金仙은 부처님의 또 다른 이름이다.
3. 모든 중생에게는 다 신령스런 앎이 있으므로 생령生靈이라 말하기도 한다.[一切 衆生 皆有靈覺 故曰 生靈]

5. 삼보를 찬탄하다 _ 송나라 인종황제

부처님을 찬탄하다

하늘 위와 하늘 아래 황금빛의 석가세존
한마음에 온갖 명호 네 지혜와 세 가지 몸
그 힘으로 중생들의 온갖 번뇌 제거하니
모든 중생 귀의하여 능인이라 부른다네.

법을 찬탄하다

온갖 법은 오직 마음 그 마음이 고요해야
그 곳에서 지혜로운 온갖 행이 생겨남에
참을 등져 망념이요 깨달으면 성인이니
법문 길에 머리 숙여 부처 성품 밝히리라.

讚僧

六度無懈 四恩匪常　　爲人眼目 助佛津梁
육도무해 사은비상　　위인안목 조불진량

體潤一雨¹ 心熏衆香²　　道無不在 此土他方.
체윤일우 심훈중향　　도무부재 차토타방

---

1. 일우—雨는 부처님의 법이 한맛이라는 것을 비유한다. 모든 사문들의 몸에 '한맛으로 감로수인 법의 비'가 쏟아져 적신다는 것이다.[一雨 譬佛一味法也 諸大沙門 以身霑一味法雨也]
2. 승보는 마음이 계정혜 '오분법신향에 젖어드는 것이다.[僧寶 心染戒定慧五分眞香也]

스님들을 찬탄하다

보살행을 실천하며 온갖 은혜 품에 안고
사람들의 길눈 되어 부처 세상 안내하니
그 바탕은 감로수 법 쓰는 마음 온갖 향기
도 없는 곳 없으리니 이곳저곳 극락정토.

6. 宋文帝[1] 集朝宰 論佛敎
송문제 집조재 논불교

文帝는 卽宋高祖第三子也라. 聰睿英博하여 雅稱令達이라.
문제 즉송고조제삼자야 총예영박 아칭령달

在位三十年하며
재위삼십년

嘗以暇日 從容而顧問 侍中 何尙之 吏部 羊玄保에게[2] 曰하되
상이가일 종용이고문 시중 하상지 이부 양현보 왈

朕은 少來 讀經不多인데 比日 彌復無暇로다
짐 소래 독경부다 비일 미부무가

---

1. 송문제宋文帝는 중국 남북조시대 남조南朝 유송劉宋의 3대 황제 유의륭劉義隆이다. 묘호는 중종中宗 시호는 태조太祖인데 재위 30년 동안(424-453) 남송의 전성기를 열었다. 이 글은 당나라 시대 서명사西明寺의 도선道宣이 편집한 『집고금불도논형集古今佛道論衡』에 실려 있다.
2. 이부吏部는 처음에 상서성尙書省 일부였지만 명명 청淸 때 독립되어 호戶 예禮·병兵·형刑·공工과 함께 육부六部의 하나가 되었다. 문관의 임명과 훈장 및 서열을 관리하는 일을 맡았다. 양현보羊玄保는 남조南朝 유송劉宋 사람인데 무제武帝의 진군참군鎭軍參軍을 거쳐 선성태수宣城太守에 임명되었다. 시호는 정정이다.

6. 신하들과 불교를 토론하다 _ 서명사 도선

문제文帝는 남북조南北朝 시대에 남조南朝 유송劉宋 고조高祖의 셋째 아들입니다. 슬기롭고 총명하고 해박하여 '영달令達'이라 부르기도 하였습니다.

30년을 황제로 있었는데 일찍이 한가한 날을 틈타 조용히 시중侍中 하상지何尙之와[1] 이부吏部 양현보羊玄保에게 의견을 물었습니다.

"내가 어릴 때 경전을 많이 읽지 못했는데 요즈음은 더 바빠서 책 읽을 틈이 없구나."

---

1. 시중侍中은 궁중 안의 일들을 임금께 아뢰는 벼슬이다. 하상지何尙之는 남조南朝 유송劉宋 때 사람이고 자字는 언덕彦德이다. 어렸을 때 아주 경박하고 도박을 좋아했지만 커서는 도에 뜻을 두고 품위 있게 처신을 하여 사람들의 칭찬을 받았다. 무제武帝 때 좌위左衛, 문제文帝 때 상서령尙書令을 거쳐 좌광록左光錄 개부의동삼사開府儀同三司를 역임하였다. 시호는 간목簡穆이다.

三世因果를 未辨措懷하나 而復不敢立異者라.
삼 세 인 과   미 변 조 회   이 부 불 감 입 이 자

正以卿輩時秀 率所敬信也일새니라.
정 이 경 배 시 수 율 소 경 신 야

范泰 謝靈運[1] 常言하되
범 태 사 령 운   상 언

六經典文은 本在濟俗爲政이라
육 경 전 문   본 재 제 속 위 정

必求性靈眞奧라면
필 구 성 령 진 오

豈得不以佛理爲指南耶오.
기 득 불 이 불 리 위 지 남 야

---

1. 범태范泰는 남조南朝 유송劉宋 사람인데 자字는 백륜伯倫이다. 처음 진晉나라에서 벼슬하여 어사중승御史中丞이 되고 송宋나라에 들어와서 금자광록대부金紫光祿大夫에 임명되었으며 산기상시散騎常侍에 올랐다. 저서에 『고금선언古今善言』24편과 『문집文集』이 있다. 사령운謝靈運은 남조南朝 송宋나라 시인이다. 진晉나라 명장인 사현謝玄의 손자인데 강락공康樂公이란 벼슬을 받았으므로 사강락謝康樂이라 부른다. 문제文帝 때 시중侍中이 되었으나 남들의 모함을 받아 억울하게 사형 당하였다. 그의 맑고 참신한 시풍은 후대에 큰 영향을 미쳤으며 사혜련謝惠連, 사조謝朓와 함께 삼사三謝라고 일컬어졌다. 불교에도 조예가 깊어 『대반열반경』36권을 번역하였다. 송宋 원가元嘉 10년(433)에 나이 49세로 죽었다.

"삼세의 인과를 마음에 품고 살아야할 지 아직 결정하지 못했지만 감히 다른 견해를 내세우지는 않았다.

그것은 바로 그대들과 같이 이 시대에 빼어난 인물들이 솔선수범하여 불교를 믿고 공경하기 때문이다.

범태范泰와 사령운謝靈運은
'육경六經의 내용이란 본디 세속을 다스려 올바른 정치를 하려는 데 있다. 신령스런 성품의 참되고 오묘한 이치를 반드시 찾고자 한다면, 어찌 불교의 이치로 나침반을 삼지 않을 수 있겠는가.' 라고 늘 말하고 있다."

近見 顔延之折達性論^1 宗炳難白黑論이라
근견 안연지절달성론 종병난백흑론

深明佛法이어 尤爲名理이니 並足開奬人意니라
심명불법 우위명리 병족개장인의

若使率土之濱^2 皆敦此化則
약사솔토지빈 개돈차화즉

朕坐致太平矣인데 夫復何事리오.
짐좌치태평의 부부하사

---

1. 형양태수 하승천이 혜림과 늘 경쟁하며『달성론』을 지어 부처님의 가르침을 나무라기에 영가태수 안연지가『절달성론』을 지어 서너 번 토론하자 하승천의 불교 비방이 그쳤다.[衡陽太守何承天與惠琳比狎 著達性論 詆訶釋敎 永嘉太守顔延之 作折達性論 往復再三 乃止] 안연지顔延之는 남조南朝 송宋나라의 문장가이다. 처음에 태자사인太子舍人을 지내고 시안始安과 영가永嘉 태수를 거쳐 비서감秘書監, 광록훈光祿勳, 태상太常을 역임하였다. 효건년중孝建年中(454-456)에 금자광록대부金紫光祿大夫에 이르렀고 시재詩才로는 사령운謝靈運과 함께 알아주는 인재였다. 술을 즐기고 성격이 강직하여 말하는데 거리낌이 없어 논자들이 안표顔彪라고 불렀다. 시호는 헌憲이다.
2. 솔토지빈率土之濱은 줄여서 솔빈率濱, 솔토率土라고도 한다. 바닷가에 이르는 땅의 끝을 말하니 온 천하를 뜻한다.

"얼마 전 불교를 비방한 하승천何承天의 『달성론』을 꺾기 위해 지은 안연지顔延之의 『절달성론折達性論』과 불법을 헐뜯은 혜림惠林의 『백흑론』을 꺾기 위한 종병宗炳의 『난백흑론難白黑論』[1]을 보니, 그 내용은 불법의 이치를 깊이 밝혀 놓아 불법이 높은 진리로 더욱 명성을 얻게 되었으니 다른 사람들에게 이를 알도록 권장하기에 충분하였다.

만약 온 천하 사람들이 모두 이 가르침을 돈독하게 따른다면, 나는 앉아서 태평세대를 이룰 것인데 다시 무슨 일을 더 할 것이 있겠는가."

---

1. 혜림이 거짓 승복을 입고 불법을 훼손하려 『백흑론』을 저술하자, 불법을 믿는 태자사인 종소문은 『난백흑론』을 지어 그를 꾸짖었다.[沙門惠琳假服僧衣 而毀其法 著白黑論 太子舍人宗少文信法者也 作難白黑論 以難之]

尙之對曰하되
상 지 대 왈

悠悠之徒는 多不信法이라
유유지도　다불신법

以臣庸弊인데도 更荷褒拂하니 非所敢當之어다.
이신용폐　　갱하포불　　비소감당지

至如前代群英則 不負明詔矣리라
지여전대군영즉　불부명조의

中朝已遠일새 難復盡知하나
중조이원　　　난부진지

渡江¹以來則 王導² 周顗³ 庾亮 謝濛 謝尙⁴
도강 이래즉　왕도　주의　유량　사몽　사상

---

1. 유총이 양진兩晉을 멸하고 낙양에 들어갈 때 사마예는 장강을 건너 건강에 도읍 하였던 까닭에 '강을 건넜다'고 말한 것이다.[劉聰滅兩晉入據洛陽 司馬睿渡江而都建康 故曰渡江]
2. 왕도王導는 진나라 사람인데 자字는 무홍茂弘이고 호는 중부仲父이다. 원제元帝 때 승상丞相이 되고 뒤에 명제明帝와 성제成帝를 보필하여 삼조三朝에 걸쳐 벼슬을 하여 태박太博에 이르렀다. 시호는 문헌文獻이다.
3. 주의周顗는 진나라 사람이니 자字는 백인伯仁이고 벼슬은 상서좌복사尙書左僕射를 지냈다. 시호는 강강이다.
4. 사상謝尙은 진나라 사람인데 곤鯤의 아들이며 자字는 인조仁祖이다. 음악을 잘 했고 벼슬은 역양歷陽 태수와 중랑장中郞將을 거쳐 상서복사尙書僕史와 예주자사豫州刺史를 역임했다. 시호는 간간이다.

하상지가 대답하였습니다.

"여유롭고 한가롭게 미적미적 사는 사람들이 대개 법을 믿지 않습니다. 제가 못나고 부족한 점이 많은데도 폐하의 말씀에 옳고 그름을 가리게 하시니 그 중책을 감당할 바가 아닙니다. 만약 전대의 뛰어난 인물들이었다면 영명하신 임금님의 바람을 저버리지는 않았을 것입니다.

오랜 세월이 흘러 중조中朝¹ 시대의 인물들은 그 역량을 다 알기 어렵지만 장강을 건너온 뒤라면 왕도王導, 주의周顗는 재상이 될 만한 자질이 있었고, 유량庾亮² 사몽謝濛³ 사상謝尚은 다른 사람들의 모범이 될 만한 품위가 있었습니다."

---

1. 중조中朝는 서진西晉을 말한다.
2. 유량庾亮은 진나라 사람이니 애애의 제자이고 자字는 원규元規이다. 태흥太興 초初(318)에 중서랑中書郞에 임명되고 명제明帝 때 중서감中書監을 거쳐 좌위장군左衛將軍에 이르고 영창현공永昌縣公에 책봉되었다. 성제초成帝初에 중서령中書令으로 옮겼다. 시호는 문강文康이다.
3. 사몽謝濛은 진나라 진양晉陽 사람이니 자字는 중조仲祖이다. 젊어서는 방탕했으나 만년에 수행을 잘하여 기쁨이나 분노를 얼굴에 잘 드러내지 않고 청렴과 검약으로써 칭찬을 받았다. 또 서화를 잘하고 품행이 아름다웠다. 벼슬은 사도연사徒掾을 거쳐 좌장사左長史에 이르렀다.

郄超¹ 王坦² 王恭³ 王謐⁴
극초 왕탄 왕공 왕밀

郭文擧 謝敷 戴逵⁵ 許詢⁶
곽문거 사부 대규 허순

及亡高祖兄弟 及王元琳昆季⁷
급망고조형제 급왕원림곤계

范汪 孫綽 張玄 殷顗等
범왕 손작 장현 은의등

---

1. 극초郄超는 진나라 사람인데 음愔의 아들이고 자字는 경흥이다. 어려서부터 뛰어나 조건에 구애받지 않고 담론을 잘했다. 벼슬은 사도좌장사司徒左長史까지 지내다가 관직에서 떠나 다시 벼슬을 하지 않았다.
2. 왕탄王坦은 진나라 사람인데 술述의 아들이고 자字는 문도文度이다. 벼슬이 중서령中書令, 서연도독徐兗都督을 거쳐 남전후藍田侯에 책봉되었다. 시호는 헌獻이다.
3. 왕공王恭은 진나라 사람인데 온蘊의 아들이며 자字는 효백孝伯이다. 효무孝武 때 연兗, 청青 이주二州의 자사가 되었다. 불교에 대한 믿음이 독실하여 형을 받을 때에도 불경을 외우면서 얼굴에 두려움이 없었다. 시호는 충간忠簡이다.
4. 왕밀王謐은 진나라 사람인데 군郡의 아들이고 자字는 치원稚遠이다. 벼슬은 사도司徒를 거쳐 무창개국공武昌開國公에 책봉되었고 시호는 문공文恭이다.
5. 대규戴逵는 진나라 때 학자인데 자字는 안도安道이다. 박학하고 글과 서화에도 능하며 거문고의 명수이다.
6. 허순許詢은 진나라 사람인데 자字는 원도元度이다. 깊은 산과 흘러가는 물을 좋아하여 풍류를 즐겼다.
7. 곤계昆季는 형제兄弟를 말한다.

"극초郄超, 왕탄王坦, 왕공王恭, 왕밀王謐은 그 바탕이 뛰어난 독보적인 존재들이었고, 곽문거郭文擧,[1] 사부謝敷,[2] 대규戴逵, 허순許詢은 쓰는 마음이 하늘나라 사람처럼 아름다워 그 자취가 신선과 같았습니다.

돌아가신 고조高祖 형제는 쓰는 마음이 세상에서 모범이 되었고, 왕원림王元琳[3] 형제의 빛나는 재주는 조정에서 으뜸이었으며, 그 외 범왕范汪,[4] 손작孫綽,[5] 장현張玄,[6] 은의殷顗[7] 같으신 분들도 모두 뜻을 받들어 믿고 의지할 만한 분들이었습니다."

---

1. 곽문거郭文擧는 진나라 사람인데 지뢰의 아들이니 이름은 문文이다. 어려서부터 산과 들을 좋아하여 부모가 돌아가신 뒤에 여항餘杭 대척산大滌山에서 은거하고 살았다.
2. 사부謝敷는 진나라 회계會稽 사람인데 자字는 경서慶緒이다. 태평산太平山에 들어가 나라에서 벼슬을 주려고 했어도 나아가지를 않았다.
3. 왕원림王元琳은 전기 미상이다.
4. 범왕范汪은 진나라 사람인데 귀룡의 손자이고 자字는 현평玄平이다. 박학다식하고 담론을 잘했다. 시호는 목穆이다.
5. 손작孫綽은 진나라 사람인데 통統의 동생이고 자字는 흥공興公이다. 일찍이 『천태산부天台山賦』를 지어 문재文才를 날렸다.
6. 장현張玄은 전기 미상이다.
7. 은의殷顗는 진나라 사람인데 강康의 아들이고 자字는 백통伯通이다. 태원중太元中(376-396)에 중서랑中書郎으로 남만교위南蠻校尉에 발탁되었다.

或宰輔之冠盖[1]　或人倫之羽儀[2]　或置情天人之際　或抗跡
혹재보지관개　　혹인륜지우의　　혹치정천인지제　혹항적

烟霞之表[3]　並禀志歸依措心歸信으로서　其間比對則　蘭　護　開
연하지표　　병품지귀의조심귀신　　　　기간비대즉　란　호　개

潛 深 遁 崇 邃이니 皆亞迹黃中이며 或不測之人也라.
잠 심 둔 숭 수　　개아적황중　　혹불측지인야

---

1. 재보宰輔는 재상宰相을 말한다. 관개冠盖는 높은 벼슬아치가 타는 수레인데 말 네 필에 멍에를 메워 끌게 한다.
2. 우의羽儀는 뛰어나게 본받을 만한 위의가 있는 것을 말한다.
3. 『홍명집』에서 이들을 다 갖추어 말하였다. "왕도와 주의는 재상이 될 만한 으뜸가는 재목이고, 유량과 사몽은 도리를 지키는 사람들이 본받을 만한 사람들의 본보기이며 극초와 왕탄, 왕공, 왕밀은 '그 바탕이 아주 뛰어나 독보적인 존재'라고 일컬어졌다. 곽문거, 사부, 대규, 허순은 마음 씀씀이가 하늘나라 사람이나 신선 같았고, 죽은 고조 형제의 통찰력은 세상의 법칙이 되었으며, 왕원림 형제는 빛나는 재주가 조정에서 으뜸이었다. 그 나머지도 그 시절의 준재 아닌 사람이 없었다."[弘明集具云 王周 宰輔之冠盖 庾謝 人倫之羽儀 郄及三王 或號體絶 或稱獨步 郭謝戴許 置情天人之際 抗跡烟霞之表 亡高祖兄弟 以情識軌世 王元琳昆季 以才華冠朝. 其餘 靡不時俊]

"재상이 될 만한 자질, 다른 사람들의 모범이 될 만한 품위, 쓰는 마음이 하늘나라 사람처럼 아름다워 그 자취가 신선 같은 모습, 아울러 뜻을 품고 부처님께 귀의하여 믿는 마음을 이들과 견줄 수 있는 스님으로는, 우법란于法蘭,[1] 축법호竺法護, 우법개于法開, 축도잠竺道潛, 법심法深, 지둔支遁, 축법숭竺法崇, 우도수于道邃 같으신 분들이니 이 분들의 행적은 모두 부처님에 버금가며 그 도력은 헤아릴 수 없이 큽니다."

---

1. 란蘭은 우법란이니 고양 사람인데 도력을 하내河內 하남河南 하동河東 지역에 떨쳐 그 명성이 사방 멀리 퍼져 갔다. 호護는 축법호이다. 개開는 우법개이니 우법란의 사촌 동생이다. 모든 경전을 잘 강설하고 의술에도 정통하였으며 사안과 왕문도가 다 좋은 벗으로 지냈다. 잠潛은 축도잠이니 자字는 법심이고 깊은 이치를 통달하여 맑고 높은 가풍이 있었다. 심深은 당시에 법심이라 불리던 사람이 있는데 이 분 또한 영준英俊하다고 일컬어졌다. 둔遁은 지둔이니 자字는 도림이다. 사태부, 왕우군과 함께 세속의 테두리를 벗어난 교류를 맺고 살았다. 숭崇은 법숭이니 영민하여 학문을 좋아하였고 또 계율의 본보기로 일컬어졌다. 수邃는 도수이니 돈황 사람이다. 맑고 높은 가풍이 있고 안팎으로 해박하여 법호가 항상 일컫기를 "도수는 옛사람의 기풍이 있어 큰 법의 대들보가 될 것이다."라고 하였다.[蘭 于法蘭 高陽人 道振三河 名流四遠. 護 竺法護. 開 于法開 蘭公從弟也 善講諸經 尤精醫術 謝安王文度 悉以友善. 潛 竺道潛 字法深 理致深遠 風鑑淸高. 深 時有名法深者 亦以英俊稱. 遁 支遁 字道林 與謝太傅王右軍 共結方外交. 崇 法崇 敏而好學 又 以戒律見稱. 邃 道邃 燉煌人 風鑑淸高 內外該博 法護常稱 邃有古人風 爲大法棟梁]

慧遠法師 嘗云하되
혜원법사 상운

釋氏之化는 無所不可이니
석씨지화 무소불가

適道는 固自敎源이고 濟俗 亦爲要務니라.
적도   고자교원   제속 역위요무

竊尋此說하면 有契理要이니
절심차설   유계리요

若使家家奉戒하면 則罪息이어 刑淸이라.
약사가가봉계   즉죄식   형청

陛下 所謂 坐致泰平이니 誠如聖旨로다.
폐하 소위 좌치태평   성여성지

"혜원慧遠 스님은 일찍이 '부처님의 가르침은 불가능한 것이 없으니, 도에 나아가는 것은 진실로 이 가르침의 근원에서 시작되고 세상을 다스리는 것 또한 중요한 일로 삼는다.'고 하였습니다.

이 말을 곰곰이 생각해 보면 이치와 계합하는 요긴한 것이 있으니, 만약 집집마다 부처님의 계율을 받든다면 그들의 죄가 없어져 형벌 줄 일이 사라질 것입니다.

폐하께서 말씀하신 '앉아서 천하태평을 이루는 것'이니 참으로 성지聖旨와 같은 것입니다."

羊玄保 進曰
양현보 진왈

此談은 皆天人之際인데 豈臣所宜預아. 竊謂 秦楚論强兵之事[1]
차 담   개천인지제   기신소의예   절위 진초론강병지사

하고 孫吳盡吞倂之術하니 將無取於此也라.
     손오진탄병지술   장무취어차야

帝曰
제 왈

此는 非戰國之具이니 良如卿言이로다.
차   비전국지구   양여경언

尙之 對曰
상지 대왈

夫禮隱逸則 戰士怠하고 貴仁德則 兵氣衰하니
부례은일즉 전사태   귀인덕즉 병기 쇠

若以孫吳爲志하여 苟在吞噬하면
약이손오위지   구재탄서

亦無取堯舜之道이니 豈惟釋敎而已哉이리오.
역무취요순지도   기유석교이이재

---

1. 진秦(BC 221-BC 207)은 주대周代 제후의 나라로 함양咸陽에 도읍하고 감숙성甘肅城, 섬서성陝西城 등을 차지하고 진시황 때 천하를 통일하였다. 3세世 15년 만에 한漢나라에 멸망하였다. 초楚(BC 704-BC 223)는 춘추전국시대의 나라인데 도읍은 영郢이며 진秦나라에 망하였다.

양현보가 앞에 나서 말하였습니다.

"이런 이야기는 모두 하늘나라 사람들의 영역인데 어찌 신臣이 간여할 수 있겠습니까. 하지만 가만히 생각해 보면 진秦나라와 초楚나라는 군사력을 기르는 일만 논의하고, 손자와 오자는 다른 나라를 합병하는 술책에만 힘을 쏟았으니, 아마 여기서는 본받아 취할 게 없을 것입니다."

황제께서 말씀하셨습니다.

"이런 이야기는 전쟁하는 나라에서 논의해야 할 것들이 아니니 참으로 경의 말과 같도다."

하상지가 대답하여 말하였습니다.

"은둔해서 사는 사람들을 예우하면 전사들이 태만해지고 어진 덕을 귀하게 여기면 병사들의 사기가 약해지는 법입니다. 만약 손자나 오자의 술책으로 다른 나라를 합병하시려고 한다면 요순堯舜의 도 또한 취할 게 없을 것이니, 어찌 석가의 가르침뿐이겠습니까."

帝曰
제 왈

釋門에 有卿은 亦猶孔門之有季路이어 所謂 惡言不入於耳也니라.
석문 유경 역유공문지유계로 소위 악언불입어이야

自是 文帝는 致意佛經하고
자시 문제 치의불경

及見嚴觀¹諸僧에 輒論道義하며
급견엄관 제승 첩론도의

屢延殿會하여 躬御地筵에 同僧列飯하니라.
누연전회 궁어지연 동승열반

---

1. 혜엄은 예주 범씨의 아들로서 구마라집 문인이다. 혜관은 청하 최씨의 아들로서 10살 때 박식한 견해로 이름이 알려졌는데 역시 구마라집 문인이다.[慧嚴 豫州 范氏子 羅什法師門人 慧觀 淸河 崔氏子 十歲以博見知名 亦羅什門人] 혜관慧觀은 세존의 일대교설을 이시오교二時五敎로 분류했는데 이것이 중국에서 교상판석敎相判釋의 효시가 되었다.

황제께서 말씀하셨습니다.

"석가의 문중에 경卿과 같은 사람이 있는 것은 또한 공자의 문중에 계로季路[1]가 있는 것과 같아서 남한테 나쁜 소리는 듣지 않을 것이다."

이로부터 문제文帝는 부처님의 경전을 공부하는 데 뜻을 두었고, 혜엄慧嚴, 혜관慧觀 및 모든 스님들을 볼 때마다 도에 대하여 토론하였으며, 자주 기회가 닿을 때마다 궁전에서 법회를 가져 몸소 스님들과 같은 자리에서 함께 공양을 하기도 하였습니다.

---

1. 계로季路는 공자의 제자로서 중국 춘추 시대 노나라의 정치가이자 무인으로 자로子路라고 부른다.

時有沙門 竺道生者 秀其群品 英義獨拔인데 帝 重之하니라.
시유사문 축도생자 수기군품 영의독발   제 중지

嘗述生頓悟義할때 僧等 皆設巨難하자 帝曰
상술생돈오의   승등 개설거난   제왈

若使逝者可興이면 豈爲諸卿所屈이리오.[1]
약사서자가흥   기위제경소굴

時 顔延之가 著離識論하니
시 안연지   저이식론

帝 命嚴法師하여 辨其同異 往返終日하고는 笑曰
제 명엄법사   변기동이 왕반종일   소왈

卿等은 今日 無愧支許之談也[2]니라.
경등   금일 무괴지허지담야

---

1. 『불조역대통재佛祖歷代通載』에 의하면 송문제 즉위 9년 도생 스님이 『돈오성불론』을 저술한 뒤 다음 해 정월 책상에 기댄 채 입적하였다. 12년에 황제가 조서를 내려 도생이 저술한 돈오의 뜻을 설명할 수 있는 스님을 찾았다. 자사 유등지가 법원과 승필 등을 거론하였다. 임금이 불러 질문하니 법원이 그 뜻을 상세하고도 분명하게 설명하였다. 하상지가 찬탄하며 "도생 스님 뒤로는 미묘한 언어가 영원히 단절되었으리라 여겼는데, 이제 다시 형상 밖의 이야기를 듣게 되니, 이른바 하늘이 아직 이 글을 버리지 않은 것이다."라고 하였다.[按通載 宋文帝卽位九年 法師道生 著頓悟成佛等論 明年正月 隱几而化. 十二年 帝詔求沙門能述生法師頓悟義者 刺吏庚登之以法瑗僧弼等聞焉 召對顧問 瑗伸辨詳明 尙之歎曰 意謂生公之後 微言永絶 今復聞象外之談 所謂天未喪斯文也]
2. 지둔과 허순이 함께 회계산에 있으면서 매번 도를 논함에 기뻐하지 않은 적이 없었다.[支遁許詢 共在會稽山 每論道 莫不歡欣]

이때 다른 사람이 따라 갈 수 없을 정도로 법력이 아주 뛰어난 축도생竺道生이란 스님이 있었는데, 황제께서는 그 분을 소중히 여겼습니다.

일찍이 축도생이 저술한 돈오頓悟의 뜻을 설명할 사람을 찾을 때 승려들이 모두 나서 크게 반대하자, 황제께서 말씀하셨습니다.

"만약 잠잠해진 부처님의 뜻을 일으킬 수 있다면 어찌 그대들이 반대하는 것에 굴복할 수 있겠습니까."

이때 안연지顔延之가 『이식론離識論』을 지으니, 황제께서 혜엄 스님에게 명하여 그 내용이 옳고 그른지를 하루 종일 토론하도록 하고서는 웃으면서 말씀하셨습니다.

"그대들은 오늘 지둔支遁과 허순許詢의 담론처럼 도를 논함에 부끄러움이 없습니다."

제 13 장
교훈이 되는 좋은 이야기들
雜錄

1. 明教嵩禪師[1] 尊僧篇
　　명 교 숭 선 사　존 승 편

敎必尊僧은 何謂也오.
교 필 존 승　　하 위 야

僧也者 以佛로 爲姓하고 以如來로 爲家하며
승야자 이불　위성　　이여래　위가

以法으로 爲身하고 以慧로 爲命하며 以禪悅로 爲食하니
이법　　위신　　이혜　위명　　이선열　　위식

故로 不恃俗氏하고 不營世家하며
고　불시속씨　　불영세가

不修形骸하고 不貪生 不懼死하며 不溽乎五味니라.
불수형해　　불탐생 불구사　　불욕호오미

其防身에 有戒하고 攝心에 有定하며 辨明에 有慧니라.
기방신　유계　　섭심　유정　　변명　유혜

---

1. 선사의 이름은 계숭이요 심진 이씨의 아들인데 동산효총 선사의 법을 이었다. 10만 자에 이르는 『원교론』을 지어 한유의 척불론을 저지하였다. 이에 인종황제가 그 내용을 살펴보고는 가상히 여겨 대장경 안에 포함시켜 유포시키라고 명령을 내리고는 '명교대사'라는 호를 하사하였다.[師諱契嵩 鐔津李氏子 嗣洞山 曉聰禪師 作原敎論十萬言 以抗韓愈排佛之說 仁宗皇帝覽而嘉之 勅入大藏流行 賜號明敎大師]

1. 스님을 존중해야 하는 까닭 _ 명교숭 선사

부처님 가르침에서 "반드시 승려를 존중해야 한다." 하였으니, 이는 무엇을 말하려고 하는 것입니까.

승려란 부처님을 아버지로 삼고 여래로 집을 삼기 때문입니다. 법으로 몸을 삼고 지혜로 생명을 삼으며 선열禪悅[1]로 음식을 삼기 때문입니다.

그러므로 세속의 삶을 믿지 않고 세간의 가정을 꾸리지 않으며, 몸치장에 정성을 쏟지도 않습니다. 삶과 죽음을 탐하거나 두려워하지도 않으며 다섯 가지 음식의 맛에 빠져들지도 않습니다.[2]

승려에게는 계율이 있어 그 몸을 잘 보호하고, 선정으로 그 마음을 잘 거두어들이며, 지혜로서 사리를 잘 분별합니다.

---

1. 선정이 마음을 도와 쾌적하고 편안하며 기쁘게 하는 것이 '선열'이 된다.[禪定資神 輕安適悅 爲禪悅]
2. 『예기』에서 "음식에 너무 욕심내지 말라." 하고, 풀이하기를 "마음대로 음식 맛을 보는 것은 '욕溠'이 되는데 '욕溠'은 욕심을 말한다."라고 하였다.[禮記云 飮食不溠. 注 恣縱食味爲溠 溠之言欲也]

語其戒也 潔淸三惑而畢身不汚요
어기계야 결청삼혹이필신불오

語其定也 恬思慮正神明而終日不亂이며
어기정야 염사려정신명이종일불란

語其慧也 崇德辨惑¹而必然이니
어기혜야 숭덕변혹 이필연

以此로 修之之爲因하고 以此로 成之之爲果니라.
이차 수지지위인 이차 성지지위과

其於物也에 有慈有悲하며 有大誓 有大惠하니라.
기어물야 유자유비 유대서 유대혜

慈也者 常欲安萬物이요 悲也者 常欲拯衆苦니라.
자야자 상욕안만물 비야자 상욕증중고

---

1. 도덕을 존중하고 의혹을 분명히 밝히는 것이다. 또 사람들이 해야 할 바를 알되 이익을 챙기는 마음이 없다면 그 덕은 이로부터 더욱 높아질 것이요, 그렇지 않고 조금이라도 이익을 챙기는 욕심이 있다면 그 덕은 존중되지 않을 것이다. 의혹이 짙은 것은 반드시 미세한 것부터 일어난다. 일찍 분별할 수 있었다면 커다란 의혹까지 이르지 않는다. 그러므로 분노를 경계하는 것이 의혹을 가리는 것이다.[尊崇道德 辨明疑惑. 又 凡人若能知所當爲而無爲利之心 其德自此而愈高 不然而少有利欲之心 德不崇矣. 惑之甚者 必起於微細 能辨之於早則 不至於大惑矣. 故 懲忿所以辨惑也]

'계율'이란 살생, 음행, 도둑질을 하지 않아 맑고 깨끗하니
이로써 몸이 오염되지 않는 것이요,
'선정'이란 생각을 가라앉혀 정신을 맑게 하고
하루 종일 마음이 어지럽지 않은 것이며,
'지혜'란 덕을 숭상하고 의심을 밝혀
반드시 법답게 자연스러워지는 것입니다.

승려란 이 계정혜 삼학으로 수행을 닦아나가는 성불成佛의 인因을 삼고, 이것으로 수행을 완성하는 성불成佛의 과果로 삼습니다.

승려란 중생을 위해서 자애로움, 안타까움, 커다란 서원과 크나큰 은혜를 품고 있습니다.

자애로움이란 언제나 온갖 중생들이 편안하기를 바라는 마음이요, 안타까움이란 늘 중생의 온갖 고통을 없애주려는 마음입니다.

誓也者 誓與天下見眞諦요 惠也者 惠群生以正法이라.
서야자 서여천하견진제   혜야자 혜군생이정법

神而通之하니 天地不能掩하고 密而行之하니 鬼神不能測이니라.
신이통지   천지불능엄   밀이행지   귀신불능측

其演法也 辯說不滯하고 其護法也 奮不顧身이라.
기연법야 변설불체   기호법야 분불고신

能忍人之不可忍하고 能行人之不能行이라.
능인인지불가인   능행인지불능행

其正命也¹ 丐食而食이나 而不爲恥하고
기정명야 개식이식   이불위치

其寡欲也 糞衣²綴鉢³이라도 而不爲貧하며
기과욕야 분의 철발   이불위빈

其無爭也 可辱而不可輕하고 其無怨也 可同而不可損하니라.
기무쟁야 가욕이불가경   기무원야 가동이불가손

---

1. 때를 알아 탁발하니 삿되게 목숨을 이어가는 것이 아니므로 이것이 올바른 삶이 된다.[知時乞食 不以邪命 是爲正命]
2. 남산 스님이 말하였다. "사람이 무엇을 버린다고 할 때는 다시 그것을 사용하지 않으려고 하는 것이니, 이는 마치 똥을 치우는 것과 같이 그 물건의 가치가 지극히 하찮고 쓸모없다는 뜻이다. 이렇듯 탐욕과 집착을 여의면 반드시 제왕이나 도적에게 피해를 입지 않고 자신을 도와 도력이 커질 것이다."[南山云 人之所棄 無復堪用 義同糞掃 體是賤物. 離自貪着 必不爲王賊所害 得資身長道也]
3. 세존께서 도를 이룬 지 38년 만에 왕사성 국왕의 공양 청에 나아갔다. 공양을 마치고 라후라에게 "씻어라" 했는데 실수하여 발우를 깨뜨려 다섯 조각이 되었다. 부처님께서 "내가 입적한 뒤 오백 년 안에 나쁜 비구들이 율장을 다섯 부파로 나눌 것이다."라고 말씀하시고는 발우를 꿰매었기에 철발綴鉢이라 한다. '박擽'의 음은 '박朴'이며 부딪치어 깨질 때 나는 소리이다.[世尊 成道三十八年 赴王舍城國王請. 食訖 令羅云 洗滌 失手擽鉢 以爲五片 佛言 我滅後 初五百年 諸惡比丘分毘尼藏爲五部. 因以綴之 故云綴鉢. 擽音朴 擊聲也]

커다란 서원이란 이 세상 모든 사람들과 함께 참된 진리를 깨닫고자 맹세하는 것이요, 크나큰 은혜란 뭇 삶들에게 아낌없이 올바른 법을 베푸는 것입니다.

이것이 승려의 신통이니 하늘과 땅이 가릴 수 없고 은밀히 행해지는 것이니 귀신도 예측할 수가 없습니다.

법을 설함에 막힘이 없고 법을 보호함에 조금도 몸을 사리지 않습니다.

다른 사람들이 참을 수 없는 것을 참아내고 다른 사람들이 행할 수 없는 것을 실천합니다.

올바른 삶을 살아가니 음식을 얻어먹더라도 부끄럽게 여기지 않고, 욕심을 내지 않으니 누더기 옷과 깨진 발우라도 자신을 가난하게 여기지 않습니다.

마음속에 다툼이 없으니 욕되고 수치스러운 일을 당해도 상대를 업신여기지 않고, 원망하는 마음이 없으니 남들과 똑같이 살면서도 품위를 잃지 않습니다.

以實相으로 待物하고 以至慈로 修己하니
이실상   대물   이지자 수기

故로 其於天下也 能必和하고 能普敬하리라.
고   기어천하야 능필화   능보경

其語無妄故로 其爲信也 至하고
기어무망고   기위신야 지

其法無我故로 其爲讓也 誠하며
기법무아고   기위양야 성

有威可敬 有儀可則이라.
유위가경 유의가칙

天人望而儼然하며 能福於世하고 能導於俗하니라.
천인망이엄연   능복어세   능도어속

其忘形也 委禽獸而不悋하고
기망형야 위금수이불린

其讀誦也 冒寒暑而不廢하니라.
기독송야 모한서이불폐

참된 모습으로 중생을 대하고 지극한 사랑으로 자신을 닦아가므로, 이 세상 어디에 있어도 늘 화목할 수 있고 모든 사람을 두루 공경할 수 있습니다.

승려의 말에 허망함이 없으므로 그 믿음이 지극하고
그 법에 '나'라는 것이 없으므로 그 겸양 또한 진실 되며
위엄이 있어 공경할 만하고 위의가 있어 본받을 만합니다.

하늘나라 사람들이 우러러보며 옷깃을 여미며, 세상에 복을 내려 줄 수 있고 세속 사람들을 이끌어 갈 수도 있습니다.

자신의 몸조차 잊고 사니 짐승에게 몸을 던져 주어도 아까워하지 않고, 경전을 독송할 때는 추위와 더위를 이겨내며 공부를 그만두는 일이 없습니다.

以法而出也 遊人間徧聚落[1]이라도
이 법 이 출 야 유 인 간 변 취 락

視名若谷響하고 視利若遊塵하며 視物色若陽艶이라.
시 명 약 곡 향   시 리 약 유 진   시 물 색 약 양 염

煦嫗貧病하고 瓦合輿臺[2]라도 而不爲卑라
후 구 빈 병   와 합 여 대   이 불 위 비

以道而處也 雖深山窮谷에서 草其衣 木其食이라도
이 도 이 처 야 수 심 산 궁 곡   초 기 의 목 기 식

晏然自得하여 不可以利誘하고 不可以勢屈이라.
안 연 자 득   불 가 이 리 유   불 가 이 세 굴

謝天子諸侯에 而不爲高라.
사 천 자 제 후 이 불 위 고

---

1. 『선견율비바사善見律毘婆沙』에서 "시장이 없는 곳을 촌村이라 하고 시장이 있는 곳을 취락聚落이라 한다."고 하였다. 취聚는 모여 있는 무리들이고 락落은 거주하는 것이다.[善見云 無市曰村 有市曰聚落. 聚 衆也 落 居也]
2. 『춘추좌씨전春秋左氏傳』에서 "천간天干은 열 개가 있고 사람에게는 열 개의 계급이 있다." 하였다. 이를 풀이하여 말하였다. "왕의 신하는 '공公'이라 하고 공의 신하를 '대부大夫'라 하며 대부의 신하를 '사士'라 한다. 사의 신하를 '포包'라 하고 포의 신하를 '여輿'라 하며 여의 신하를 '예隷'라 한다. 예의 신하를 '료僚'라 하고 료의 신하를 '복僕'이라 하며 복의 신하를 '대臺'라 한다."[左史曰 天有十日 人有十等. 註云 王臣曰公 公臣曰大夫 大夫臣曰士 士臣曰包 包臣曰輿 輿臣曰隷 隷臣曰僚 僚臣曰僕 僕臣曰臺] 와합瓦合은 깨진 기와 조각을 맞춘 것이니 사람으로 치면 오합지졸을 말한다. 여대輿臺는 비천한 노복奴僕이나 하인들을 말한다.

법으로 세상에 나감에 사람들과 어울려 두루 마을을 돌아다니더라도 명예를 산골짜기에 울리는 메아리처럼 보고 이익을 떠다니는 더러운 티끌같이 보며 재물을 가물거리는 아지랑이처럼 봅니다.[1]

가난하고 병든 사람들을 따뜻하게 보살피고[2] 힘없는 노복들과 한데 있더라도 그들을 천하게 여기지 않습니다.

도를 품고 사는 사람은 깊은 산골짜기에서 풀잎으로 몸을 덮고 나무열매로 음식을 삼더라도 마음이 저절로 편안하여 어떤 이익으로도 그를 유혹할 수 없고 권세로도 굴복시킬 수 없습니다.

천자나 제후의 자리를 떠나 수행자가 되어서는 세속의 위치로 그 자신을 높이지도 않습니다.

---

1. 양염陽艷은 아지랑이와 같다. 양염陽艷은 바람에 흔들리는 미세한 먼지가 햇빛에 반사되어 나타나는 모습이다. 이를 아지랑이와 같은 뜻의 유사遊絲라고도 한다.[陽焰同 陽艷 風塵與日光交者也. 或云遊絲]
2. 『예기』의 풀이에서 "하늘은 그 기운으로 따뜻하게 하고 땅은 그 형상으로 품게 되니 하늘은 덮어서 따뜻하게 하고 땅은 품어서 길러주게 된다." 하였다. 이는 가난하고 병든 사람들을 안타깝게 여겨 만물을 덮어 기르는 하늘과 땅처럼 보살핀다는 것이다. 또 후煦란 따뜻한 기운이 만물에 스며드는 것이요, 구嫗란 할머니의 마음으로 어린 자손들을 어루만져 주는 것이다.[禮記註云 天以氣煦之 地以形嫗之 天覆煦而地嫗育. 此言 憐憨貧病 若天地之覆育萬物也. 又 煦者 陽氣和於萬物 嫗者 婆心撫乎兒孫]

其獨立也 以道로 自勝하며 雖形影相弔라도 而不爲孤라.
기독립야 이도　자승　　수형영상조　　　이불위고

其群居也 以法으로 爲屬하며 會四海之人이라도 而不爲混이라.
기군거야 이법　　위속　　회사해지인　　　이불위혼

其可學也 雖三藏十二部 百家異道之書라도 無不知也라.
기가학야 수삼장십이부 백가이도지서　　　무불지야

他方殊俗之言이라도 無不通也라.
타방수속지언　　　　무불통야

祖述[1] 其法則 有文有章也[2]며 行其中道則 不空不有也라.
조술　기법즉 유문유장야　　행기중도즉 불공불유야

其絶學也 離念淸淨하니 純眞一如이어 不復有所分別也라.
기절학야 이념청정　　　순진일여　　불부유소분별야

---

1. 『중용』에서 "중니가 요순의 도를 본받아 쓴 것이다." 하고는, 이를 풀이하여 "조조는 근본이다. 또 멀리로는 옛것들을 본받고 가까이는 지금 것을 본받아 쓰는 것이다."라고 말하였다.[仲尼祖述堯舜 註祖本也. 又遠祖諸古 近述諸今]
2. 갖가지 아름다운 비단 같은 글들이 무늬를 이루고 옳고 그른 내용들을 모아 정리한 것이 문장을 이룬다. 또 그 글들이 찬연함에 '문文'이 있고 그 내용들이 풍부하고 아름다움에 '장章'이 있다.[五色錦而成文 黑白合而成章. 又 粲然有文 蔚然有章]

198

홀로 우뚝 서서 도道로써 모든 것을 스스로 이겨내며, 홀로 제 그림자를 벗 삼아 서로 위로하며 살더라도 외로워하지 않습니다.

여럿이 함께 살더라도 법으로 권속을 삼으니 천하에 온갖 사람들이 모이더라도 세운 뜻을 꺾지 않습니다.

배울 만한 것들은 불경이든 외전이든 알지 못하는 것이 없습니다.

다른 나라의 특이한 풍속에 관한 이야기라도 통하지 않는 것이 없습니다.

그 분이 살아가는 법을 본받아 써나가면 유려하고 아름다운 문장이 있고, 중도[1]를 행하면 공空도 아니요 유有도 아닙니다.

더 배울 것이 없음에 망념을 여의어 마음이 맑고 깨끗하니, 순수하고 참된 마음이 한결같아 다시 더 분별할 것이 없습니다.

---

1. 중생들은 보통 범부라 하면 범부라는 생각에 빠지고 성인이라 하면 성인이란 생각에 빠지는 나쁜 버릇에 길들여져 있어 앉아 있어도 병이고 서 있어도 병이다. 중생의 이런 병을 고쳐 주려고 부처님께서는 몸소 유有와 무無, 공空과 가假라는 알기 쉬운 방편을 활용하다가, 마지막에 이르러서는 이런 방편조차 공성空性임을 알게 하는 '중도中道 법문'을 설하셨다. 범부의 알음알이를 없애 주려는 방편으로 성인의 깨달음을 내세우지만, 알음알이가 사라지면 이 알음알이의 상대적 개념인 성인의 깨달음도 저절로 사라지기 때문이다.

僧乎 其爲人이 至하고 其爲心이 博하며
승호 기위인 지 기위심 박

其爲德 備이어 其爲道 大라.
기위덕 비 기위도 대

其爲賢 非世之所謂賢也요
기위현 비세지소위현야

其爲聖 非世之所謂聖也이니 出世殊勝之賢聖也라.
기위성 비세지소위성야 출세수승지현성야

僧也 如此이니 可不尊乎아.
승야 여차 가부존호

'승려'란 그 사람됨이 지극하고 그 마음 씀씀이가 넓으며 그 덕이 이미 갖추어져 행하는 도가 큽니다.

그 현명함이란 세상에서 말하는 현명함이 아니요, 그 성스러움이란 세속에서 말하는 성스러움이 아니니, 세상의 상식을 벗어난 수승한 현자요 성인입니다.

승려란 이와 같은 사람이니 어찌 존경하지 않을 수 있단 말입니까.

2. 釋難文
석난문

希顔首座는 字가 聖徒이니 性剛果^{1}하며 通內外學이라.
희안수좌   자 성도   성강과   통내외학

以風節自持로 遊歷罷하고 歸隱故廬하며 跡不入俗이니라.
이풍절자지   유력파   귀은고려   적불입속

常閉門宴坐하며 非行誼高潔者이면 莫與友也라.
상폐문연좌   비행의고결자   막여우야

名公貴人이 累以諸刹^{2}招之하나 堅不答이라.
명공귀인   누이제찰 초지   견부답

---

1. 강직하고 굳세어 딱 잘라 용기 있게 결단하는 것이다.[剛毅果斷]
2. 『유마경약소수유기維摩經略疏垂裕記』에서 말하였다. "대개 크게 장엄된 절을 일러 찰刹이라고 한다."고 하였으니, 이는 통상적으로 나라 안의 명찰名刹을 지적한 것이다. 또 가람을 범찰梵刹로 부르기도 한다. 『지관보행전홍결止觀輔行傳弘決』에서 "서역에서는 나무로 사찰을 표시하여 수행자들이 머무는 것을 드러내 보인다." 하였으며, 『장아함경』에서 "만약 사문이 불법을 닦던 중 어렵사리 한 법을 얻게 되었다면, 바로 번찰幡刹을 세워 그 사실을 사방으로 멀리 알려야 한다."라고 하였다.[垂裕記云 盖取莊嚴差別 名之爲刹. 此通指國中名刹也. 又伽藍 號梵刹者 輔行云 西天以樹表刹 示所居處也. 阿含云 若沙門於佛法中 勤苦得一法者 便當竪幡刹 以告四遠也]

2. 스님 되기 어려워 _ 희안 수좌

희안希顔[1] 수좌首座는 성도聖徒라 부르기도 하는데, 성품이 딱 부러지게 강직하고 굳세며 안팎의 학문에도[2] 두루 통하였습니다.

풍류와 절제하는 생활로 만행을 다니다가 그만두고 돌아와서는 옛날 오두막에 은거하며 세상에 다시 들어가지를 않았습니다.

늘 문을 닫고 편안히 앉아서 공부하며 행실이 옳고 고결한 자가 아니면 벗으로 삼지 아니하였습니다.

공경대부와 귀인들이 여러 차례 사찰의 주지로 와 주기를 부탁하였지만 조금도 허튼 대답을 한 적이 없었습니다.

---

1. 희안希顔 수좌는 송나라 때 승려이고 자호自號는 설계雪溪이다. 밭을 일구다 벌레가 밟혀 죽는 것을 보고 매년 해태 360근을 사다가 하루에 해태 한 근과 죽만 먹고 살았다.
2. 불가에서는 불경과 참선에 관한 책들을 내전으로 삼고, 유교나 도교 등의 다른 가르침을 외전으로 여긴다.[釋氏 以佛經禪策爲內 以儒道諸家爲外]

時有童行이어 名參己라 欲爲僧에 侍左右하나
시유동행   명참기 욕위승   시좌우

顔識其非器하고 作釋難文하여 以却之日하니라.¹
안식기비기   작석난문   이각지왈

知子는 莫若父하고 知父는 莫若子이니 若予之參己는 非爲僧器니라.
지자 막약부   지부 막약자   약여지참기   비위승기

盖出家爲僧이 豈細事乎아.
개출가위승 기세사호

非求安逸也요 非求溫飽也며 非求蝸角² 利名也라.
비구안일야 비구온포야   비구와각 이명야

爲生死也이고 爲衆生也이며 爲斷煩惱이니
위생사야   위중생야   위단번뇌

出三界海하여 續佛慧命也라.
출삼계해   속불혜명야

1. 윗부분은 이 글의 편집자가 서술한 것이다.[上 卽編輯者所敍]
2. '만蠻'과 '촉觸'이라는 두 나라가 조그마한 달팽이 두 뿔 위에 있었는데, 날마다 전쟁을 치르면서 엎어진 시체들이 봇도랑에 가득 차 넘쳤다고 한다. 이는 명예와 이익이 사람들에게 실익이 없음을 비유해 말한 것이다.[蠻與觸二國 在蝸兩角上 日以戰爭 伏尸盈溝 言名利之不實]

이때 참기參己라는 어린 행자가 스님이 되고 싶어 곁에서 시봉하였으나, 희안 수좌는 그가 승려 될 그릇이 아님을 알고 '스님 되기 어렵다'는 '석난문釋難文'을 지어 그를 물리치며 말하였습니다.

"아들을 아는 것은 아버지만한 분이 없고 아버지를 알기로는 아들만한 사람이 없으니 우리 참기參己 같은 사람은 승려가 될 그릇이 아니다.

대저 출가하여 승려 되는 일이 어찌 작고 사소한 일이겠는가.

안락하고 편안하게 살기 위한 것도 아니요, 따뜻하고 배부름을 구하는 것도 아니며, 좁은 달팽이 뿔 위에서 이익이나 명예를 구하는 것도 아니다.

생사를 해결하고 중생을 제도하며 모든 번뇌를 끊기 위한 것이니, 삼계의 바다를 벗어나 부처님의 혜명慧命[1]을 잇고자 함이다."

---

1. '혜명慧命'은 지혜로 생명을 삼는다는 뜻이다. 색신色身인 중생의 몸은 음식에 의지해야 그 생명을 유지할 수 있지만 부처님의 몸은 지혜에 의지해야 그 생명이 보장되기 때문이다. 그러므로 지혜를 기르지 않으면 부처님이 될 수 없다.

去聖時遙이어 佛法大壞인데 汝敢妄爲爾리오.
거성시요　불법대괴　여감망위이

寶梁經에 云하되
보량경　운

比丘不修比丘法이면 大千에 無唾處[1]라하고
비구불수비구법　대천　무타처

通慧錄에 云하되 爲僧에 不預十科[2]하면 事佛도 徒勞百載라하니
통혜록　운　위승　불예십과　사불　도로백재

爲之 不難得乎아.
위지 불난득호

以是觀之하면 予濫厠僧倫이어 有詒於佛인데 況汝爲之耶오.
이시관지　여람측승륜　유이어불　황여위지야

---

1. 비구가 계행이 없으면 5백 명의 커다란 귀신들이 뒤를 쫓아다니며 그의 자취를 쓸어버린다. 그러면 몸을 용납할 땅조차 없게 된다. '침 뱉을 곳조차 없다'라는 것은 이를 일컫는 말이다.[比丘 若無戒行 五百大鬼 從後掃其跡 然則 無容身之地. 無唾處者 斯之謂矣]
2. 승록 찬영은 자字가 통원이요 전당 고씨의 아들이다. 태종이 '통혜대사'란 호를 하사하였다. 일찍이 『대송고승전』을 편찬하고 후서後序에서 이르기를 "승려로서 10과에 들어가지 못하면… 운운" 하였다.[僧錄贊寧 字通遠 錢塘高氏子. 太宗賜號通惠大師. 嘗撰大宋高僧傳 其後序云 爲僧不預十科 云云]

"부처님 안 계신 지 오래되어 불법이 크게 파손되어 있는데, 네가 감히 거짓되게 승려 되기를 바란단 말이냐.

『보량경寶梁經』에서 '비구가 비구의 법을 닦지 않으면 삼천대천 세계에 발 디딜 땅이 없어 침 뱉을 곳조차 없다.'라고 하고

『통혜록通慧錄』에 이르기를 '승려가 되어 10과科에 참여하지 못하면 부처님을 섬기더라도 한평생 헛된 수고일 뿐이다.'라고 하니, 승려 되는 것이 어렵지 않다고 할 수 있겠느냐.

이로 보면 나도 외람되이 승려가 되어 부처님께 누를 끼쳤는데 하물며 그대가 승려 노릇을 할 수 있겠느냐."

然이나 出家爲僧하여
연　　출가위승

苟不知三乘十二分敎하고 周公 孔子之道하며
구부지삼승십이분교　　주공 공자지도

不明因果하여 不達己性이라.
불명인과　　부달기성

不知稼穡艱難¹하고 不念信施難消일새
부지가색간난　　불념신시난소

徒飮酒食肉하며 破齋犯戒로다.
도음주식육　　파재범계

行商坐賈²하며 偸姦博奕³이라.
행상좌고　　투간박혁

1. 『서경』에서 "농사의 어려움을 알고 부지런하면 백성들이 의지하는 바를 안다." 하고, 풀이하기를 "부지런한 것으로 일逸의 뜻을 삼았다."라고 하였다. "농사의 어려움을 알지 못하고 게으르게 산다." 하고, 풀이하기를 "게으른 것으로 일逸의 뜻을 삼았다."라고 하였다.[書云 知稼穡艱難 乃逸則 知小民之所依. 註 以勤爲逸也. 不知稼穡之艱難 乃逸 註 以逸爲逸也]
2. 다니면서 파는 것을 '상商'이라 하고 앉아서 파는 것을 '고賈'라 한다.[行販 曰商 坐賣 曰賈]
3. '박博'은 곧 육박六博이니 쌍육雙六을 말한다. 또 주사위를 던져 놀음하는 것을 '박博'이라 한다. '경瓊'은 곧 지금의 주사위이다. '혁奕'은 내기바둑을 두는 것이다. '투骰'는 '투投'라고 읽는다. '박博'과 '혁奕'은 모두 사람의 마음을 흔드는 간교한 일이다.[博 卽六博 雙六也. 又投瓊曰博 瓊卽今骰子也. 奕圍碁也. 骰音投. 博與奕 皆姦巧之事也]

"그런데도 요즈음 사람들이 출가하여 승려가 되어, 참으로 부처님의 가르침도 모르고 주공[1]이나 공자의 도道도 모르면서 인과를 밝히지 못하여 자기의 참성품을 통달하지 못하고 있구나.

농사짓는 어려움도 알지 못하고 신도들의 시주물이 소화하기 어려운 것임을 조금도 생각하지 않기에 부질없이 술을 마시고 고기를 먹으며 깨끗하고 아름다운 삶을 파괴하는구나.

장사치로 나다니고 들어앉아 물건이나 팔면서 도둑질이나 음행과 도박을 하는구나."

---

1. 주공周公은 중국 주周나라의 정치가이다. 문왕文王의 아들이며 무왕武王의 동생인데 이름은 단旦이다. 무왕을 도와 은殷을 멸망시키고 무왕이 죽자 성왕成王을 도와 주나라 왕실의 기반을 튼튼히 닦았다.

覬覦院舍[1] 車盖出入하며
기유원사　거개출입

奉養一己而已로다.
봉양일기이이

悲夫라
비부

有六尺之身이나 而無智慧를 佛謂之痴僧이라하고
유육척지신　이무지혜　불위지치승

有三寸舌이나 而不能說法을 佛謂之啞羊僧이라하며
유삼촌설　이불능설법　불위지아양승

---

1. 『한서』의 주註에 '기覬'는 '기冀'로 읽으니 '희망하다'는 뜻이며 유覦는 '하고자 한다'는 뜻이라고 하였다. 그러므로 기유覬覦는 '하고자 하는 바를 얻을 수 있게 희망하는 것'을 말한다. 커다란 사찰을 얻어 영화롭고 편안하게 살기를 희망하는 것을 말한다.[漢書 註云 覬音冀 幸也. 覦 欲也 謂幸得其所欲也. 言幸得盛利 欲以榮身逸志]

"절이나 차지하려고 이 절 저 절 넘겨보며 화려한 덮개가 있는 수레를 타고 절집을 드나들면서 자신의 한 몸만 받들어 살찌울 뿐이구나.

참으로 슬프도다!

6척의 몸은 있지만 지혜가 없는 스님을 부처님께서는 '어리석은 승려'라고 하였다.

세 치의 혀는 있지만 법을 설하지 못하는 스님을 '벙어리 염소처럼 사는 승려'라고 하였다."

---

1. 비록 맑고 깨끗한 삶을 망치지 않더라도, 근본이 아둔하고 지혜가 없어 얼마나 좋고 나쁜지를 분별 못하고 죄가 있는지 없는지를 알지 못하는 것이다. 절집 일로 두 사람이 함께 다투더라도 결단을 내려주지 못한 채 묵묵히 말이 없는 것이, 마치 벙어리 염소처럼 사람이 죽이더라도 소리를 지르지 못하는 것과 같다. 또 두 가지 의미를 저마다 비유하고 있으니, '아啞'는 '설법할 능력이 없는 것'을 비유하고, '양羊'은 '법을 듣고도 활용하지 못하는 것'을 비유한다.[雖不破齋 根鈍無慧 不分好惡輕重 不知有罪無罪 若有僧事 二人共爭 不能決斷 默然無言 如啞羊 人殺之 不能作聲. 又各喩二意 啞 無說法之能 羊 無聽法之用也]

似僧非僧이요 似俗非俗을
사승비승 사속비속

佛謂之鳥鼠僧이라하고 亦曰 禿居士[1]라하나니라.
불위지조서승   역왈 독거사

楞嚴經 曰에 云何賊人이 假我衣服하고 裨販如來[2]하여
능엄경 왈 운하적인 가아의복   비판여래

造種種業이오하니 非濟世舟航也라 地獄種子爾니라.
조종종업   비제세주항야 지옥종자이

縱饒彌勒下生 出得頭來인들
종요미륵하생 출득두래

身已陷鐵圍하여 百刑之痛이 非一朝一夕也라.
신이함철위   백형지통 비일조일석야

若今爲之者 或百或千 至千萬計인들
약금위지자 혹백혹천 지천만계

形服而已일뿐 篤論其中하면 何有哉이리오.
형복이이   독론기중   하유재

---

1. 승려의 모습을 가지고 있지만 속인들과 똑같은 행동을 하는 사람을 '대머리 거사'라고 한다.[僧形俗行曰 禿居士]
2. '비裨'는 빌붙는다는 뜻이니, 부처님의 가르침에 빌붙어 이익을 탐내 장사하는 것을 말한다.[裨 附也. 裨附佛教中 以佛貪販利養也]

"스님 비슷한데 스님이 아니요 속인 비슷한데 속인도 아닌 승려를 부처님께서는 '박쥐같은 승려'¹ 또는 '대머리 거사'라고 하였다.

『능엄경』에 이르기를 '어찌하여 도적들이 승복을 입고 부처님을 팔아 온갖 업을 짓는단 말인가.' 하였으니, 이런 승려들은 세상을 구원하는 반야용선이 아니라 지옥에 들어갈 지옥종자들일 따름이다.

설령 미륵부처님이 이 세상에 내려온다 한들, 이들의 몸은 이미 철위산 지옥에 빠져 온갖 고통 받는 것이 하루 이틀에 멈출 일이 아니로다.

지금 승려 된 이들이 수천만이 된들 겉모습만 그럴듯할 뿐 그 속을 들여다보면 과연 참된 승려가 몇이나 있겠느냐."

---

1. 『정법념경』에서 "박쥐는 사람들이 새를 잡을 때는 구멍으로 들어가 쥐가 되고, 사람들이 쥐를 잡을 때는 구멍을 나와 새가 된다." 하였다. 승가의 눈도 피하고 속가의 눈도 피하는 것을 조서鳥鼠라 하니, 부처님이 이를 비유해 하신 말씀이다. [正法念經云 蝙蝠 人捕鳥時 入穴爲鼠 人捕鼠時 出穴爲鳥. 避僧避俗曰 鳥鼠 佛取之爲喩也]

所謂 鷙¹翰而鳳鳴也요 碌碌²之石非玉也이며
소위 지 한이봉명야 녹록 지석비옥야

蕭敷艾榮은³ 非雪山忍草也일새니라.
소부애영   비설산인초야

國家度僧은 本爲祈福일새
국가도승   본위기복

今反責以丁錢으로
금반책이정전

示民於僧不然하니
시민어승불연

使吾徒 不足待之之至也라.
사오도 부족대지지지야

---

1. 『양자법언』에 "봉황이 울면 맹금이 날갯짓한다." 하고는, 풀이하기를 "무릇 날짐승 가운데 용맹한 것과 들짐승 가운데 사나운 것은 모두 '지鷙'라 한다." 하였다. 또는 '사납게 달려드는 새'를 '지鷙'라 한다.[楊子法言 鳳鳴而鷙翰. 註 凡鳥之勇 獸之猛悍者 皆曰鷙. 又 猛擊鳥也]
2. 녹록碌碌은 작은 돌들을 말한다.
3. '소蕭'는 풀이름이다. 잎사귀는 희고 줄기는 거친 쑥 종류의 하나로 향기가 나는 풀이다. 제사 때 불에 살라 이 쑥의 향기로 조상에게 후손의 정성을 알린다. '애艾'는 『설문』에서 말한 빙대氷臺이다. 『박물지』에 "얼음을 둥글게 깎아 해를 향해 들고서, 그 그림자를 쑥에 쪼여 불을 얻게 되는 까닭에 빙대氷臺라 부른다." 하였다.[蕭 草名 白葉莖麤 科生香氣 祭則爇以報氣也. 艾說文氷臺也. 博物志 削氷令圓 擧以向日 以艾承其影得火 故號氷臺]

"말하자면 사나운 새가 화려한 날개를 퍼덕이며 봉황 울음소리를 내는 격이요, 자갈밭의 돌덩이는 옥이 아니며, 널리 흩어져 피어 있는 무성한 쑥대 잎은 설산의 인동초가 아니기 때문이다.

나라에서 승려를 득도시키는 것은 본디 많은 복을 지어 나라에 보탬이 되기를 바라는 것이다.

그런데 지금 거꾸로 나라에서 군역이나 부역 대신 돈을 바치게 하여 승려가 되도록 몰아가고 있으니,[1] 이는 백성들에게 승려가 승려답지 못함을 보여주고 있는 것으로, 우리 승려들은 이 상황을 더 이상 참을 수 없는 치욕으로 생각한다."

---

1. 출가의 공덕은 지극히 크고도 소중하므로, 승려들을 득도시켜 나라의 복록을 이어가는 것이 오랜 전통이다. 그런데 지금 만 20세에 부역이나 군역에 나가는 대신 내는 돈으로 승려가 되도록 하여 출가의 근본 뜻을 어지럽히니 우리 승려들을 멸시하는 것이 너무 심하다.[出家功德 至大至重 脫若度人爲僧 國祚綿長 是古制也 今則 懲以丁年差役軍夫之錢 蔑視吾徒之至也]

只如前日 育王璉 永安嵩 龍井淨 靈芝照는 一狐之腋[1]이요
지여전일 육왕련 영안숭 용정정 영지조 일호지액

自餘千羊之皮이니 何足道哉리오.
자여천양지피 하족도재

於戱라 佛海穢滓 未有今日之甚也이니
어희 불해예재 미유금일지심야

可與智者道이언정 難與俗人言이로다.
가여지자도 난여속인언

---

1. 일호지액一狐之腋은 여우 겨드랑 밑에 있는 부드러운 털가죽을 말하는데 아주 귀하여 값이 비싼 물건이다. "천 마리 양의 가죽이 여우 한 마리 겨드랑이 밑에 있는 부드러운 가죽보다 못하다.[千羊之皮 不如一狐之腋]"고 『사기史記』에서 말한다. 안사고顔師古가 말하기를 "여우 겨드랑이 아래 가죽이 가볍고도 부드럽지만 얻기 어렵다."고 하였다.[師古曰 狐腋下之皮 輕柔難得]

"다만 예전에 육왕사育王寺 회련懷璉 스님, 영안사永安寺 계숭契嵩 스님, 용정사龍井寺 원정元淨 선사와 영지사靈芝寺 원조元照 율사 같은 이들만 귀한 여우의 겨드랑이 털가죽처럼 아주 소중한 분들이요 그 나머지는 천 마리 양의 가죽처럼 별 볼일 없는 스님들뿐이니 어찌 이런 내용을 다 말할 수 있겠는가.

오호라! 부처님의 바다가 더럽혀진 것이 지금껏 오늘날처럼 심각한 적이 없었으니, 지혜로운 사람에게 말할 수 있을지언정 속인들에게 말하기는 어려운 일이로다."

3. 范蜀公[1] 送圓悟禪師 行脚
　　범 촉 공　송 원 오 선 사　행 각

觀水莫觀汚池水　汚池之水魚鱉[2]卑
관 수 막 관 오 지 수　오 지 지 수 어 별 비

登山莫登迤邐山[3]　迤邐之山草木稀.
등 산 막 등 이 리 산　이 리 지 산 초 목 희

觀水須觀滄溟廣　登山須登泰山上.
관 수 수 관 창 명 광　등 산 수 등 태 산 상

所得不淺所見高　工夫用盡非徒勞.
소 득 불 천 소 견 고　공 부 용 진 비 도 로

1. 범진范鎭은 자字가 경인景仁인데 화양華陽 사람이다. 진사進士에 급제하여 벼슬이 한림학사翰林學士까지 이르렀다. 촉국공蜀國公에 책봉되어 호부시랑戶部侍郞으로 관직에서 물러났다. 극근克勤 선사의 자字는 무착無着이고 팽주彭州 락駱씨의 아들이다. 구족계를 받은 뒤에 성도成都에 가 민행敏行 대사를 좇아 경론을 배웠다. 그때 촉국공이 시를 지어 보낸 것이다. 뒷날 휘종徽宗이 원오圓悟란 호를 하사하였다.[范鎭 字景仁 華陽人. 擧進士第 官至翰林學士 封蜀國公 以戶部侍郞致仕. 克勤禪師 字無着 彭州駱氏子 受具後 遊成都 從敏行大師學經論 蜀公作詩以送. 後 徽宗賜號圓悟]
2. 어별魚鱉은 물고기와 자라를 아울러 이르는 말이다.
3. 『오계중서』에서 "동산에 오른 뒤에야 많은 산들이 비스름하게 이어져 있다는 것을 알았다." 하고는, 풀이하기를 "작으면서도 서로 이어져 있는 것을 이리迤邐라 한다."고 말하였다.[吳季重書云 登東山然後 知衆山之迤邐. 注 小而相連曰 迤邐]

3. 행각할 때 마음가짐 _ 범촉공이 원오[1]에게

작은 연못 더러운 물 보지를 마오
그 물속에 작은 고기 볼품없으니
산 오를 때 낮은 언덕 오르지 마소
낮은 언덕 좋은 나무 드물기 때문.

물을 볼 땐 모름지기 바다를 보고
산 오를 땐 태산 위에 올라야 하니
보고 듣고 얻는 바가 적지 않아서
공부에다 쏟는 힘이 헛일 아니네.

---

1. 원오圓悟(?-1135) 선사는 임제종 양기파 스님이다. 어려서 출가하고 큰스님들을 찾아다닌 뒤에 오조법연五祖法演을 뵙고 그의 법을 이었다. 뒤에 한림翰林 곽지장郭知章의 청에 의하여 육조사六祖寺와 소각사昭覺寺에서 개당開堂하였다. 치화년중致和年中(1111-1114)에 남쪽으로 내려갔다가 장무진張無盡을 만나 그에게 화엄의 깊은 뜻을 설하여 귀의를 받고 벽암碧巖에 머물렀다. 납자들을 위하여 설두雪竇의 송고백칙頌古百則을 제창하고 수시垂示·착어著語·평창評唱을 더 보태『벽암집碧嚴集』을 저술하였다. 뒤에 불과佛果 선사의 호를 받고 금릉金陵의 장산蔣山을 거쳐 변경汴京의 천영天寧 만수사萬壽寺에서 원오圓悟 선사라는 호를 받았다. 만년에 소각사昭覺寺에 들어가 소흥昭興 5년(1135) 8월 8일 입적하였고 시호는 진각眞覺 선사이다.

南方幸有選佛地　好向其中窮妙旨.
남방행유선불지　호향기중궁묘지

他年成器整頹綱　不負男兒出家志.
타년성기정퇴강　불부남아출가지

大丈夫休擬議　豈爲虛名滅身計
대장부휴의의　기위허명멸신계

百年隨分覺無多　莫被光陰暗添歲.
백년수분각무다　막피광음암첨세

成都[1]況是繁華國　打住只因花酒惑
성도　황시번화국　타주지인화주혹

吾師幸是出家兒　肯隨齷齪[2]同埋沒.
오사행시출가아　긍수악착 동매몰

吾師幸有虹蜺志[3]　何事躊躇溺泥水
오사행유홍예지　하사주저익니수

_____

1. 성도成都는 사천성 서울이고 촉한蜀漢 때의 고도古都이다.
2. 악착은 급히 재촉하며 초조한 모습을 드러내는 것이다.[齷齪 急促局狹貌]
3. 『일체경음의』에서 "쌍무지개의 빛깔이 선명한데 아주 맑고 고운 것이 수무지개가 되고 어렴풋한 빛깔이 암무지개가 된다."고 하였다. 주자는 이르기를 "햇살과 빗방울이 서로 영향을 주면서 갑자기 모양을 드러낸다. 서로 영향을 주지 않아야 함에도 서로 영향을 주니 천지의 음기淫氣이다. 양기가 내려옴에 음기가 상응하면 구름이 되어 비를 뿌리고, 음기가 일어나지만 양기가 상응하지 않으면 무지개가 된다."고 하였다.[音義云 雙色鮮 盛者爲雄 闇者爲雌. 朱子曰日與雨交 倏然成質 不當交而交 天地之淫氣也. 陽氣下而陰氣應則 爲雲而雨 陰氣起而陽不應 則 爲虹]

남쪽 지방 다행히도 수행터 있어
그 가운데 들어가서 공부를 하니
깨달아서 무너진 법 바로잡으면
남아로서 출가한 뜻 등지지 않네.

대장부여 이리저리 따지지 마라
어찌하여 헛 명예로 몸을 망치리
백 년 동안 수행해도 어려운 공부
귀한 시간 어영부영 낭비 말진저.

성도 땅은 윤기 있고 화려한 고장
아리따운 여인과 술 유혹 받는 곳
우리 스님 다행히도 출가한 남아
악착스런 중생 삶에 매몰되겠나.

우리 스님 품에 안은 무지개 큰 꿈
무슨 일로 망설여서 지옥 가리오.

豈不見
기 불견

呑舟之魚 不隱卑流
탄주지어 불은비류

合抱之木 不生丹丘.
합포지목 불생단구

大鵬一展九萬里　豈同春岸飛沙鷗
대붕일전구만리　기동춘안비사구

何如急駕千里驥　莫學鷦鷯戀一枝.[1]
하여급가천리기　막학초료연일지

直饒講得千經論　也落禪家第二機.
직요강득천경론　야락선가제이기

---

1. 『장자』에서 "뱁새는 깊은 수풀 속에 보금자리를 짓더라도 나뭇가지 하나면 충분하다."고 하였다.[莊子 鷦鷯巢於深林 不過一枝]

그대는 어찌하여 보지 않는가.

배를 삼킬 큰 고기는 큰물에 놀고
아름드리 큰 나무는 큰 산에 있네.

큰 붕새[1]는 한 날개에 구만리 가니
어찌 봄날 갈매기와 똑같으리오.

어찌 급히 천리마를 몰지 않는가
좁디좁은 뱁새 영역 머물지 마라.

온갖 경론 거침없이 설한다 해도
선가에선 이 모든 것 웃기는 소리

---

1. 『장자』 소요유편에 "북쪽 바다에 물고기가 있으니, 이름을 '곤鯤'이라 한다. '곤鯤'의 크기는 몇 천 리나 되는지 알 수가 없다. '곤鯤'이 변해서 새가 되는데, 새 이름을 '붕鵬'이라 한다. 붕새의 등 넓이도 몇 천 리나 되는지 알 수가 없다. 붕새가 힘차게 날아오르면 날개는 하늘을 뒤덮은 구름과 같다. 붕새는 태풍으로 바다가 일렁이면 남쪽 바다 천지天池로 날아간다."라고 하였다.

白雲長是戀高臺　暮罩朝籠不暫開
백운장시연고대　모조조롱부잠개

爲慰蒼生霖雨¹望　等閑依舊出山來.
위위창생임우 망　등한의구출산래

又不見
우불견

荊山有玉²名瓊瑤　良工未遇居蓬蒿³
형산유옥 명경요　양공미우거봉호

當時若不離荊楚　爭得連城⁴價倍高.
당시약불리형초　쟁득연성 가배고

---

1. 임우霖雨는 가뭄을 풀 수 있는 장맛비처럼 사흘 이상 오는 비를 말한다.
2. 형산유옥荊山有玉은『한비자韓非子』변화편卞和篇에 나오는 말이다. 초나라 때 변화卞和가 산중에서 박옥璞玉을 얻어 여왕厲王에게 바쳤는데 왕이 전문가를 시켜 감정한 결과 돌이라고 하니, 왕은 변화卞和가 거짓말을 했다 하여 그의 왼발을 잘랐다. 여왕이 죽은 뒤 또 무왕武王에게 바쳤더니 왕이 역시 전문가를 시켜 감정한 결과 또 돌이라 하므로 왕은 또 변화의 오른발을 잘랐다. 무왕이 죽고 문왕文王이 즉위함에 변화는 박옥을 안고 초나라 형산 밑에서 삼일밤낮을 통곡하며 울었다. 왕이 울음소리를 듣고 사람을 보내어 그 까닭을 물으니, 변화가 대답하기를 "나는 다리 잘린 일을 슬퍼하는 것이 아니라 박옥을 돌이라 하고 곧은 선비를 미친놈이라고 해서 슬퍼한다."고 하였다. 왕이 이 말을 듣고 옥의 전문가를 시켜 세밀히 감정한 결과 보배로운 옥임이 드러났으므로 이 옥을 '화씨지벽和氏之璧' 또는 '형산백옥荊山白玉'이라고 하였다. 그 뒤 이 옥이 조趙나라 혜왕惠王의 소유가 되었는데 진秦나라 소왕昭王이 그 옥을 열다섯 성과 바꾸자고 하였으므로 이 일로 '연성벽連城璧'이라고도 한다.
3. 봉호蓬蒿는 우거진 쑥대밭을 말한다.
4. 연성連城은 연성벽連城璧의 약칭이다.

흰 구름이 산봉우리 빙 둘러싸고
아침저녁 울타리를 치고 있다가
중생들의 목마름을 적시기 위해
한가롭게 예전처럼 비를 뿌리네.

그대는 어찌하여 보지 않는가.

형산에는 아름다운 옥이 있지만
임자 없이 쑥밭 덤불 묻혀 있었네
그때 만약 알아보는 주인 없다면
어찌하여 그 가치를 드러내리오.

4. 吉州 龍濟山 友雲鼇和尙[1] 蛇穢說
길주 용제산 우운무화상 사예설

世間最毒者 無甚於蛇虺[2]하고 至穢者 莫過乎便利라. 盖蛇虺之
세간최독자 무심어사훼　　　지예자 막과호변리　개사훼지

毒은 能害人之性命하고 便利之穢는 能穢人之形服일새라. 所以로 欲
독　능해인지성명　　　변리지예　능예인지형복　　　　소이　욕

保其性命也 必遠於毒害하고 欲潔其形服也 必除其穢惡하라.
보기성명야 필원어독해　　　욕결기형복야 필제기예악

---

1. 스님은 묘봉지선 선사의 법을 이었다. 소수 선사가 설법할 자리에 오르니 특이한 사람이 법회에 들어와 법문을 다 듣고 나서는 단정히 앉아 죽었다. 스님이 대중들을 모아놓고는 "이 사람은 기이한 곳이 있으니 그대들은 불안해하지 말고 자세히 보아야 할 것이다." 하기에, 대중들이 자세히 보니 한 마리 원숭이였다. 스님은 비로소 예전에 있던 일들을 말해 주니 대중들이 모두 탄식하며 기이하게 여겼다. 화장할 때 스님이 몸소 원숭이의 정수리를 어루만지며 이르기를 "2백년 뒤 다시 그대를 받아들이리라." 하였다. 송나라가 남도한 후 민가의 어떤 부인이 임신을 했는데, 원숭이가 방에 들어오는 꿈을 꾸고는 사내아이를 낳자, 용모가 원숭이를 닮았다. 장성하여 결혼을 하려하지 않고 굳이 출가하려기에 용제산으로 보내 승려가 되게 하니 이름을 '종무'라 하였다. 그 뒤로 법을 크게 폈다. 호는 '우운'이다. 어록 10권과 문집 4권이 있는데 그의 『사예설』은 사방으로 퍼져나가 읽혀졌다.[師 嗣妙峰之善禪師. 紹修禪師上堂 有異人 入會聞法訖 端坐而化 師集衆日 此人有異 汝等不可草草 須要諦視 衆乃諦觀 乃一猿也. 師始爲說前事 衆皆嗟異. 擧火茶毘之際 師親摩其頂日 二百年後 還汝受用. 至宋南渡 有民家婦懷姙 夢猿入室而誕一男 貌與猿肖 及長 不樂婚娶 堅求出家 送入龍濟爲僧 名宗鼇. 其後 大轉法輪 號友雲. 有語錄十卷 文集四卷 其蛇穢說 尤行四方]

2. '사蛇'는 독충이다. '훼虺'는 '훼毁'로 읽는데 가는 목과 큰 머리에 빛깔은 무늬 있는 인끈과 같다. 큰 것은 길이가 78척이다.[蛇 毒蟲. 虺音毁 細頸大頭 色如文綬. 大者 長七八尺]

4. 살모사 독과 똥오줌 _ 우운종무 화상

세상에서 가장 독한 것은 살모사보다 더 독한 게 없고, 제일 더러운 것은 똥오줌보다 더 더러운 게 없습니다.

살모사 독은 사람의 생명을 해치고 똥오줌은 사람의 몸과 옷을 더럽히기 때문입니다.

그러므로 생명을 잘 보존하려면 반드시 해로운 독을 멀리해야 하고, 몸과 옷을 깨끗이 하려면 반드시 더러운 것들을 닦아내야 합니다.

如世之人은 夢蛇虺卽 欣其有財하고 夢便利卽 悅其獲利라.
여세지인 몽사훼즉 흔기유재 몽변리즉 열기획리

何寤寐愛惡之不同哉오.
하오매애오지부동재

苟知惺有所忌 寤有所懼라면
구지성유소기 오유소구

又 何必見財斯喜 見利斯悅者乎아.
우 하필견재사희 견리사열자호

況財之毒은 尤甚於蛇虺요 利之穢는 更過乎便利라.
황재지독 우심어사훼 이지예 갱과호변리

且古之人 以財害乎性命者 不止於一이고
차고지인 이재해호성명자 부지어일

以利汚乎形服者 亦有其衆인데
이리오호형복자 역유기중

而由不悟者 愛之而不已하고 貪之而不止할새
이유불오자 애지이불이 탐지이부지

是亦可悲也로다.
시역가비야

세상 사람들은 꿈에 살모사를 보면 재물이 생긴다고 기뻐하고, 꿈에 똥오줌을 보면 이득이 있을 것이라고 즐거워합니다.

어찌 현실과 꿈속에서 좋아하고 싫어하는 것이 이다지도 같지 않은 것입니까.

진실로 깨어있을 때 살모사와 똥오줌이 꺼리고 두려워해야 할 것임을 안다면, 어찌하여 꼭 재물이라고 기뻐하고 이득이라고 즐거워할 것이 있겠습니까.

하물며 재물의 독은 살모사보다 더 독한 것이요 이익을 추구하는 더러움은 똥오줌보다 더 더러운 것인데 무엇을 더 말할 필요가 있겠습니까.

또 예전부터 재물로 생명을 잃은 사람들이 한둘이 아니었고 이익 때문에 체면과 명예를 더럽힌 사람들도 많았는데, 이를 깨닫지 못하는 것은 애욕과 탐욕이 그치지 않았기 때문이니 이 또한 참으로 슬픈 일입니다.

且夫 貧也富也 人之分定也라.
차부 빈야부야 인지분정야

能安其分이면 雖貧이라도 亦樂이요
능안기분　　수빈　　　역락

不安其分이면 縱富라도 常憂니라.
불안기분　　종부　　상우

能知分之可安 貧之可樂則 性命可以保而生 形服可以潔而存.
능지분지가안 빈지가락즉 성명가이보이생 형복가이결이존

是知 貪財者 是養於蛇虺 好利者 必汚乎形服.
시지 탐재자 시양어사훼 호리자 필오호형복

吾非好貧也 是遠毒害也 吾非惡富也 是除穢惡也.
오비호빈야 시원독해야 오비오부야 시제예악야

如其遠財 如遠蛇虺 去利 如去便利者 吾保此人 漸可以爲達
여기원재 여원사훼 거리 여거변리자 오보차인 점가이위달

人矣.
인의

不然 生生之厚[1] 貪愛無休 必將見傷其性命 而汚其形服矣.
불연 생생지후 탐애무휴 필장견상기성명 이오기형복의

世人 其訓之.
세인 기훈지

---

1. 비단옷을 입고 온갖 음식을 먹어 굶주리지 않고 춥지 않는 것들이 사람의 인생을 후하고 풍족하게 만드는 것이다.[衣帛食粟 不飢不寒之類 所以厚人之生也]

무릇 가난하다거나 부귀하다는 것은 그 사람이 물질적 가치를 판단하는 관점에 따라 결정되는 것입니다. 그의 가치관이 바르고 편안하면 가난하게 살더라도 즐거운 것이요, 편안하지 못하면 부귀하게 살더라도 항상 슬프고 우울한 것입니다.

자신의 가치관이 편안하여 가난에서 즐거워할 수 있다는 것을 안다면 생명과 명예를 고결하게 보존할 수 있습니다.

그러니 알아야 합니다. 재물을 욕심내는 것은 독이 있는 살모사를 기르는 것이요, 이득을 좋아하는 것은 반드시 명예를 더럽히는 것입니다.

나는 가난을 좋아하는 것이 아니라 재물의 해악을 멀리하는 것이요, 부귀영화를 싫어하는 것이 아니라 명예를 더럽힐 근본을 없애려고 하는 것입니다.

재물을 살모사 멀리하듯 이득을 똥오줌 떨치듯 하는 사람, '이 사람은 점점 세상의 이치에 통달할 것임'을 제가 보증합니다.

그렇지 않고 풍족한 삶을 누리면서 애욕과 탐욕을 그치지 않는다면 반드시 목숨을 잃고 명예를 더럽히게 될 것이니, 세상 사람들은 이 말을 교훈 삼아야 합니다.

5. 唐 修雅法師[1] 聽誦法華經歌
당 수아법사 청송법화경가

山色沈沈 松煙羃羃　空林之下 盤陀之石
산색침침 송연멱멱　공림지하 반타지석

石上有僧 結跏橫錫　誦白蓮經 從朝至夕
석상유승 결가횡석　송백련경 종조지석

左之右之 虎跡狼跡　十片五片 異花狼藉
좌지우지 호적랑적　십편오편 이화랑자

偶然相見 未深相識
우연상견 미심상식

知是 古之人 今之人 是曇彦 是曇翼[2]
지시 고지인 금지인 시담언 시담익

---

1. 수아법사修雅法師는 생몰연대 및 전기 미상이다.
2. 담언은 전기 미상이다. 담익은 전생에 꿩인데 산중에 살았다. 법지 스님이 산중 암자에서 『법화경』을 외우니, 꿩이 경 읽는 소리를 듣고는 곁에 서서 10년 동안 경청하였다. 하루는 수척해져 생기 잃은 꿩을 스님이 어루만지며 "네가 날개 달린 새일지라도 경전을 들을 수 있었으니 참으로 업으로 된 몸뚱이를 벗으면 반드시 사람으로 태어날 것이다." 하였다. 다음 날 아침 꿩이 갑자기 죽어 묻어 주었다. 꿈에 동자가 절을 하며 "저는 꿩입니다. 스님 덕분에 경전 읽는 소리를 듣고는 이제 왕씨 집안의 남자로 태어났습니다. 오른쪽 겨드랑이에 꿩의 솜털이 여전히 남아 있어 증명이 될 것입니다." 하였다. 뒷날 왕씨가 공양을 베풀 때 스님이 문전에 이르자, 아이가 "우리 스님 오셨네."라고 말하였다. 뒷날 출가하여 그러한 인연으로 담익이라 불렀다. 『법화경』을 주니 한 글자도 빠트리지 않고 외웠다.[曇彦 未詳. 曇翼 前身爲雉 在山中 有僧法志 結庵山中 誦法華經 雉聞經聲 侍立聽受 如是十年. 一日 憔悴 法志撫之曰 汝雖羽族 而能聽經 苟脫業軀 必生人道. 明朝遽殞 卽瘞之. 及夢 童子拜曰 我卽雉也. 因師聽經 今生王氏家爲男子 右腋雉毳 猶在 可驗. 後 王氏設齋 志踵門 兒曰 我和尙 來也. 後 出家 因名曇翼 授與蓮經 不遺一字]

5. 법화경 독송 _ 수아 법사

산 그림자 길어지고 솔불 연기 감아 돌 때
텅 빈 숲 속 한쪽 아래 넓게 놓인 너럭바위
주장자를 옆에 놓고 스님 한 분 결가부좌
아침부터 저녁까지 『법화경』을 독송하네.

그 주변에 여기저기 호랑이와 이리 흔적
아름다운 꽃과 향기 군데군데 낭자한데
우연히도 마주치면 아직 서로 알지 못해

알고 있기를
예전 사람이었던가, 지금 사람이었는가.
담언이란 말이던가, 담익이란 말이던가.[1]

---

1. 깨달은 자리에서는 나와 남의 구별이 없다. 경계에 대한 분별없이 더불어 살 뿐이다. 보이는 경계가 사라지고 집착하는 마음이 사라질 때, 텅 빈 충만의 자리 그곳이 바로 우리 본연의 모습이며 부처님의 세상인 것이다.

我聞此經有深旨　覺帝稱之眞妙義
아 문 차 경 유 심 지　각 제 칭 지 진 묘 의

合目瞑心仔細聽　醍醐滴入焦腸¹裡
합 목 명 심 자 세 청　제 호 적 입 초 장 리

佛之意兮祖之髓　我之心兮經之旨
불 지 의 혜 조 지 수　아 지 심 혜 경 지 지

可憐彈指及擧手　不達目前今正是
가 련 탄 지 급 거 수　부 달 목 전 금 정 시

大矣哉 甚奇特　空王要使群生得
대 의 재 심 기 특　공 왕 요 사 군 생 득

光輝一萬八千土　土土皆作黃金色
광 휘 일 만 팔 천 토　토 토 개 작 황 금 색

---

1. 초焦는 열熱의 뜻이니 곧 삼초三焦이다.『의경』에 이르기를 "상초上焦는 심장 아래 위장 위쪽 입구에 있는데 주로 받아들이고 내놓지를 않는다. 중초中焦는 위장의 한가운데 있는데 올라가지도 않고 내려가지도 않은 채 주로 음식물을 숙성시킨다. 하초下焦는 방광 위쪽 입구에 있는데 주로 내놓고 받아들이지는 않는다. 삼초三焦는 음식물이 지나가는 길이면서 사람의 기운이 시작되고 마치는 곳이다." 하였다. 장腸은 소장과 대장이다.『석명』에 "장腸은 창暢이니 위장의 기운을 활짝 펴 준다는 것이다."고 하였다.[焦者 熱也 卽三焦也. 醫經云 上焦 在心下胃上口 主納而不出 中焦 在胃中脘 不上不下 主腐熟水穀 下焦 在膀胱上口 主出而不納. 三焦 水穀之道路 氣之所始終也. 腸者 大腸小腸 釋名腸 暢也 通暢胃氣也] 오장五臟은 간肝·신腎·비脾·폐肺·심장心腸을 말하고, 육부六腑는 위·대장·소장·쓸개·방광·삼초를 말한다.

내가 듣길 이 경전에 깊은 뜻이 있다 하니
부처님이 인정하길 참되고도 오묘한 뜻
눈을 감고 가만 가만 자세하게 들어보면
감로수¹가 방울방울 타는 창자 적셔준다.

부처님이 지닌 뜻이 조사 스님 골수이고
내 마음이 참된 것이 경전 속의 종지인데
손 퉁기고 손을 드는 그 모습이 가련하니
지금 바로 내 눈앞이 극락인 줄 모르도다.

크나크신 자비로움 두텁고도 특별하다.
공空 도리로 부처님이 모든 중생 제도하여
일만 팔천 모든 국토 빠짐없이 밝혀주니
비추는 곳 국토마다 황금빛을 드러내네.

---

1. 소에게서 우유가 나오고, 우유에서 진한 유즙인 '락酪'이 나오며, '락酪'에서 생연유인 생소生酥가 나온다. 생소生酥에서 숙성 연유인 숙소熟酥가 나오고 숙소熟酥에서 제호가 나온다.[譬如從牛出乳 從乳出酪 從酪出生酥 從生酥出熟酥 從熟酥出醍醐] 이 제호를 여기서는 감로수로 번역하였다.

四生六道一光中
사생육도일광중

狂夫猶自問彌勒.
광부유자문미륵

我亦當年學空寂　一得無心便休息
아역당년학공적　일득무심변휴식

今日親聞誦此經　始覺驢乘非端的.
금일친문송차경　시각려승비단적

我亦當年不出戶　不欲紅塵沾步武[1]
아역당년불출호　불욕홍진첨보무

今日親聞誦此經　始覺行行皆寶所.
금일친문송차경　시각행행개보소

我亦當年愛吟咏　將謂冥搜亂禪定
아역당년애음영　장위명수란선정

今日親聞誦此經　何妨筆硯資眞性.
금일친문송차경　하방필연자진성

---

1. 6척을 보步라 하고 3척을 무武라 한다.[六尺曰 步 三尺曰 武] 보무步武는 얼마 안 되는 거리나 걸음걸이를 말한다.

윤회하는 모든 중생 한 줄기의 빛 속인데
미친 사람 어리석게 미륵부처 찾는구나.

나도 이제 오는 세상 텅 빈 충만 깨달아선
한 순간에 무심하여 모든 고통 쉬려는데
오늘 직접 『법화경』을 외는 소리 들어봄에
당나귀가 끄는 수레 부처 세상 아니로다.

나도 이제 오늘부터 산문 밖을 안 나가고
한 걸음도 세상티끌 안 묻히려 하였는데
오늘 직접 『법화경』을 외는 소리 들어봄에
걸음걸음 모든 곳이 부처님의 처소로다.

나도 이제 바깥세상 시나 노래 좋아해서
어느 순간 흐트러질 내 마음이 걱정인데
오늘 직접 『법화경』을 외는 소리 들어봄에
어찌하여 글을 놀려 참성품을 방해하리.

我亦當年狎兒戲　將謂光陰半虛棄
아역당년압아희　장위광음반허기

今日親聞誦此經　始覺聚沙非小事
금일친문송차경　시각취사비소사

我昔曾遊山與水　將謂他山非故里
아석증유산여수　장위타산비고리

今日親聞誦此經　始覺山河無寸地
금일친문송차경　시각산하무촌지

我昔心猿未調伏　常將金鎖虛拘束[1]
아석심원미조복　상장금쇄허구속

今日親聞誦此經　始覺無物爲拳拳
금일친문송차경　시각무물위권권

師誦此經經一字　字字爛嚼醍醐味
사송차경경일자　자자란작제호미

醍醐之味珍且美　不在脣 不在齒
제호지미진차미　부재순 부재치

只在勞生方寸裡
지재로생방촌리

---

1. 『대지도론』에서 말하였다. "비유하면 감옥에서 족쇄와 수갑에 묶여 있다가 용서받았더라도 다시 쇠사슬에 매인 것과 같다. 사람이 애욕에 묶여 있는 것이 마치 감옥에 있는 것과 같고, 비록 출가했더라도 다시 금계에 집착하는 것은 마치 쇠사슬에 매인 것과 같다."[智論云 譬在囹圄 桎梏所拘 雖復蒙赦 更繫金鎖. 人爲愛縛 如在囹圄 雖得出家 更着禁戒 如繫金鎖也]

나도 이제 오는 세상 소꿉놀이 하고 살면
그렇게들 보낸 시간 귀한 세월 낭비일까
오늘 직접 『법화경』을 외는 소리 들어봄에
모래 모아 탑 쌓는 것 작은 일이 아니었네.

내가 옛날 산과 들로 여기 저기 다닐 적에
다른 곳의 산과 들을 타향이라 여겼는데
오늘 직접 『법화경』을 외는 소리 들어봄에
산하대지 이 모든 곳 예전부터 나의 고향.

내가 쓰던 옛날 마음 날고뛰는 원숭이라
쇠사슬로 얽어매도 잡아 둘 수 없었는데
오늘 직접 『법화경』을 외는 소리 들어봄에
시방세계 어느 하나 전전긍긍 할 일 없네.

경전 속에 있는 구절 스님께서 욀 때마다
외운 글자 참된 뜻이 하나하나 알아지니
진귀하고 아름다운 감미로운 법의 맛이
입술에도 있지 않고 치아에도 있지 않네.

고생 많은 중생들의 마음속에 젖어들 뿐.

師誦此經經一句　句句白牛親動步
사송차경경일구　구구백우친동보

白牛之步疾如風　不在西 不在東
백우지보질여풍　부재서 부재동

只在浮生日用中.
지재부생일용중

日用不知一何苦　酒之腸 飯之腑.[1]
일용부지일하고　주지장 반지부

長者揚聲喚不回　何異聾 何異瞽
장자양성환불회　하이롱 하이고

世人之耳非不聰　耳聰特向經中聾
세인지이비불총　이총특향경중롱

世人之目非不明　目明特向經中盲.
세인지목비불명　목명특향경중맹

---

1. 부腑는 육부六腑이니 소장·위·담·대장·방광·명문이다. 부腑는 또한 부府로도 쓰니 받아 채워 놓기 때문에 그곳을 부府라 한 것이다. 위는 음식물을 모아 숙성시키는 곳이요, 소장은 이를 받아 채우는 곳이며, 담은 음식물의 독소를 제거하여 맑고 깨끗하게 하는 곳이다. 대장은 소화되는 음식물이 지나가는 곳이요, 방광은 소화된 음식물의 진액을 관리하는 곳이며 명문은 오장의 활동을 헤아려 관리하는 곳이니 곧 삼초三焦이다. 또 담은 정기를 축적하는 곳이다.[腑 六腑也 小腸 胃 膽 大腸 膀胱 命門. 腑 亦作府 以其受盛故 謂之府. 胃 水穀之府 小腸 受盛之府 膽 淸淨之府 大腸 行道之府 膀胱 津液之府 命門 量腸之府 卽三焦也. 又 膽 積精之府]

경전 속에 있는 구절 스님께서 욀 때마다
외운 구절 하나하나 부처님이 살아 있어
부처님의 걸음걸음 바람처럼 빠르기에
서쪽에도 있지 않고 동쪽에도 있지 않네.

덧없는 삶 중생들의 생활 속에 있더이다.

매일 삶이 고통인 줄 하나같이 모르고서
오장육부 뱃속 안에 술과 고기 채워 두고
부처님이 오라 해도 돌아오지 아니하니
귀머거리 눈 뜬 봉사 아니라고 말 못하네.

세상사람 어느 누가 귀가 밝지 않으리오.
귀는 밝되 경전 앞만 다가서면 귀머거리.

세상사람 어느 누가 눈이 밝지 않으리오.
눈은 밝되 경전 앞만 다가서면 눈 뜬 봉사.

合聰不聰 合明不明
합총불총 합명불명

轆轤¹上下 浪死虛生.
녹로 상하 낭사허생

世人縱識師之音
세인종식사지음

誰人能識師之心.
수인능식사지심

世人縱識師之形
세인종식사지형

誰人能識師之名.
수인능식사지명

---

1. 녹로轆轤는 우물 위에다 놓고 밧줄을 달아 오르락내리락 물을 긷게 하는 나무 바퀴인 도로래를 말한다.

귀 밝을 곳 귀 먹은 채 눈 밝을 곳 눈 감은 채
돌고 도는 도르래라 허망하온 우리 생사.

세상사람 혹시라도 스님 음성 듣더라도
어느 누가 스님 마음 그 진실을 알아줄까.

세상사람 혹시라도 스님 모습 보더라도
어느 누가 스님 이름 뭔 뜻인지 알아줄까.

師名醫王行佛令 來與衆生治心病.
사명의왕행불령 내여중생치심병

能使迷者醒 狂者定
능사미자성 광자정

垢者淨 邪者正 凡者聖.
구자정 사자정 범자성

如是則
여시즉

非但天恭敬 人恭敬
비단천공경 인공경

亦合龍讚詠 鬼讚詠 佛讚詠
역합용찬영 귀찬영 불찬영

豈得背覺合塵之徒 不稽首而歸命.
기득배각합진지도 불계수이귀명

그 스님은 큰 의사로 부처님 법 펼치어서
중생한테 다가와서 마음의 병 치료하네.

어리석은 사람들을 미혹에서 깨워주고
들뜬 마음 날뛰는 자 그 마음을 다독이며
오염된 건 깨끗하게 삿된 것은 올바르게
중생들을 이끌어서 부처 세상 가게 하네.

이 같은즉 하늘신과 사람들이 공경하고
그뿐만이 아니어서 용과 귀신 찬탄하며
거기다가 부처님도 찬탄찬탄 노래하니

깨달음을 등지고서 온갖 번뇌 가진 이들
어찌하여 머리 숙여 귀의하지 않으리오.

6. 住持三寶
주 지 삼 보

住持三寶[1] 者
주지삼보 자

人能弘道이어 萬載之所流慈요
인능홍도   만재지소유자

道假人弘이어 三法이 於斯에 開位라.
도가인홍   삼법 어사 개위

遂使代代興樹케하여 處處傳弘하니 匪假僧揚이면 佛法潛沒이라.
수사대대흥수   처처전홍   비가승양   불법잠몰

至如漢武崇盛하여 初聞佛名[2]이나 旣絶僧傳 開緒斯竭이라.
지여한무숭성   초문불명   기절승전 개서사갈

---

1. 흙을 이기거나 나무로 조성하여 성상을 만든 것이 불佛이요, 붉은 굴대에 말린 황색 경전들이 법法이며, 머리 깎고 승복을 입은 분들이 승僧이니, 이를 현존하는 삼보라 한다.[泥塑木造爲佛 黃卷赤軸爲法 剃髮染衣爲僧 是名住持三寶]
2. 『역대삼보기』에서 말하였다. "전한前漢 무제武帝 원수元狩 원년(BC 122)에 곽거병이 흉노를 정벌하며 연산을 지나다 휴도왕을 사로잡고 부처님 성상 열두 분을 모셔왔다. 길이가 1장 남짓 되어 큰 신으로 섬겨 감천궁에 쭉 모셔놓고 향을 사르며 예배하였다. 뒷날 장건이 대하에 사신으로 갔다가 돌아온 후에야 비로소 서역이 있다는 것을 알게 되었다."[三寶記 漢武帝 元狩元年 霍去病伐匈奴 過延山 擒休屠王 獲金人十二來 長丈餘 以爲大神列甘泉宮 燒香禮拜. 後張騫使大夏還後 始知有身毒國]

6. 현존하는 삼보에 의지해야

'현존하는 불법승佛法僧 삼보'에 머물러 의지하는 것은, 사람들이 널리 도를 전파할 수 있어 영원토록 부처님의 자비를 흐르게 하는 것이요, 도는 사람의 힘을 빌려 널리 전파되어 불보와 법보와 승보가 여기에서 자신의 위치를 굳힌다는 것입니다.

이것으로 마침내 대대로 법을 일으켜서 세상 곳곳에 법을 전파하니, 승가의 힘을 빌려 법을 드날리지 않으면 불보와 법보는 사라지는 것입니다.

전한前漢 무제 때 국운이 융성하여 처음 부처님이란 명호를 듣게 되었지만, 스님들의 가르침이 없었기에 불법을 전파할 수 있는 실마리가 없어 불교는 없었습니다.

及顯宗^1 開法하려 遠訪身毒^{2}하여 致有迦竺來儀라.
급 현종 개법   원방신독   치유가축래의

演布聲敎하여 開物成務^{3}하니 發信歸心하니라.
연포성교   개물성무   발신귀심

實로 假敷說之勞^4 誠資相狀之力^{5}이니 名僧寶也라.
실   가부설지로   성자상상지력   명승보야

所說名句 表理爲先하며 理非文言이면 無由取悟니라.
소설명구 표리위선   이비문언   무유취오

故로 得名敎이니 說聽之緣을 名法寶也라.
고   득명교   설청지연   명법보야

---

1. 현종顯宗은 후한後漢 명제明帝인데 묘호廟號가 현종顯宗이다.
2. '신身'은 '간干'이라고 읽는다. 『대당서역기』에서 "천축의 명칭은 옛날에는 '신독身毒' 혹은 '현두賢豆'라고 했는데 지금은 '인도印度'라 한다."고 하였다. 당나라 말로는 '월月'이니 그 땅에서는 성현들의 출현이 쭉 이어져 중생들을 다스리는 것이 마치 달빛이 온 세상을 비추어 주는 것과 같았기 때문이다.[身音干. 西域記云 天竺之稱 舊云身毒 或云賢豆 今云印度. 唐言 月 以其土聖賢相繼御物 如月照臨故]
3. 개물開物이란 사람들이 아직 알지 못하는 바를 일깨워주는 것이요, 성무成務란 사람들이 하고자 하는 바를 온전히 이루는 것이다.[開物者 人所未知者 發開之 成務者 人之欲爲者 成全之也]
4. 가르침을 널리 펴 유통시키는 것이다.[敷宣敎說以流通也]
5. 부처님의 모습을 본 딴 성상聖像으로 불법이 이 세상에 머물러 이어지게 하는 것이다.[像佛儀容以住持也]

후한後漢 현종 때 이르러 부처님의 법을 믿고 펼치고자 멀리 인도까지 사신들을 보내 찾아가 가섭마등迦葉摩騰과 축법란竺法蘭[1]을 예의를 갖추어 모셔왔습니다.

그 분들이 부처님의 가르침[2]을 펴 중생들의 눈을 여는데 힘을 쓰니 중생들이 믿고 귀의하였습니다.

진실로 스님들이 법을 설파하는 노고와 그 모습에 도움을 받았기 때문이니, 이를 일러 '승보僧寶'라고 하는 것입니다.

명구名句는 진리를 드러내는 것으로 우선하며, 진리는 글과 말을 빌리지 않고 깨우칠 길이 없습니다. 그러므로 '가르침'이란 이름을 얻게 되니 이를 통하여 법을 설하고 듣는 인연을 '법보法寶'라고 하는 것입니다.

---

1. 가섭마등과 축법란 두 스님이다. 황제가 꿈에 부처님을 보고 사신을 파견하여 똑같은 사람을 찾았는데 사신이 월지국에서 두 사람을 만나 함께 왔다. 이들이 오는 모습을 『서경』에서 "아름다운 퉁소 소리를 아홉 차례 울리니 봉황이 날아와 기품 있는 자태로 춤을 추는구나."라고 표현하였다.[迦葉摩騰 竺法蘭 二開士也. 帝夢金人 遣使求之 遇二人於月支國 偕來. 來儀 書云 韶籲九成 鳳凰來儀] 내의來儀는 봉황鳳凰이 아름답게 춤추며 날아온다는 뜻으로 남이 옴을 높여 이르는 말이다.
2. 여기에서 널리 알려져 멀리 있는 사람들까지 들을 수 있으므로 이를 '성聲'이라 하고, 본보기가 되어 가까이 있는 사람들이 그것을 따라 본받으므로 '교敎'라 한다. 또 부처님께서 법을 설하는 음성으로 중생들을 교화하셨으므로 불경을 성교聲敎라고도 한다.[振擧於此 遠者聞焉 故謂之聲 軌範於此 近者效焉 故謂之敎. 又 佛以說法音聲 敎化衆生故 謂佛經爲聲敎也]

此理는 幽奧이어 非聖이면 莫知니라.
차 리   유 오   비 성   막 지

聖雖云亡이라도 影像斯立을 名佛寶也라.
성 수 운 망   영 상 사 립   명 불 보 야

但以群生福淺이어 不及化源이나 薄有餘資이어 猶逢遺法이니라.
단 이 군 생 복 천   불 급 화 원   박 유 여 자   유 봉 유 법

此之三寶는 體是有爲이어 具足漏染일새 不足陳敬이라.
차 지 삼 보   체 시 유 위   구 족 누 염   부 족 진 경

然이나 是理寶之所依持일새 有能遵重이면 相從出有[1]하리라.
연   시 리 보 지 소 의 지   유 능 준 중   상 종 출 유

如俗王使 巡歷方隅할때 不以形徵故로 敬齊一[2]하니라.
여 속 왕 사 순 력 방 우   불 이 형 징 고   경 제 일

---

1. 진리의 참성품으로부터 현존하는 삼보를 드러내는 것이다.[從理性 出生住持三寶也]
2. 제왕은 나라 전체를 몸소 돌아보고 지킬 수가 없다. 그러므로 다만 사자가 어명을 받들고 갈 뿐이다. 그러나 백성과 관리들이 사자를 두려워하며 분주하게 어명을 받드는 것은 제왕과 다를 게 없다.[帝王不能親自巡狩 只以使者御命而去 民吏畏懼 奔走承命 與王無異]

이 이치는 그윽하고 오묘하여 성인이 아니면 알 수 없습니다. 성인이 돌아가셨더라도 그 분들의 진영眞影과 형상을 세워 모셔 둔 것을 '불보佛寶'라고 하는 것입니다.

다만 중생들이 복이 없어 가르침의 근원에 미치지 못했지만 조금 남아 있는 복이 있어 부처님이 남겨놓으신 법을 만났습니다.

이 삼보는 그 바탕이 유위有爲여서 아직 번뇌가 남아 있는 것이므로 모든 공경을 다 베풀기에는 부족합니다.

그러나 진리삼보가 이것에 의지하고 있는 것이므로, 현존삼보를 따르고 존중하는 마음이 있다면 서로 좋은 영향을 주고받아 중생계의 고통에서 빠져나올 수가 있습니다.

마치 세속에서 왕의 사신이 변방을 순찰할 때, 왕의 권위를 사신의 형상으로 따지지 않기에 그 사신의 어명을 왕과 똑같이 공경하고 받드는 것과 같습니다.

經에 云하되
경 운

如世有銀이라도 金爲上寶이나 無銀이어 有鍮이면 亦稱無價니라.
여세유은　　　금위상보　　무은　　유유　　역칭무가

故로 末三寶敬은 亦齊眞이라.
고　말삼보경　　역제진

今不加敬하고 更無尊重之方이면
금불가경　　갱무존중지방

投心何所하고 起歸何寄리오.
투심하소　　기귀하기

故로 當形에서 敬靈儀하며 心存眞理라.
고　당형　　　경령의　　심존진리

導緣設化 義極於斯니라.
도연설화 의극어사

경전에서 이르기를 "세상에 은이 있더라도 금이 있으면 금을 최고의 보물로 여기지만 금도 없고 은도 없이 놋쇠만 있다면 이 놋쇠 또한 가치를 따질 수 없는 최고의 보배가 된다."라고 하였습니다.

그러므로 말법시대에 현존삼보를 공경하는 것 또한 진리삼보와 똑같아야 합니다. 지금 현존삼보를 공경하지 않고 현존삼보를 존중할 곳이 없다면 마음을 어디에 두고 의지할 수 있겠습니까.

그러므로 '모습으로 존재하는 현존삼보'에서 살아 있는 부처님의 신령스러운 위의를 공경하며 마음은 '진리삼보'에 두셔야 합니다. 불법의 인연을 이끌어 중생들에게 교화를 베푸는 지극한 뜻이 여기에 있는 것입니다.

經에 云하되 造像 如麥이라도 獲福無量[1]이라하니
경 운 조상 여맥 획복무량

以是法身之器也라.
이 시 법 신 지 기 야

論에 云하되 金木土石 軆是非情이나 以造像故로 敬毁之人은 自獲
논 운 금목토석 체시비정 이조상고 경훼지인 자획

罪福이라하여 莫不表顯 法身致令功用無極이니라.
죄 복 막불표현 법신치령공용무극

故로 使有心行者 對此靈儀하면 莫不涕泣橫流하여 不覺加敬이라.
고 사유심행자 대차령의 막불체읍횡류 불각가경

但以眞形已謝일새 唯見遺蹤이나 如臨淸廟[2]하듯
단 이 진 형 이 사 유견유종 여임청묘

自然悲肅하여 擧目摧感하며 如在不疑[3]이니 今我亦爾니라.
자 연 비 숙 거목최감 여재불의 금 아 역 이

---

1. 경전에서 이르기를 "만약 사람이 죽음에 임하여 심지어 보리알처럼 작은 불상이라도 조성하라고 발언하면, 삼세 80억겁 생사의 죄업도 소멸할 수 있다."고 하였다. 광纊은 광廣이라 읽으며 큰 보리이다.[經云 若人臨終 發言造像乃至如麥 纊能除三世八十億劫生死之罪. 纊音廣 大麥也]
2. 청묘는 문왕의 사당이다. 영가를 섬기어 청명한 덕을 기리고자 청묘淸廟라 한 것이니, 이는 맑고 깨끗한 사당이라는 말이다. 묘廟란 '용모'라는 뜻이니, 죽은 사람은 볼 수 없으므로 궁실을 세워 죽은 사람의 용모와 비슷한 것을 모셔 놓기 때문이다.[淸廟 文王之廟 事神之道 尙潔 故曰淸廟 謂淸淨之廟. 廟者 貌也 死者不可得見 故 立宮室 所以彷彿先人之容貌也]
3. "주공은 문왕의 사당에서 비통하고 엄숙하게 처신하며 살아 있는 사람을 대하듯 하니 장엄하고 엄숙한 모습이 조금도 흐트러지지 않았다."라고 말하였다.[言周公臨廟 悲感肅恭 猶若生時 儼然不疑也] 주공은 문왕의 아들이다.

경전에서 이르기를 "보리알처럼 작게 불상을 조성하여도 헤아릴 수 없이 많은 복을 얻는다." 하였으니, 이는 불상이 법신의 그릇이기 때문입니다.

또 논에서 이르기를 "쇠나 나무, 흙이나 돌들이 무정물이지만 신령스런 불상을 조성하기 때문에, 그것을 공경하거나 훼손하는 사람은 복을 받거나 죄를 얻게 된다."라고 하여, 법신에 그 공능과 효용이 끝없음을 표현하지 않은 것이 없습니다.

그러므로 신심이 깊은 사람들은 신령스런 불상을 마주하면 눈물을 주룩 흘리면서 자신도 모르게 공경하게 되는 것입니다.

다만 부처님의 참된 모습이 이미 떠나갔기에 오직 남겨진 자취만 볼 뿐이지만, 마치 사당에 참배하듯이 자연스레 슬프고도 숙연한 자세로 불상을 똑바로 바라보되 감정을 억제하며, 지금 현존해 계신 부처님을 대하고 있다는 마음으로 해야 하니, 지금의 저 또한 그렇습니다.

慈尊久謝하여 唯留影像이어 導我慢幢하니
자존구사　유류영상　도아만당

是須傾屈接足하여 而行禮敬을 如對眞儀하여 而爲說法이라.
시수경굴접족　　이행예경　여대진의　　이위설법

今不見聞[1]은 心由無信이니 何以知耶아.
금불견문　심유무신　　하이지야

但用心所擬이면 三界 尙成이니라.
단용심소의　　삼계 상성

豈此一堂 頑痴不動[2]이오.
기차일당 완치부동

大論 云하되 諸佛이 常放光하여 說法하나 衆生罪故로 對面不見이라.
대론 운　　제불　상방광　　설법　　중생죄고　대면불견

是須一像旣爾하고 餘像例然하니
시수일상기이　　여상예연

樹石山林에 隨相 標立이어 導我心路에는 無越聖儀니라.
수석산림　수상 표립　　도아심로　　무월성의

---

1. 지금 부처님을 보지 못하고 설법을 듣지 못하는 것이다.[今不見佛 不聞說法]
2. 지금 이 선방의 승려들이 어리석고 우둔하여 아는 것이 없어 마음으로 부처님을 느낄 수 없는 것인가.[今此一堂之僧 頑然無知而不能起心感佛耶]

자비로운 세존께서 오래 전에 떠나 오직 진영과 형상만 남겨 우리의 높은 아만을 꺾도록 이끌어 주시니, 모름지기 머리 숙여 공손한 마음으로 예불 드리기를, 마치 살아 있는 부처님을 마주하여 법을 설해 주기를 바라는 것처럼 하여야 합니다.

지금 부처님을 보고 듣지 못하는 것은 마음에 믿음이 없기 때문이니 그것을 어떻게 알겠습니까.

단지 마음에 의심하고 헤아리는 바가 있으면 오히려 중생계만 만들어지는 것입니다.

그런데 어찌 이 선방에 앉아 있는 무리들만 어리석고 우둔하여 현존삼보를 보고도 꿈쩍하지 않는단 말입니까.

『대론』에서 이르기를 "모든 부처님이 늘 밝은 빛을 놓아 법을 설하지만 중생은 죄업 때문에 마주 앉아도 보지 못한다."고 하였습니다.

이는 반드시 하나의 불상에도 그러하고 다른 불상에도 예외 없이 다 그러하니, 나무나 돌, 산이나 숲 속 등 그 형상에 따라 우듬지가 세워져 내 마음이 가야 할 길을 인도하는 것에는 성스러운 불상보다 더 좋은 것이 없습니다.

7. 右街寧僧錄[1] 三教總論
우 가 녕 승 록   삼 교 총 론

問曰 略僧史[2]인데 求事端[3] 其故 何也오.
문 왈 약 승 사   구 사 단 기 고 하 야

答曰 欲中興佛道하여 令正法久住也라.
답 왈 욕 중 흥 불 도   영 정 법 구 주 야

曰 方今 天子께서 重佛道하고 崇玄門하며 行儒術하여 致太平하니
왈 방 금 천 자   중 불 도   숭 현 문   행 유 술   치 태 평

已中興矣라. 一介比丘力 輪何轉이라고 而言中興佛道耶오.
이 중 흥 의   일 개 비 구 력 윤 하 전   이 언 중 흥 불 도 야

---

1. 진종 함평 원년(908)에 임금의 부름을 받고 우가승록을 지내다 얼마 지나지 않아 좌가승록으로 자리를 옮겼다.[眞宗咸平元年 奉詔入職右街僧錄 尋遷左街]
2. 찬영贊寧이 지은 『대송승사략大宋僧史略』자서自序에서 말하였다. "태평흥국 초기 임금의 명령으로 동사東寺에 머물며 많은 여가에 책을 보았다. 마침내 각 부분에 해당되는 제목을 정하고 사건의 유형들을 찾았다. 부처님의 탄생에서 시작하여 가르침이 널리 퍼진 일, 삼보가 이어지게 되기까지 모든 일들의 시작을 하나하나 빠짐없이 모두 정리하여 3권으로 묶었다. 대개 배자야의 『송략宋略』에서 만든 목차를 참고하였다."[僧史略 自序云 以太平興國初 勅居東寺 披覽多暇 遂樹立門題 搜求事類 始于佛生 教法流衍 至于三寶住持 諸務事始 一皆 櫽栝 約成三卷 盖取裵子野宋略爲目耳]
3. 이미 승려들의 역사를 간략히 정리해 놓았는데, 또 어찌 옛날 일의 여러 근거를 찾아 삼교三教를 총괄적으로 논할 필요가 있겠습니까.[既略其僧史 又何能求事故之多端而總論三教乎]

7. 불교와 유교와 도교를 함께 _ 우가녕승록

문: 승려들의 역사를 간략하게 정리해 놓으셨는데 다시 불교, 유교, 도교를 총괄적으로 논하는 까닭이 무엇입니까?

답: 불도를 중흥시켜[1] 바른 법이 이 세상에 오래 머물도록 하려는 것입니다.

문: 바야흐로 지금 천자께서 불도를 중시하고 도교를 숭상하며 유학을 시행하여 태평성대에 이르렀으니 이미 중흥을 이룬 것입니다. 그런데 비구 스님 한 분의 역량이 얼마나 된다고 불도를 중흥시킨다고 말씀하는 것입니까?

---

1. 『조정사원朝庭事苑』에서 말하였다. "내가 잃은 것이 아니지만 내가 회복한 것을 중흥中興이라 한다. 마치 왕들 가운데 어려운 상황에서 다시 불법을 중흥한 주나라 선왕과 한나라 광무제와 같은 경우가 바로 그것이다. 우리 불도가 동쪽으로 점차 전파되다가 북위北魏의 무제武帝, 북주北周의 무제武帝, 당唐의 무종武宗 등 삼무三武의 법난을 거쳤지만 덕이 큰 종사들이 불도를 이끌었기에 불법이 중흥하였던 것이다."[祖庭云 非我失之 自我復之爲中興 如王中否而再興 周之宣王 漢之光武是也. 吾道東漸 經三武破壞 有德業盛大之宗師 綱領斯道 佛法中興耳]

答曰 更欲助其中興耳라.
답 왈 갱 욕 조 기 중 흥 이

苟 釋氏子 不知法하고 不修行하며 不勤學科하여 不明本起[1]하면
구 석씨자 부지법   불수행   불근학과   불명본기

豈能副帝王之興乎아.
기 능 부 제 왕 지 흥 호

或曰 子有何力이어 令正法久住乎아.
혹 왈 자 유 하 력   영 정 법 구 주 호

答曰 佛言하기를
답 왈 불 언

知法하고 知摩夷[2]해야 護持攝受[3]하여 可令法不斷也라.
지 법   지 마 이   호 지 섭 수   가 영 법 부 단 야

又曰 諸師 已廣著述이니 何待子之爲耶오.
우 왈 제 사 이 광 저 술   하 대 자 지 위 야

---

1. 불법의 근본이 일어나기 시작한 유래이다.[佛法根本始起之因由也]
2. 『화엄경』의 현담에서 "마이摩夷는 '보살행의 어머니'라는 뜻이다. 논장에 의지하여 보살행이 이루어지므로 보살행의 어머니이다."라고 하였다. 또 『사분율』에서 "법도 알고 율도 알고 마이摩夷도 안다"고 하였다. 법을 안다는 것은 경장을 잘 알고 지니는 것이니 아난 같은 분들이다. 율도 안다는 것은 율장을 잘 알고 지니는 것이니 우바이 같은 분들이다. 마이도 안다는 것은 중생들을 잘 이끌면서 깊은 이치를 잘 다루는 것이니 가섭 같은 분들이다.[華嚴玄談云 摩夷 此云行母 依論藏成行故 是行之母. 又 四分云 知法 知律 知摩夷. 知法者 善持修多羅藏 如阿難等 知律者 善持毘尼藏 如優婆離等 知摩夷者 善於訓導 宰任玄綱 如迦葉等]
3. 물에 빠진 사람을 안타깝게 여겨 건져주는 것을 '섭攝'이라 하고, 특별히 돌보아줄 생각을 가지고 있는 것을 '수受'라 한다.[憐愍濟溺曰攝 存約眷想曰受]

답 : 거듭 그 중흥을 돕고자 하는 것입니다. 만일 불자가 불법을 알지 못하고 수행도 하지 않으며 학문에 게을러 근본이 일어난 곳을 밝히지 못한다면, 어찌 천자께서 불법을 일으키는 불사를 옆에서 도울 수가 있겠습니까.

문 : 그대에게 무슨 힘이 있어 바른 법을 오래 머물게 할 수 있단 말입니까?

답 : 부처님께서는 "법을 알고 보살행의 근본 의미를 잘 알아야 이것을 지키고 거두어 법이 끊어지지 않게 할 수 있다."라고 말씀하셨습니다.

문 : 수많은 선사들이 써놓은 저술도 충분한데 그대가 다시 무엇을 저술하려는 것입니까?

答曰 古人著述 用則 闕如라
답왈 고인저술 용즉 궐여

曾不知 三敎循環 終而復始일새 一人在上 高而不危[1]니라.
증부지 삼교순환 종이부시 　일인재상 고이불위

有一人故로 奉三敎之興이요
유일인고　봉삼교지흥

有三敎故로 助一人之理니라.
유삼교고　조일인지리

且夫 儒也者 三王 以降則 宜用而合宜라.
차부 유야자 삼왕 이강칙 선용이합의

道也者 五帝之前則 冥符於不宰[2]니라.
도야자 오제지전칙 명부어부재

---

1. 만약 세 가지 가르침이 함께 행해져 도리에 어긋나지 않는다면, 비록 천자가 높은 곳에 혼자 앉아 있더라도 어찌 그 가르침들이 위태로워질 수 있겠습니까. '판坂'은 위기이다.[若三敎幷行不悖 則雖一人居高 而奈何其殆哉坂乎. 坂 危也]
2. 『노자』에서 "만물을 길러 양육하나 맡아 다스리지 아니하니 이를 현덕玄德이라 한다." 하고는, 풀이하기를 "재宰는 맡아 다스린다는 뜻이다."라고 하였다. 만물을 길러 양육하지만 주인으로서 어떤 역할을 일부러 하지 않는다는 것이다. 오제五帝 이전에는 제왕들이 모두 무위자연無爲自然의 도로 천하를 다스렸기 때문이다.[老子曰 長而不宰 是謂玄德. 註 宰 主也. 長養萬物而不作主也. 五帝之前 帝王皆以無爲自然之道 以治天下] 오제는 소호少昊 또는 황제黃帝·전욱顓頊·제곡帝嚳·요堯·순舜을 말한다.

답 : 옛사람들의 저술만을 사용한다면 세상의 이치에 다 적용하기에는 부족한 듯합니다. 세 가지 가르침이 돌고 돌아 한 가지 역할이 끝나면 다시 시작되는 것이므로, 그대는 천자가 높이 혼자 앉아 그 가르침을 없애려고 해도 그 생명력이 위태롭지 않다는 것을 미처 알지 못하고 있습니다.

한 분이 있음으로 세 가르침이 흥성하게 받들어 지는 것이요, 세 가르침이 있음으로 한 분이 세상을 다스리는 이치를 돕게 되는 것입니다.

게다가 유교는 하夏나라 우왕禹王, 은殷나라 탕왕湯王, 주周나라 문왕文王 무왕武王 이래로 잘 활용되어 그 시대의 상황에 맞추어 잘 쓰였습니다.

도교는 오제五帝 이전에 따로 백성을 다스리지 않아도 자신이 모르는 사이에 저절로 다스려지는 이치에 부합하였습니다.

昔者 馬史에는 躋道 在九流¹之上하고 班書는 拔儒 冠藝文之初
석자 마사   제도 재구류 지상   반서   발유 관예문지초

라. 子長은 欲返其朴 而還其淳하여 尙帝道也요
    자장   욕반기박 이환기순   상제도야

孟堅은 思本其仁而祖其義 行王道焉이라.
맹견   사본기인이조기의 행왕도언

---

1. 구류九流에서 첫 번째는 유류儒流이니, 요임금과 순임금의 뜻을 본받아 서술하고, 문왕과 무왕의 삶을 규범 삼아, 공자를 종조로 믿고 따르는 사람들이다. 두 번째는 도류道流이니 맑고 욕심 없는 삶을 지켜 낮고도 부드러운 자세를 유지하는 사람들이다. 이는 임금이 백성을 다스리는 말들이, 요임금의 '남에게 사양하는 마음인 극양克讓'과 『주역』의 '겸손하고 겸손한 겸겸謙謙'에 들어맞는 것이다. 세 번째는 음양류陰陽流이니 하늘에 떠 있는 해와 달과 별의 이치를 공경하고 따라 백성들에게 이로운 시기를 일러주는 사람들이다. 네 번째는 법류法流이니 반드시 좋은 사람에게 상을 주고 나쁜 사람에게 벌을 주어 나라의 예법과 법제도를 보완하는 것이다. 다섯 번째는 명류名流이니, 이름과 위치가 다르고 예법 또한 다르므로, 이름과 위치를 바르게 나열하여 일을 성사시키는 것이다. 여섯 번째는 묵류墨流이니 겸손과 사랑하는 마음을 드러내어 어른들을 공경 공양하며 많은 사람들에게 은혜를 베풀어야 하는 것이다. 일곱 번째는 종횡류縱橫流이니 맡은 권력에서 제약을 받되 임금의 명을 받아들이지만 다른 사람의 주장이나 핑계거리는 받아들이지 않는 것이다. 여덟 번째는 잡류雜流이니 유가와 묵가를 겸하고 명가와 법가를 합쳐 나라를 다스리는 큰 바탕을 알아 어떤 국사도 꿰뚫지 않을 것이 없다는 것이다. 아홉 번째는 농류農流이니 온갖 곡식을 심고 누에를 치도록 권하여 음식과 의복이 풍족하게 하는 것이다.[九流者 一 儒流 祖述堯舜 憲章文武 宗仰仲尼者也 二 道流 淸虛自守 卑弱自持 此人君南面之述 合堯之克讓 易之謙謙者 三 陰陽流 敬順昊天 曆象日月 以授民時者也 四 法流 信賞必罰 以補禮制矣 五 名流 名位不同 禮亦異數 正名列位 以成事矣 六 墨流 推兼愛之意 養老惠施也 七 縱橫流 言其當權受制 宜受命而不受詞也 八 雜流 兼儒墨 合名法 知國大體 事無不貫矣 九 農流 播百穀 勸耗桑 以足衣食也] 구류九流는 한대漢代의 아홉 학파이니 곧 유가儒家·도가道家·음양가陰陽家·법가法家·명가名家·묵가墨家·종횡가縱橫家·잡가雜家·농가農家를 말한다.

옛적 사마천의 『사기열전』에서는 모든 가르침 위에 도교를 올려두었고, 반고¹의 『한서漢書』²에서는 유교를 우선적으로 『예문지藝文志』 첫머리에 두었습니다.

사마천³은 질박하고 순박한 데로 돌아가 황제의 도를 숭상하려는 것이요, 맹견⁴은 어진 삶과 정의를 근본 삼아 이를 으뜸으로 생각하여 왕도王道를 행하려고 한 것입니다.

---

1. 반고의 자字는 맹견인데 『한서예문지』를 지었다.[班固 字孟堅 作漢書藝文志] 『예문藝文』은 예문지藝文志를 말하니 당시에 있던 서적의 목록을 수집하여 기록해 놓은 책이다. 『한서예문지漢書藝文志』가 그 효시이며 또 가장 유명하다
2. 『반서班書』는 『한서漢書』를 말하니 『서한서西漢書』라고도 하며 120권이다. 후한後漢 사람 반고班固가 지었으므로 『반서班書』라 한다. 전한前漢 12세世 239년 동안의 일을 기록한 기전체紀傳體 역사서이다.
3. 사마천의 자字는 자장子長이며 태사령太史令 사마담司馬談의 아들이다. 부친이 끝내지 못한 일을 계승하여 태사령太史令으로 있을 때 궁정에 비장한 도서를 자유로이 읽었고 궁형宮刑을 당한 뒤에는 더욱 분발하여 거작인 『사기열전』을 지었다. 『시경』에 이르기를 "군자는 자신을 닦아 올라간다." 하였으니, '제蹐'는 높은 곳에 오르는 것을 말한다.[司馬遷 字 子長 作史記列傳. 詩云 君子攸蹐 蹐 言登也] 『마사馬史』는 『사기열전』의 다른 이름이다. 사마천이 지었다고 하여 '마사'라고 말하기도 한다.
4. 맹견孟堅은 반고班固의 자字이다.

自夏商周로 至于今까지 凡幾百千齡矣인데
자 하 상 주   지 우 금   범 기 백 천 령 의

若用黃老而治則 急病에 服其緩藥矣라.
약 용 황 로 이 치 즉   급 병   복 기 완 약 의

由此로 仁義가 薄하고 禮刑이 生하나
유 차   인 의   박   예 형   생

越其禮하고 而逾其刑則 儒氏拱手矣이리라.
월 기 례   이 유 기 형 즉 유 씨 공 수 의

釋氏之門은 周其施用이니
석 씨 지 문   주 기 시 용

以慈悲로 變暴惡하고 以喜捨로 變慳貪하니라.
이 자 비   변 포 악   이 희 사   변 간 탐

以平等으로 變冤親하고 以忍辱으로 變瞋恚하니라.
이 평 등   변 원 친   이 인 욕   변 진 에

知人死而神明不滅하고
지 인 사 이 신 명 불 멸

知趣到而受業還生하니
지 취 도 이 수 업 환 생

賞之以天堂이요 罰之以地獄이니라.
상 지 이 천 당   벌 지 이 지 옥

하夏, 상商, 주周나라로부터 지금에 이르기까지 무릇 백 년 천 년의 세월이 넘게 흘렀는데, 만약 옛날 황제와 노자의 도를 사용하여 지금의 병폐를 치료한다면 급한 병에 치료가 더딘 약을 복용하는 것과 같습니다.

이로 말미암아 어진 마음과 정의가 사라지고 판에 박은 예법과 형벌이 생겼지만, 그 예법과 형벌을 넘어서면 유씨儒氏들도 팔짱 끼고 할 일이 없어질 것입니다.

부처님의 제자 석씨釋氏 문중은 가르침을 두루 베풀어서 쓰니, 자비로운 마음으로 포악한 마음을 바꾸어 주고 차별 없이 기쁜 마음으로 욕심 많고 인색한 마음을 변화시킵니다.

평등한 마음으로 원수나 친한 이들을 차별심이 없게 만들어 주고, 인욕으로 성내는 마음을 편안한 마음으로 바꾸어 줍니다.

사람이 죽더라도 신명이 없어지지 않음을 알고 그 신명의 업을 받아 다음 생에 태어나는 것도 아니, 좋은 일을 했으면 상을 받아 천당에 태어나는 것이요 나쁜 일을 했으면 벌을 받아 지옥에 태어날 것을 아는 것입니다.

如範脫土 若模鑄金이라.
여범탈토 약모주금

邪範漏模에 寫物하면 定成其寢陋[1]요
사범루모   사물   정성기침루

好模嘉範에 傳形하면 必告其端嚴이니라.
호모가범   전형   필고기단엄

事匪口談이라 人皆目擊하나니라.
사비구담   인개목격

是以로 帝王이 奉信하니
시이   제왕   봉신

群下 歸心이 草上之風[2] 翕然[3] 而偃이라.
군하 귀심   초상지풍   흡연   이언

而能旁憑老氏 兼假儒家이면
이능방빙노씨 겸가유가

成智하려 猶待於三愚이니 爲邦에 合遵於衆聖이니라.
성지   유대어삼우   위방   합준어중성

---

1. 침루寢陋는 볼품없는 모양을 말한다.
2. 『논어』에서 "군자의 덕은 바람과 같고 소인의 덕은 풀과 같다. 풀 위로 바람이 불면 풀은 반드시 기울기 마련이다." 하고는, 풀이하기를 "상上은 '상尙'과 같은데 '가加'의 뜻이 있다."라고 하였다.[論語 君子之德 風 小人之德 草也. 草上之風 必偃. 註 上 與尙同 加也]
3. 흡翕은 새의 양 날개가 모아져 있는 것과 같다.[翕如鳥羽翼會聚也] 여기서 흡연翕然은 풀이 바람에 한쪽으로 쏠려 모아져 있는 모습을 말한다.

이는 마치 거푸집을 벗겨낸 흙으로 만든 조형물과 같고 금형에 쇠를 부어 만든 주물鑄物과도 같습니다.

삐뚤어진 거푸집과 물이 새는 모형에 주물鑄物을 쏟아 부으면 반드시 볼품없는 모양이 나올 것이요, 반듯한 거푸집과 아름다운 금형에 주물을 쏟아 부으면 반드시 단정하고 아름다운 모습이 나올 것입니다.

이러한 일들은 입으로만 이야기되는 것이 아니라 사람들이 모두 눈으로 목격하는 바입니다.

이 때문에 제왕이 받들어 믿으니 많은 신하들이 믿고 따라가는 마음이, 마치 풀 위로 바람이 불자 풀이 한쪽으로 함께 나란히 쏠리는 것과 같습니다.

여기다 노자와 유가의 말씀에도 기댄다면 지혜로운 사람이 되기 위하여 마치 여러 사람의 생각을 들어주려 기다리는 것과 같으니, 나라를 위해서는 많은 성현들의 가르침을 따라야만 할 것입니다.

成天下之亹亹^{1}하고 復終日之乾乾^{2}하며 之於御物也에 如臂使手
성천하지미미　　부종일지건건　　　지어어물야　여비사수

如手運指 或擒或縱하니 何往不臧^{3}邪오.
여수운지 혹금혹종　　하왕부장 사

夫如是則 三教는 是一家之物이요 萬乘은 是一家之君이니
부여시즉 삼교　　시일가지물　　　만승　시일가지군

視家에 不宜偏愛니라.
시가　불의편애

偏愛則 競生이요 競生則 損教니라.
편애즉 경생　　경생즉 손교

己在其內이면 自然 不安하고 及己不安則 毀損其教하니
기재기내　　자연 불안　　　급기불안즉　훼손기교

不欲損教則 莫若無偏이라. 三教 旣和故로 法得久住也이니라.
불욕손교즉 막약무편　　　삼교 기화고　법득구주야

---

1. 『주역』에서 "천하의 일을 이루기 위하여 쉬지 않고 부지런히 해나간다."고 하고는, 풀이하기를 "게으르지 않다는 뜻이다."라고 하였다.[易云 成天下之亹亹. 注云 不倦之意也]
2. 또 이르기를 "군자는 종일토록 끊임없이 노력한다." 하고는, 풀이하기를 "천체의 운행이 그러하듯 군자 스스로 굳세게 쉬지 않고 전진하는 모습이다."라고 하였다.[又云 君子終日乾乾. 註 天道自强不息貌]
3. 장臧은 '좋다'라는 것이다. 『시경』에 "점괘로 길하다고 했는데 참으로 좋구나."라고 하였다.[臧 善也. 詩 卜云其吉 終焉永臧]

천하가 쉬지 않고 매일매일 발전해 나가면서 제왕이 백성을 다루는 데, 팔이 손 부리듯 손이 손가락을 움직이듯 마음대로 쥐락펴락하니 어디에 간들 길吉하지 않은 것이 있겠습니까.

이와 같은 것이라면 세 가지 가르침은 한 집안의 물건이요 만승천자는 한 집안의 주인이 되니, 집안을 돌볼 때 편애하지 말아야 할 것입니다.

편애하면 다툼이 생겨나는 것이요, 다툼이 생기면 가르침을 훼손하는 것입니다.

몸이 편애하거나 다툼 속에 있으면 자연히 불안해지고, 자신이 불안하면 그 가르침을 훼손하니, 가르침을 훼손시키지 않으려면 편애하지 않는 것만 한 게 없습니다.

세 가르침이 화합함으로 법이 오래갈 수 있는 것입니다.[1]

---

1. "그대에게 무슨 힘이 있어 정법을 오래 머물게 할 수 있단 말입니까?"라고 하는 질문을 매듭지어 답한 것이다.[結答 子有何力 令正法久住之問]

잡록 _ 271

且如秦始¹ 焚坑儒術²은 事出李斯하고
차여진시 분갱유술 사출이사

後魏 誅戮沙門은 職由寇謙之 崔浩하며
후위 주륙사문 직유구겸지 최호

周武³ 廢佛道二敎하고 矜衒己之聰明은 盖朝無正人이니라.
주무 폐불도이교 긍현기지총명 개조무정인

唐武宗 毁除寺像은
당무종 훼제사상

道士趙歸眞이 率劉玄靖하고 同力謗誣⁴하자
도사조귀진 솔유현정 동력방무

李朱崖 影助⁵하니라.
이주애 영조

---

1. 진시秦始는 진시황秦始皇(BC 259-BC 210)이니 진나라의 황제이다. 이름이 정政인데 여섯 나라를 멸망시켜 천하를 통일하고 봉건제를 고쳐 천하를 군현으로 나누었다. 흉노匈奴 및 남월南越을 쳐 국토를 확장한 뒤 만리장성을 쌓았다. 분서갱유焚書坑儒와 아방궁阿房宮 건설 등으로 크게 위세를 떨쳤다.
2. 술術은 경술經術이니 경서經書에 관한 『시경』이나 『서경』 같은 책들을 말한다. 이런 책들을 불태우고 유생들을 매장한 것을 말한다.[術 經術 詩書也. 言焚術坑儒也]
3. 주무周武는 후주後周 제3대 임금 무제武帝를 말한다. 성은 우문宇文이고 이름은 옹邕이며 시호는 무武이다.
4. 불법을 비방하고 사문들을 없애려는 것은 무고한 짓이다.[謗法誣僧] 조귀진과 유현정은 생몰연대 및 전기 미상이다.
5. 그림자가 형상을 좇듯 도와주는 것이다.[如影從形而佐助也] 이주애는 생몰연대 및 전기 미상이다.

또한 진시황秦始皇이 유교의 경전을 불태우고 유생들을 땅에 묻은 것은 그 일이 이사李斯[1]로부터 나왔고,

후위後魏 때 탁발도拓跋燾 북위北魏 태무제太武帝가 사문들을 참살시킨 것은 그 주장이 구겸지寇謙之와 최호崔浩[2]에게서 말미암았으며,

후주後周 무왕武王이 불교와 도교를 폐하고 자신의 총명을 자랑한 것은 조정에 바른 사람들이 없었기 때문입니다.

당나라 무종武宗[3]이 사찰과 불상을 훼손시켜 없앤 것은, 도사 조귀진趙歸眞이 유현정劉玄靖을 거느리고 함께 불법을 비방하며 사문들을 무고하자 이주애李朱崖가 암암리에 도운 것입니다.

---

1. 이사李斯(?-BC 208)는 초楚나라 사람인데 진시황을 도와 천하를 통일하고 군현제를 실시하여 중앙집권 제도를 확립하였다. 분서갱유에 의하여 사상 통일을 강행하고 '소전小篆'을 창작하였다.
2. 구겸지寇謙之는 도가의 도사인데 후위後魏 옹주雍州 사람이고 자字는 보진輔眞이며 찬讚의 아들이다. 최호崔浩는 후위後魏 굉장宏長 사람인데 자字는 백연伯淵이며 어릴 때 이름은 도간桃簡이다. 어려서부터 학문을 좋아하여 경사經史를 널리 섭렵하였다.
3. 무종武宗은 당나라 제15대 임금이다. 제12대 목종穆宗의 다섯째 아들인데 성은 이李씨이고 이름은 염炎이다. 무종武宗은 묘호廟號인데 재위 기간은 6년(841-846)이다. 33살의 나이로 죽었다.

此四君諸公之報驗이 何太速乎아.
차 사 군 제 공 지 보 험   하 태 속 호

1. 최호는 구겸지를 믿고 소중하게 여겨 그의 도를 받들었다. 최호는 부처님을 좋아하지 않았기에 위나라 태무제 탁발도에게 불교를 폐지하라고 말하였다. 이 과보로 구겸지는 먼저 악질로 병들어 죽고 최호는 나라의 추한 일을 폭로하였다가 죽음을 당하였다. 최호와 구겸지 두 집안 다 5족이 멸망하였다. 탁발도는 불교를 없애려고 승려들을 죽였다. 담시 스님이 왕궁 문안으로 들어오자 탁발도가 목을 치게 하였으나 베어도 상처가 나지 않았다. 또 굶주린 우리 안의 호랑이에게 먹이로 주었지만 호랑이는 엎드린 채 일어나지 않았다. 탁발도가 후회하자 스님이 비로소 그를 위하여 법을 설해 인과를 분명하게 밝혀 주었다. 탁발도는 크게 부끄럽고 두려운 마음을 내었으나 결국은 문둥병에 걸렸다. 그 허물이 최호와 구겸지 두 사람에게서 시작되어 곧 두 사람의 집안을 멸망시키기까지 하였다. 주나라 무왕은 시기심이 아주 심한 사람인데 말하기를 "유교와 도교는 이 나라에서 받들고 따르던 것이요 불교는 뒤에 전래된 것이므로 짐은 불교를 내세우지 않고자 한다." 하고는, 도사 장빈지에게 사문 지현과 우열을 가리게 명을 내렸다. 장빈지가 승리하지 못하자 마침내 도교도 함께 없애려고 하였다. 그러자 문둥병이 발병하여 얼마 지나지 않아 죽었다. 불법을 멸하고 받은 그러한 죄과는 『명보기』에 나온다. 당나라 무종은 어려서부터 불교를 좋아하지 않았다. 즉위하자 도사 조귀진을 불러 궁궐 안에서 선록仙籙을 받았다. 또 형산도사 유현정을 불러들여 광록대부로 삼아 숭현관을 맡게 하였다. 학사 등원초도 불교를 배척하니 황제는 마침내 사찰과 불상을 없앴다. 얼마 지나지 않아 금단에서 독약의 기운이 배어나와 죽었다. 모든 도사들이 당한 그런 경험들이 별도의 기록에 상세히 다 갖추어져 있다.[崔浩信重寇謙之 奉其道. 浩不喜佛 言於魏主而廢之 謙之先得惡疾而死 浩繼以暴揚國惡被誅 崔寇二家悉夷五族. 燾廢教誅僧 曇始入王宮門 燾令斬之 斫無所傷 又餧檻虎 虎伏不起. 燾悔過 始爲說法 明辨因果 燾大生愧懼 遂感癩疾 以其過由於二人 卽族兩家. 周武性甚猜忌曰 儒道二敎 此國奉遵 佛敎後來 朕欲不立. 令道士張賓之與沙門知炫 辨優劣 賓之不勝 遂兼道敎罷之 旣已 癩疾作 尋卒. 其滅佛法受罪報 見冥報記. 唐武宗 自幼不喜釋氏 卽位 召道士趙歸眞等 於禁內受仙籙. 又召衡山道士劉玄靖 爲光祿大夫 充崇玄舘 學士鄧元超等排毀釋氏 帝遂廢除寺像 未幾 金丹發藥而殂. 諸道士等報驗 具載別錄焉]

이 네 임금과 그들을 도운 모든 신하들이 그 과보로 받은 비참한 영험들이 어찌 그리 빠를 수 있단 말입니까.

奉勸吾曹 相警互防하고 勿罹愆失하소서.
봉권오조 상경호방　　물리건실

帝王 不容이면 法從何立이오.
제왕 불용　　법종하립

況道學守寶하여 不爲天下先[1]인데 沙門이 何妨饒禮而和之리오.
황도학수보　　　불위천하선　　　사문　하방요례이화지

當合佛言 一切恭信이어
당합불언 일체공신

信于老君[2]은 先聖也이며 信于孔子는 先師也이니라.
신우노군　　선성야　　　신우공자　선사야

非此二聖이면 曷能顯揚釋敎하고 相與齊行하여 致君於羲黃之上
비차이성　　　갈능현양석교　　　상여제행　　　치군어희황지상
乎아. 苟咈[3] 斯言이면 譬無賴子弟 無端鬪競하며 累其父母하고 破
호　　구불 사언　　　비무뢰자제 무단투경　　　누기부모　　　파
産遭刑하리라.
산조형

---

1. 노자에게는 세 가지 보물이 있다. 첫 번째는 자비요 두 번째는 검약이며 세 번째 가 세상 사람들 앞에 나서지 않는 것이다.[老子有三寶 一 慈 二 儉 三 不爲天下先]
2. 노군老君은 노자의 존칭이다.
3. 불咈은 어그러지는 것이요 어긋나는 것이다.[咈也 違也]

부디 저희 불자들이 서로 경책하고 감싸주어 허물을 짓지 않게 해주시옵소서.

제왕이 불법을 용납하지 않는다면 불법이 어디에 설 수가 있겠습니까.

하물며 도학道學이 자애慈愛, 검약儉約, 겸양謙讓을 보배로 지켜 천하에 먼저 나서지 않는 법인데, 사문들이 예절을 잘 지켜 백성과 화합하는 것을 어찌 방해하겠습니까.

부처님께서 "모든 사람을 공경하고 믿어라." 하신 말씀을 따라, 노자를 신뢰하는 것은 앞선 성인이기 때문이며 공자를 신뢰하는 것도 앞선 스승이기 때문입니다.

이 두 성인이 아니었다면, 어찌 부처님의 가르침을 드러내고 똑같이 실천하여 임금님을 복희씨伏羲氏와 황제씨黃帝氏 위에 놓을 수 있었겠습니까.

참으로 이 말을 어긴다면, 예의와 염치없는 자식들이 까닭 없이 다투고 싸우면서 부모에게 누를 끼치고 재산을 탕진하여 형벌을 받는 것과 같을 것입니다.

然則 損三敎之大猷¹는 乃一時之小失²이니
연즉 손삼교지대유　　내일시지소실

日月食過일새 何損於明이리오.
일월식과　　하손어명

君不見이오.
군불견

秦焚百家之書이나 聖人預已하고 藏諸屋壁이라.
진분백가지서　　성인예이　　장제옥벽

---

1. 대유大猷는 대도大道이다.
2. 비록 잠시 상처를 입고 배척당했더라도 이는 삼교三敎로서는 작은 손실이었고 실로 비방하고 훼손시켰던 사람들에게는 큰 해악이 돌아갔다.『사십이장경』에서 "어떤 사람이 부처님을 욕해도 부처님은 묵묵히 있을 뿐 상대하지 않았다. 욕이 그치자 묻기를 '그대가 예의로 사람들을 따라도 사람들이 그 예절을 받아들이지 않으면 그 예절이 그대에게 돌아가지 않겠는가?' 하니, '돌아갑니다.'라고 대답하였다. 부처님께서는 '지금 그대가 나를 욕해도 나는 지금 그 욕을 받아들이지 않았다. 그대는 스스로 그 허물을 지니고 있으니 그대에게 그 허물이 돌아가리라.'고 말씀하셨다."[雖暫被毀斥 乃三敎之小失 實爲損謗者之大害. 四十二章經云 有人罵佛 佛默不對 罵止 問曰 子以禮從人 其人不納 禮歸子乎. 對曰 歸矣. 佛言 今子罵我 我今不納 子自持禍 歸子身矣]

그렇지만 세 가지 가르침에 있는 큰 도를 훼손하는 것은 일시적인 작은 과실이니, 조금 지나면 밝아지는 일식日蝕이나 월식月蝕이 사라지는 것과 같은 것이므로 어찌 근원적인 밝음을 잃어버리기야 하겠습니까.[1]

그대는 보지 못하였습니까.

진나라 때 온갖 서적을 불태웠지만 성인께서는 미리 알고 집안의 벽 속에 중요한 책들을 잘 갈무리하여 두었습니다.[2]

---

1. 『논어』에서 말하였다. "군자의 허물이란 일식이나 월식과 같기에 허물이 있으면 사람들이 모두 그것을 본다. 그 허물이 고쳐지면 사람들이 모두 그를 우러러본다."[語曰 君子之過也 如日月之食焉 過也 人皆見之 更也 人皆仰之]
2. 『서경』의 서문에서 말하였다. "노공 왕여는 경제의 아들이다. 집을 잘 고치는 사람이었는데 공자의 옛 저택을 허물어 집을 넓히다가 벽에서 경서를 발견하였다. 공자 13대손 공양이 경서를 좋아하여 박학하였는데 진나라 법이 아주 엄한 것을 두려워하여 공자의 옛 저택 벽 속에 『공자가어』 『효경』 『상서』 『논어』 등을 숨겨 두었던 것이다. 왕여가 집을 허물다 그것들을 발견하여 모두 공양의 자손이 있는 나라로 돌려보냈다."[書序云 魯公王餘 景帝子也. 好治宮室 壞孔子舊宅 以廣其居 壁中得經書. 孔子十三代孫襄 好經書博學 畏秦法峻急 乃壁藏 家語 孝經 尙書 論語 於孔子舊宅壁中 餘壞宅 得之 悉歸于襄孫子國]

坑之이어 令剿絶이나
갱지   영초절

楊馬二戴^1 相次而生하니 何曾無噍類^{2}耶오.
양마이대 상차이생   하증무초류 야

梁武가 捨道하자 後魏 勃興하고
양무   사도   후위 발흥

拓跋 誅僧하자 子孫이 重振이라.^{3}
척발 주승   자손   중진

後周 毀二敎하자 隋堅이 復之하니라.
후주 훼이교   수견   복지

---

1. 양마이대楊馬二戴는 양웅, 사마천, 대덕, 대성이다. 대덕과 대성은 세상에서 대대大戴와 소대小戴라고 부른다.[楊雄 司馬遷 戴德 戴聖. 二戴 世所稱大戴小戴也] 대대는 조카 성성聖과 함께 후창后蒼에게 예禮를 배우고 예禮 팔오편八五篇의 전傳을 썼는데 이를『대부례大傳禮』라 한다. 소대는 대대와 함께 후창后蒼에게 예禮를 배우고 예禮 사십구편四十九篇의 전傳을 썼는데 이를『소대기小戴記』라 한다.
2. 『한서』에 "양성에는 초류噍類가 없다."라고 하였는데, 이는 살아서 음식을 먹을 사람이 없다는 것을 말한다. 초噍는 초初라고 읽으며 '깨물다'의 뜻이다.[漢書 襄城無噍類. 言 無復有活而噍食者. 音初 嚼也] 초류噍類는 음식을 깨물어 먹고 사는 사람들이니 곧 백성들을 말한다.
3. 탁발도가 문둥병에 걸려 죽자 손자 문성제 탁발준이 즉위하여 불교를 중흥시켰다.[燾癩作而卒 孫 文成帝 濬立 重興釋敎]

진시황이 유생들을 구덩이에 파묻어 몰살시키려 하였으나 양웅楊雄, 사마천司馬遷, 대덕戴德, 대성戴聖 같은 걸출한 분들이 연이어 세상에 나왔으니, 어찌 일찍이 살아남았던 사람이 없었겠습니까.

양무제가 도교를 버리자[1] 후위後魏가 갑자기 일어나고, 탁발도가[2] 승려를 주살하자 그 아들인 공종恭宗과 손자인 고종高宗이 다시 불교를 부흥시켰습니다.

후주後周[3]의 무제武帝가 불교와 도교를 훼손하자 수나라 양견楊堅이 다시 이를 회복시켰습니다.[4]

---

1. 양나라 무제 때 '도교를 버리고 불교를 섬기라'는 조서가 있었다.[梁武有捨道事佛詔也]
2. '탁발'은 후위 왕족의 성씨다. 북방 사람들은 땅을 '탁'이라 하고 별을 '발'이라 하는데, 위나라의 선조는 황제黃帝로부터 나왔고 토덕土德으로 왕이 되었다고 하여 '탁발'이라 한 것이다.[拓跋 後魏姓. 北人謂土爲拓 謂辰爲跋 魏之先出於黃帝 以土德王 故爲拓跋]
3. 후주後周(558-580)는 북조北朝의 하나이다. 서위西魏의 공제恭帝로부터 선양禪讓받아 우문각宇文覺이 세운 나라이다. 장안에 도읍하여 강북江北을 통일하였으나 5주主 24년 만에 수나라에게 망하였다. 북주北周라고도 한다.
4. 주나라 무왕이 악질로 죽고 정제가 즉위하자 양견이 정치에 참여한지 13개월 만에 수국공에 책봉되어 즉각 도교와 불교를 부흥시켰다.[周武以惡疾殂 靜帝立 楊堅修政十三月 封爲隋國公 卽復二教]

武宗이 陷釋門인데 去未旋踵이어 宣宗이 十倍興之하니[1]
무종 함석문   거미선종   선종 십배흥지

側掌하여 豈能截河漢之流오.
측장   기능절하한지류

張拳하여 不可暴虎兕之猛이니라.
장권   불가폭호시지맹

1. 선종은 무종의 숙부이다. 무종이 그를 싫어하여 궁실 뒷간에 빠뜨리기도 하자 환관 구공무가 머리 깎고 승려가 되게 하였다. 일찍이 염관제안鹽官齊安에게 공부하러 갔을 때, 제안 스님이 하루 미리 책임자에게 조심하도록 일러 말하기를 "특별한 분들이 여기에 올 것이니 잡스런 말이나 행동을 함부로 하지 말라. 불법에 누가 될까 걱정 된다."라고 하였다. 다음 날 행각승 몇 사람이 예방하거늘 제안 스님이 유나를 시켜 높은 자리로 모시게 하고 그 예우가 남달랐다. 이 일을 인연으로 선종에게 말하기를 "시기가 왔습니다. 욕되게 사실 이유가 없을 것입니다."라고 말하면서, 불법에 관한 뒷일을 부탁하였다. 얼마 뒤 강릉소윤이 되었다가 무종이 죽자 재상과 신하들이 그를 맞아들여 즉위시키니 불교를 크게 일으키게 되었다.[宣宗卽武宗叔也. 武宗忌憚之 沈于宮廁 宦者仇公武俾髡髮爲僧. 嘗參鹽官齊安 安一日預誡知事曰 當有異人至此 禁雜語 止橫事 恐累佛法. 明日 行脚數人來禮 安令維那高位安置 禮殊他等 因語帝曰 時至矣 無滯泥蟠. 囑令佛法後事. 去爲江陵少尹 武宗崩 宰臣迎立之 大興佛教焉] 선종은 당나라 제16대 임금인데 성은 이李씨이고 이름은 침忱이며 선종宣宗은 묘호廟號이다.

당나라 무종武宗이 부처님 문중을 함몰시켰는데, 무종이 죽은 지 얼마 되지 않아 선종宣宗이 열 배로 불교를 부흥시켰습니다.

그러니 손바닥을 기울여 어찌 하수河水와 한수漢水의 흐름을 끊을 수 있겠습니까.

주먹을 내질러서 호랑이나 코뿔소의 용맹을 맨손으로 내칠 수 없는 것입니다.[1]

---

1. 공자께서 자로에게 이르기를 "맨손으로 호랑이와 싸우고 걸어서 황하를 건너가다가 죽어도 후회가 없다."라고 하고는, 풀이하기를 "맨손으로 때리는 것을 '폭暴'이라 하고 걸어서 건너가는 것을 '풍馮'이라 하니 마치 안석에 의지하는 것과 같다."라고 하였다. 시兕는 들소이니 푸른색을 띠고 뿔이 하나이다.[子謂子路曰 暴虎馮河 死而無悔 注 徒搏曰暴 徒涉曰馮 如馮几然. 兕 野牛 靑色一角]

況爲僧에 莫若道安인데
황위승   막약도안

安이 與習鑿齒와 交遊는 崇儒也요
안   여습착치   교유   숭유야

爲僧에 莫若慧遠인데
위승   막약혜원

遠이 送陸修靜¹에 過虎溪는 重道也일새니라.
원   송육수정   과호계   중도야

余慕二高僧하며 好儒하고 重道하니
여모이고승   호유   중도

釋子 猶或非之하나 我旣重他인데 他豈輕我리오.
석자 유혹비지   아기중타   타기경아

請 信安遠行事이니 其可法也일새니라.
청 신안원행사   기가법야

詩曰하되 伐柯伐柯 其則不遠이로다하고
시왈   벌가벌가 기칙불원

子曰하되 天時 不如地利하고 地利 不如人和라하니 斯之謂歟로다.
자왈   천시 불여지리   지리 불여인화   사지위여

---

1. 육수정陸修靜은 송宋나라 동천東遷 사람이고 자字는 견적見寂이며 눈동자가 한 눈에 두개 있었다. 천문에 밝고 방외方外에서 놀기를 좋아하였다. 혜원惠遠 스님과 여산廬山에서 연사蓮社를 맺었다. 저서에 『재법의범齋法儀範』이 있다.

284

하물며 승려로서 도안道安만한 분이 없는데 이 분이 습착치習鑿齒와 교류한 것은 유교를 숭상한 것이요, 승려로서 혜원慧遠만한 분이 없는데 이 분이 육수정陸修靜을 전송할 때 건너가지 않기로 결심한 호랑이 계곡을[1] 넘어간 것은 도교를 중시한 까닭입니다.

내가 두 고승을 사모하며 유교를 좋아하고 도교를 중시하니 석가의 자손들이 혹 저를 그르다 할 수 있겠지만, 제가 그들을 중시하는데 그들이 어찌 저를 가볍게 보겠습니까.

부디 도안과 혜원이 행한 일들을 믿어야 할 것이니 본받을 만한 것이기 때문입니다.

『시경』에서 "나뭇가지를 베어 도끼자루를 만드니 그 방법이 먼 데 있지 않도다." 하고, 맹자가 "하늘의 도움은 땅의 이로움만 못하고 땅의 이로움은 사람들의 화합보다 못하다." 한 것은 이를 말한 것입니다.

---

1. 호계虎溪는 여산에 있는 시내 이름이다. 동진東晉 때 혜원慧遠 스님이 하루는 도연명과 육수정의 방문을 받고 두 사람이 돌아갈 때 이들을 전송하며 자기도 모르는 사이에 호계 다리를 지나쳤다. 일찍부터 이 다리를 건너 산문 밖으로 나가지 않겠다고 서원했던 일을 두 벗에게 말하고 세 사람이 손뼉을 치며 서로 웃었다고 하여 세상에서 이 일을 '호계삼소虎溪三笑'라고 한다.

8. 商太宰¹ 問 孔子聖人
　　상태재　　문 공자 성인

太宰嚭가 問孔子 曰하되 夫子 聖人歟아. 對曰 丘也 博識强記하나
태재비　 문공자　왈　　부자 성인여　 대왈 구야 박식강기

非聖人也라. 又問 三王 聖人歟아. 對曰 三王은 善用智勇²하나
비성인야　　우문 삼왕 성인여　 대왈　삼왕　 선용지용

聖은 非丘所知니라. 又問 五帝 聖人歟아. 對曰 五帝 善用仁義하나
성　 비구소지　　 우문 오제 성인여　 대왈 오제 선용인의

聖은 非丘所知니라. 又問 三皇 聖人歟아. 對曰 三皇 善用時政³
성　 비구소지　　 우문 삼황 성인여　 대왈 삼황 선용시정

하나 聖은 非丘所知니라.
　　 성　 비구소지

---

1. 찬영의 『서방성인론』에서 "상商은 춘추시대의 송나라이다. 태재의 이름은 영盈이고 자字는 탕蕩이다."라고 하였다.[贊寧 西方聖人論云 商 宋也. 太宰名盈 字蕩] 상商은 탕湯임금이 하夏나라의 걸왕桀王을 멸하고 세운 나라이다. 박亳에 도읍하였다가 후에 반경盤庚이 은殷으로 천도遷都하여 은殷나라로 고쳤다. 28주主 만에 주周나라의 무왕武王에게 멸망하였다. 태재太帝는 벼슬 이름인데 나라의 정치를 총괄하여 다스리는 장관 직책이다.
2. 탕이 하나라를 정벌하고 무왕이 주왕을 정벌한 것과 같으니 지혜와 용기를 잘 활용한 것이다.[如湯伐夏 武王伐紂之類 是善用智勇也]
3. 중국의 고대 삼황은 복희, 염제, 황제이다. 복희는 팔괘를 그려 천문을 알았던 까닭에 천황天皇이 되고, 염제는 농사를 가르쳐 땅의 이로움을 살폈던 까닭에 지황地皇이 되며, 황제는 궁전을 짓고 배와 수레를 만들며 병기를 사용하여 정벌하는 법을 가르쳤던 까닭에 인황人皇이 되었으니, 이것은 시기적절한 정치가 어떤 것인가를 보여주고 있다.[中古三皇 伏羲炎帝黃帝也. 伏羲畵八卦 知天文故 爲天皇 炎帝敎稼穡 相地宜故 爲地皇 黃帝作宮室 造舟車 用干戈敎征伐故 爲人皇. 此爲用時政也]

8. 태재가 공자에게 성인에 대해 묻다

상商나라 태재太宰 비嚭가 공자에게 물었습니다.

문 : 그대는 성인입니까?
답 : 저는 많이 알고 기억은 잘 하지만 성인은 아닙니다.

문 : 삼왕三王이 성인입니까?
답 : 삼왕이 지혜와 용기를 잘 활용하신 분이지만 성인인지는 제가 알 바 아닙니다.

문 : 오제五帝는 성인입니까?
답 : 오제는 어질고 정의로운 마음을 잘 활용하신 분이지만 성인인지는 제가 알 바가 아닙니다.

문 : 삼황은 성인입니까?
답 : 삼황은 시기적절하게 정치를 잘하신 분이지만 성인인지는 제가 알 바 아닙니다.

太宰 大駭曰 然則 孰爲聖人乎아.
태재 대해왈 연즉 숙위성인호

夫子 動容有間에 曰
부자 동용유간   왈

丘聞하니 西方에 有聖者焉인데
구문   서방 유성자언

不治인데도 而不亂하고 不言인데도 而自信하며
불치   이불란   불언   이자신

不化인데도 而自行하니 蕩蕩^{1}乎아 人無能名焉이니라.
불화   이자행   탕탕 호 인무능명언

據斯 以言하면 孔子는 深知 佛爲大聖也라.
거사 이언   공자 심지 불위대성야

時緣이 未昇故로 默而識之하다가 有機故로 擧하니라.
시연 미승고 묵이식지   유기고 거

然이나 未得昌言其致矣니라.
연   미득창언기치의

---

1. 탕탕蕩蕩은 막힐 것이 없이 크고 넓은 모습이다.

태재가 크게 놀라면서 물었습니다.

문 : 그러면 누가 성인이란 말입니까?

공자가 점잖게 뜸을 들이다 말씀하셨습니다.

답 : 제가 들으니 서방에 성자가 계시는데, 다스리지 않아도 중생들이 어지러워지지 않고, 말을 하지 않아도 중생들이 저절로 믿으며, 교화하지 않아도 중생들이 스스로 불법을 행한다고 하니, 참으로 성자의 위신력이 크고도 커서 사람들이 그것을 무어라 표현할 수 없습니다.

이 말에 근거하면 공자는 부처님이 큰 성인이라는 것을 깊이 알고 있었습니다.

시절인연이 아직 무르익지 않았기에 침묵 속에 알고만 있다가 기회가 주어졌기에 이 이야기를 들추어 낸 것입니다.

그러나 아직 그 이치를 다 드러내 말할 수는 없었습니다.

9. 諸賢頌句
제현송구

龐居士頌

但自無心於萬物　何妨萬物常圍繞
단자무심어만물　하방만물상위요

鐵牛不怕獅子吼　恰似木人見花鳥
철우불파사자후　흡사목인견화조

木人本體自無情　花鳥逢人亦不驚
목인본체자무정　화조봉인역불경

心境如如只遮是　何慮菩提道不成
심경여여지차시　하려보리도불성

9. 현자들의 게송

스스로 무심하면 _ 방거사

온갖 경계 앞에 서서 스스로가 무심하면
온갖 사물 에워싼들 그 무엇이 방해될까
무쇠 소는 사자후에 눈빛 하나 안 변하고
나무 인형 꽃과 새를 보는 듯이 무심하네.

나무 인형 본바탕에 알음알이 정情이 없어
꽃과 새가 마주해도 놀라지를 아니하니
마음 경계 여여하여 다만 이와 같아지면
어찌하여 도 이루지 못할 것을 걱정하리.

宏智禪師[1] 省病僧

訪舊懷論實可傷　經年獨臥涅槃堂.
방구회론실가상　경년독와열반당

門無過客窓無紙　爐有寒灰席有霜.
문무과객창무지　노유한회석유상

病後始知身自苦　健時多爲別人忙.
병후시지신자고　건시다위별인망

老僧自有安閑法　八苦交煎總不妨.
노승자유안한법　팔고교전총불방

---

1. 굉지宏智(1091-1157) 선사는 성이 이李씨이고 이름은 정각正覺이다. 11세 정명사淨明寺 본종本宗에게 삭발하고 14세에 진주晉州 자운사慈雲寺 지경智瓊에게 구족계를 받았다. 18세에 선지식을 찾아다니다가 단하산丹霞山 자순子淳 선사의 법을 받고 건염建炎 원년(1127)에 서주舒州 태평太平을 거쳐 강주江州 원통圓通, 장로長蘆로 옮겼다. 뒤에 천동天童에 머무는데 따르는 제자가 항상 1200명이나 되었다. 송宋 소흥紹興 27년(1157) 10월 8일 나이 67세에 입적하였다. 시호는 굉지宏智 선사이고 저서에『굉지선사어록宏智禪師語錄』6권이 있다. 굉지 선사는 임제종의 대혜종고大慧宗杲와 함께 그 당시 선종의 이대二大 감로문이라 일컫던 조동종의 거장으로서 학덕이 뛰어났던 분이다.

병든 승려 보살피며 _ 굉지 선사

오랜 도반 찾아보니 가슴앓이 마음 아파
해 지나도 그저 홀로 열반당[1]에 누워 있어
찾는 사람 하나 없고 터진 창살 쓸쓸하며
화로 속에 차가운 재 앉는 자리 찬 기운뿐.

병든 뒤에 몸 자체가 고통인 줄 알게 되니
건강할 때 부지런히 남을 위해 헌신하소
노승에겐 본디부터 편히 쉬는 법이 있어
온갖 고통[2] 들볶아도 방해 받지 않는다네.

---

1. 열반당涅槃堂은 연수당延壽堂 또는 성행당省行堂이라고도 하는데 병든 승려를 수용하고 치료하는 곳이다.
2. 팔고八苦는 중생들이 받는 여덟 가지 고통을 말한다. 몸이 있으므로 받게 되는 '생로병사生老病死'의 네 가지 고통이 있고, 좋아하는데도 떨어져 살아야만 하는 '애별리고愛別離苦'의 괴로움이 있으며, 원한과 증오심이 일어나기에 멀리하고 싶은 사람을 어쩔 수 없이 대면해야만 하는 '원증회고怨憎會苦'의 고통이 있고, 갖고 싶은 것을 마음대로 가질 수 없는 '구부득고求不得苦'의 괴로움이 있다. 육신을 가지고 이런 괴로움이 많아지는 것을 '오음성고五陰盛苦'라고 한다.

洞山和尚 自誡

不求名利不求榮　只麼隨緣度此生
불구명리불구영　지마수연도차생

三寸氣消誰是主　百年身後謾虛名
삼촌기소수시주　백년신후만허명

衣裳破處重重補　粮食無時旋旋營
의상파처중중보　양식무시선선영

一箇幻軀能幾日　爲他閒事長無明
일개환구능기일　위타한사장무명

스스로를 경책하며 _ 동산 화상

명예 이익 부귀영화 다 버리고 찾지 않아
그저 오직 인연 따라 이 한 생을 제도할 뿐
세 치 혀에 더운 기운 사라지면 누가 주인
백 년 뒤에 없어질 몸 부질없는 헛된 명예.

다 떨어진 옷자락을 거듭거듭 꿰매 입고
먹을 양식 떨어질 때 탁발하며 살아가니
꼭두각시 이 몸뚱이 몇 날이나 살리려고
그것 위해 헛된 일로 무명만을 기르리오.

靈芝律師 勉住持[1]

深嗟末法實悲傷　佛法無人得主張
심차말법실비상　불법무인득주장

未解讀文先坐講　不曾行脚便陞堂
미해독문선좌강　부증행각편승당

將錢討院如狂狗　空腹高心似啞羊
장전토원여광구　공복고심사아양

奉勸後賢休繼此　免教地獄苦時長
봉권후현휴계차　면교지옥고시장

---

1. 주지하는 사람은 도덕성을 지니고 중생들을 교화해야 하며, 또 참된 성품에 머물러 그 자리를 잃지 않아야 한다.[安住道德 執持教化 又 住於眞性 持而不失]

참다운 주지는 _ 영지 율사

안타깝다! 말법 시대 슬프고도 가슴아파
부처님 법 설할 사람 어디 하나 없는데도
경전 내용 모르면서 앞에 나가 강설하고
공부한 것 없으면서 법문 자리 올라가네.

돈 싸들고 절 얻으려 이리저리 다니면서
잘난 마음 높은데도 법 물으면 벙어릴세
권하노니 후학들은 이런 짓을 그만 두고
지옥에서 받을 고통 어서 빨리 벗어나소.

勉學徒

聽敎參禪逐外尋　未嘗回首一沈吟
청교참선축외심　미상회수일침음

眼光欲落前程暗　始覺平生錯用心
안광욕락전정암　시각평생착용심

참된 공부를 해야

법을 듣고 참선하나 그 마음은 겉돌아서
언제 한번 마음 돌려 공부한 적 없더니만
죽음 길을 앞에 두고 그 앞길이 캄캄하니
그제서야 한평생을 잘못 산 줄 아는구나.

佛眼禪師[1] 十可行中 三節

禮拜[2]

禮佛爲除憍慢垢　由來身業獲淸涼
예불위제교만구　유래신업획청량

玄沙有語堪歸敬　是汝非他事理長
현사유어감귀경　시여비타사리장

1. 불안 선사는 전당錢塘 사람인데 성姓은 양梁씨이고 이름은 혜개慧開이며 자字는 무문無門이다. 불안佛眼은 송宋 이종理宗이 내려준 시호이다. 어려서 출가하여 뒷날 남봉南峰 석실에서 선을 참구한 지 6년 만에 홀연히 깨쳤다. 경정景定 원년(1260) 나이 78세로 입적하였다. 저서에 『무문관無門關』 1권이 있다.
2. 『업보차별경』에서 말하였다. "예불 때 올리는 절 한 번에 10가지 공덕을 얻는다. 첫째는 좋은 몸을 갖게 된다. 둘째는 다른 사람들이 말을 믿어준다. 셋째는 대중속에 사는 데 두려울 것이 없다. 넷째는 부처님께서 지켜준다. 다섯째는 커다란 위의를 갖추게 된다. 여섯째는 대중들이 친근하게 따라온다. 일곱째는 모든 하늘 신들이 좋아하며 공경한다. 여덟째는 커다란 복덕을 다 갖추게 된다. 아홉째는 명을 마칠 때 극락왕생한다. 열째는 열반을 빠르게 증득한다. 절 한 번에도 이런 공덕이 있는데 하물며 많은 절을 할 때에는 더 말할 필요가 있겠는가."[業報差別經云 禮佛一拜 獲十種功德 一 得妙色身 二 出語人信 三 處衆無畏 四 佛所護念 五 具大威儀 六 衆人親附 七 諸天愛敬 八 具大福德 九 命終往生 十 速證涅槃. 一拜尙如是 況多拜乎]

불안 선사의 예배와 경행과 독송

예배

부처님께 예배하여 교만심을 제거하고
그로 인해 몸가짐이 맑고 맑아 깨끗하니
현사¹ 스님 말씀하길 귀의하고 공경하면
남이 아닌 그대 지혜 이理와 사事가 분명하리.

---

1. 현사(835-908)는 설봉의존雪峯義存의 제자인데 복주福州 민현閩縣 사람이다. 성姓은 사謝씨이고 이름은 사비師備이며 현사玄沙는 호이다. 어렸을 때 남태강南台江에서 고기를 잡다가 30세에 부용영천芙蓉靈川 선사에게 머리 깎고 예장豫章 개원사開元寺 도현율사道玄律師에게 구족계를 받았다. 『능엄경』을 보다가 크게 깨닫고 설봉의존에게 인가를 받은 뒤 매계梅溪의 보응원普應院에서 가르침을 펼치다 복주의 현사원玄沙院으로 옮겼다. 후양後梁 개평開平 2년(908) 11월 27일 나이 74세 법랍 44세에 입적하였다. 법을 이은 제자로는 나한계침羅漢桂琛, 천룡중기天龍重機, 안국혜구安國慧球 등이 있다. 저서에 『현사어록玄沙語錄』 3권 『현사광록玄沙廣錄』 3권이 있다.

잡록 _ 301

經行[1]

石上林間鳥道平　齋餘無事略經行
석 상 임 간 조 도 평　재 여 무 사 약 경 행

歸來試問同心侶　今日如何作麽生[2]
귀 래 시 문 동 심 려　금 일 여 하 자 마 생

誦經

夜靜更深自誦經　意中無惱睡魔惺
야 정 갱 심 자 송 경　의 중 무 뇌 수 마 성

雖然暗室無人見　自有龍天側耳聽[3]
수 연 암 실 무 인 견　자 유 용 천 측 이 청

---

1. 율장에서 말하였다. "부처님께서 경행을 허락함에 경행에 다섯 가지 이로움이 있다. 첫째는 멀리 다닐 수가 있다. 둘째는 사유할 수 있는 여유가 있다. 셋째는 병이 적어진다. 넷째는 음식을 소화시킨다. 다섯째는 선정에서 오래 머물 수 있다."[律 佛聽經行 經行有五利 一 堪遠行 二 能思惟 三 少病 四 消飮食 五 得定久住]

2. 자마생作麽生은 주마생做麽生, 사마생似麽生이라고도 한다. 중국의 속어이니 선종에서 '어떠냐?' '어떻게?' '어찌 하려느냐?'의 뜻으로 쓰인다. '作'은 '자'로 읽는다.

3. 옛날에 개산 안선사가 선정 속에서 보니, 두 스님이 먼저 불법에 대해 이야기할 때는 천룡들이 두 손 모아 함께 들었는데, 뒤에 세간 이야기를 하자 그들의 자취가 사라졌다. 선과 악이 이렇듯 분명한 것인데 어찌 거친 행동을 마음대로 할 수 있겠는가.[昔 開山 安禪師 定中見 二僧先談佛法 天龍拱聽 後談世諦 鬼神掃迹. 善惡昭然 豈可麤行耶]

경행

넓은 반석 숲 사이로 새들 노는 평탄한 길
공양 마쳐 할 일 없어 한가롭게 포행하고
돌아와서 도반에게 넌지시 물어보길
오늘 하루 괜찮았소 그대 공부 어떠한가.

독송

고요한 밤 깊어지면 홀로 앉아 경 외우니
마음속에 번뇌 없어 잠귀신이 달아나고
어둔 방에 다른 사람 보는 이가 없더라도
천룡팔부 하늘신들 귀 기울여 듣는다네.

靈巖石刻 勉僧看病

四海無家病比丘　孤燈獨照破牀頭
사 해 무 가 병 비 구　고 등 독 조 파 상 두

寂寥心在呻吟裏　粥藥須人仗道流.
적 요 심 재 신 음 리　죽 약 수 인 장 도 류

病人易得生煩惱　健者長懷惻隱心
병 인 이 득 생 번 뇌　건 자 장 회 측 은 심

彼此夢身安可保　老僧書偈示叢林.
피 차 몽 신 안 가 보　노 승 서 게 시 총 림

병든 스님 보살피소

동서남북 거처 없고 병이 들어 힘든 스님
등불 빛이 희미하게 침상 머리 깜박일 때
적막한데 아픈 마음 신음 속에 들어 있어
죽과 약을 기다리니 의지할 곳 도반 스님.

병든 사람 걸핏하면 번뇌 많아 힘없으니
성한 사람 측은지심 오래 오래 보살피소
저도 나도 꿈같은 몸 어찌 길이 보존할까
내가 이제 이 게송을 총림에다 내보이리.

眞淨文禪師頌

剃髮因驚雪滿刀　方知歲月不相饒
체발인경설만도　방지세월불상요

逃生脫死勤成佛　莫待明朝與後朝
도생탈사근성불　막대명조여후조

하얀 머리 문득 놀라 _ 진정문 선사

삭발하다 가득 쌓인 하얀 머리 문득 놀라
얼마 남지 않은 세월 그제서야 알겠노라
어서 빨리 생사해탈 부지런히 성불하세
하는 공부 내일 모레 미루지를 말지어다.

慈受禪師 訓童行[1]

世諦紛紛沒了期　空門得入是便宜
세제분분몰료기　공문득입시편의

直須日夜常精進　莫只勞勞[2] 空過時
직수일야상정진　막지노로 공과시

燒香禮拜莫忽忽　目覩心存對聖容
소향예배막총총　목도심존대성용

懺悔多生塵垢罪　願承法水洗心胸
참회다생진구죄　원승법수세심흉

也要學書也念經　出家心地要分明
야요학서야념경　출가심지요분명

他年圓頂方袍日　事事臨時總現成
타년원정방포일　사사림시총현성

---

1. 스무 개의 게송이 있는데 그 가운데 가려 뽑은 것이다.[二十偈中 抄出] 자수慈受 선사는 생몰연대 및 전기 미상이다.
2. 노로勞勞는 대단히 애를 쓰는 모양이다.

동자승에게 주는 가르침 _ 자수 선사

세상살이 어지러워 괴로움이 끝이 없어
부처 세상 찾는 것이 편안하고 화목하리
모름지기 밤낮으로 끊임없이 정진하여
그저 앉아 애만 쓰는 그런 시간 낭비마소.

급한 마음 멀리하고 향 사르고 예배하며
눈에 보고 마음 두되 성인 얼굴 마주한 듯
많은 생에 지은 죄를 남김없이 참회하여
감로수법 내 마음에 쌓인 업장 씻으소서.

처음부터 빠짐없이 글 배우고 경전 외워
출가하는 마음자리 그 목적이 분명해야
세월 흘러 머리 깎고 가사 장삼 받드는 날
살림살이 하나하나 부처 모습 드러내리.

一等出家爲弟子　事師如事在堂親
일등출가위제자　사사여사재당친

添香換水須勤愼　自有龍天鑑照人.
첨향환수수근신　자유용천감조인

廊下逢僧須問訊[1]　門前過客要相呼
낭하봉승수문신　문전과객요상호

出家體態宜謙讓　莫學愚人禮數無.
출가체태의겸양　막학우인례수무

出家不斷葷和酒　枉在伽藍[2]地上行
출가부단훈화주　왕재가람 지상행

到老心田如未淨　菩提種子亦難生.
도노심전여미정　보리종자역난생

---

1. 문신問訊은 합장하고 머리 숙여 안부를 묻는 것이다.
2. 가람伽藍은 승가람마僧伽藍摩의 약칭인데 번역하여 중원衆園이라 한다. 승려들이 많이 머무는 사원을 말한다.

출가하니 참 좋은 삶 불제자가 되었으면
스승님을 섬기기를 어버이를 섬기듯이
향 사르고 물 나를 때 모름지기 부지런히
천룡팔부 거기 있어 사람 행동 살피니라.

복도에서 스님 뵈면 모름지기 인사하고
문 앞에서 만나는 객 친절하게 접대해서
출가한 이 지닐 태도 겸손해야 할 것이니
예절 없는 어리석음 배우지를 말지어다.

출가하여 파 마늘과 술을 끊지 않는다면
절 집에서 잘못 살며 생활하는 것이 되니
늙어서도 마음밭이 깨끗하지 못하다면
깨달음의 씨앗들이 생겨나기 어렵다오.

莫說他人短與長　說來說去自招殃
막설타인단여장　설래설거자초앙

若能閉口深藏舌　便是安身第一方.
약능폐구심장설　변시안신제일방

色身健康莫貪眠　作務辛勤要向前
색신건강막탐면　작무신근요향전

不見碓坊盧行者[1]　祖師衣鉢是渠傳.
불견대방노행자　조사의발시거전

香積廚[2]中好用心　五湖龍象在叢林
향적주 중호용심　오호용상재총림

瞻星望月雖辛苦　須信因深果亦深.
첨성망월수신고　수신인심과역심

---

1. 노행자盧行者는 육조혜능 스님을 말한다.
2. 향적주香積廚는 향적香積, 향주香廚라고도 한다. 부처님 앞에 공양하는 음식을 만드는 곳이다.

다른 사람 장단점을 말하려고 들지마오
그런 얘기 오고 가다 재앙들을 부르리니
입을 닫고 혀를 깊이 숨길 수만 있다면야
그게 바로 몸 편안한 최고 방편 되오리다.

가진 몸이 건강할 때 많은 잠을 자지 말고
일할 때는 더욱 힘써 앞장서서 나아가소
디딜방아 노행자를 그대 보지 못했던가
조사 의발 바로 그가 전수 받아 갔느니라.

공양 음식 만들 때에 좋은 마음 쓸 것이니
온 천하의 대장부들 총림 속에 있기 때문
별을 보고 달을 보며 비록 힘이 들더라도
모름지기 오차 없는 인과법을 믿을진저.

常住分毫不可偸　日生萬倍恐難酬
상주분호불가투　일생만배공난수

猪頭驢脚分明見　佛地如今掃未休.[1]
저두여각분명견　불지여금소미휴

1. 율장에서 말하였다. "상주재물을 훔치지 말지니 상주물은 독약과 같기 때문이다. 독약이야 치료할 수 있지만 상주물을 훔치면 구제할 길이 없다. 상주물은 다른 곳으로 이동시킬 수 있는 것이지만 오직 쓰려고 하던 본디 장소에서 국한되어 써야할 뿐 다른 곳에 나누어 쓸 수 있는 것이 아니다." 『선생경』에서 말하였다. "병든 사람이 상주물을 빌려 써도 열 배로 갚아야 한다. 그러니 병들지 않은 사람은 절대로 상주물에 손대지 말라." 『대집경』에서 말하였다. "오직 대중 스님들이 먹어야 할 음식이라면 함부로 일반사람들에게 주어서는 안 된다. 만약 스스로 상주물을 쓰게 되면 이 죄는 무간지옥보다 더 무거울 것이다." 당나라 개원 연간 중에 모뢰의 아내가 아들을 낳았다. 돼지 머리에 코끼리 코를 하였고 물고기 뺨에 당나귀 다리를 하였다. 얼굴에는 석 줄의 글자가 있어 이르기를 "전생 개원사에서 돈 3천량과 옷감 한 폭을 빌리고는 갚지 않았으므로 이런 과보를 받았다."고 하였다. 자사가 이 소문을 듣고는 모채毛債라 이름 짓고 개원사에서 마당을 쓸게 하였다. 또 모든 사찰의 문에 그 형상을 그려 뒷사람들이 인과를 분명히 알도록 하였다. 어떤 사람이 시를 지어 말하였다. "아! 모채의 짐승 같은 그 모습은 절집의 돈을 빌려 쓴 업보로구나. 양편의 물고기 뺨, 코끼리 코와 나귀 다리에 돼지 머리를 하고 있으니, 전생에 인과를 모르고 지었던 죄로 절집 마당을 지금처럼 쉬지 않고 쓰는구나. 뒷날 재물을 탐내는 사람들에게 알리노니 절집 돈을 쓰지 마라 예로부터 일렀다네."[律云 不得盜常住財物. 常住 如毒藥 毒藥 猶可療 盜常住物 無能救濟. 常住者 體通十方 唯局本處 不可分用. 善生經云 病人 常住物貸用 當十倍還之. 餘不病人 切莫開也. 大集經云 但衆僧所食之物 不得輒與一切俗人 若自費用 此罪 重於無間獄報. 唐開元中 毛牢妻生子 猪頭象鼻 魚腮驢脚 面有三行字云 前生 於開元寺 借錢三千文 布一端不還 故獲此報. 刺使以聞 勅名毛債 於開元寺掃地 又 令諸寺門壁畵形懲後. 有人詩曰 堪嗟毛債異人類 費用僧錢業報酬. 兩片魚腮兼象鼻 一雙驢脚戴猪頭. 前生自作無知罪 佛地如今掃未休. 爲報後來 貪物者 僧錢不用古來追]

상주물에 털끝 하나 손대지를 말지어니
하루하루 만 배 이자 다 갚기가 어려워서
돼지 머리 나귀 다리 분명하게 보았어라
빚 못 갚아 지금까지 도량 청소 못 쉰다네.

家事精麤宜愛惜　使時須把眼睛看
가사정추의애석　사시수파안정간

莫將恣意胡拋擲　用者須知成者難.
막장자의호포척　용자수지성자난

諸寮供過要精勤　掃地煎茶莫厭頻
제료공과요정근　소지전다막염빈

事衆若能常謹切　身心方是出家人.
사중약능상근절　신심방시출가인

拳手相交不可爲　麤豪非是出家兒
권수상교불가위　추호비시출가아

遭人唾面須揩拭　到底饒人不是癡.
조인타면수개식　도저요인불시치

出家言行要相應　戰戰常如履薄氷
출가언행요상응　전전상여이박빙

雖是未除鬚與髮　直敎去就便如僧.
수시미제수여발　직교거취변여승

좋든 않든 모든 물품 절집 일에 아껴 써서
사용할 때 모름지기 정신 차려 살펴가며
제멋대로 생각하고 내던지지 말 것이니
쓰는 이는 만든 사람 온갖 고생 알지어다.

모든 방을 돌보는 일 정성들여 부지런히
마당 쓸고 차 내는 일 자주 한다 불평 마오
모든 대중 섬기기를 조심하고 간절하면
그런 몸과 그런 마음 되어서야 출가라네.

주먹질로 싸우는 일 절대 해선 안 되는 일
거칠고도 난폭한 짓 출가 남아 아니로다.
다른 이가 침 뱉으면 그저 얼굴 닦아내야
넉넉해진 마음이라 어리석음 아니로다.

출가한 이 말과 행동 서로 맞아 떨어져야
조심스레 살얼음을 밟아가듯 살아가리
아직까지 수염 머리 제거하지 않더라도
오고 가는 모든 행동 스님처럼 할지어다.

宏智禪師 示衆

蒿里[1]新墳盡少年　修行莫待鬢毛班
호리 신분진소년　수행막대빈모반

死生事大宜須覺　地獄時長豈等閒
사생사대의수각　지옥시장기등한

道業未成何所賴　人身一失幾時還
도업미성하소뢰　인신일실기시환

前程黑暗路頭險　十二時中自着奸[2].
전정흑암로두험　십이시중자착간

---

1. 호리蒿里는 중국 태산 남쪽에 있는 산 이름이니 사람이 죽으면 그 혼백이 와서 머문다는 곳으로서 묘지를 말한다.
2. 간奸은 구한다는 뜻이다.[奸 求也]

주어진 삶 모든 곳에 _ 굉지 선사

성 밖 묘지 새 무덤들 좋은 세월 다 보낸 이
수행하며 귀밑 반점 생길 날을 기약마소
죽고 사는 생사문제 모름지기 깨우쳐라
지옥 고통 길고 기니 어찌 등한 하오리까.

도를 당장 못 이루면 그 무엇에 의지할까
사람 몸을 한번 잃고 언제 다시 몸 받으리
저승길이 캄캄하니 가야 할 길 험하구나.
주어진 삶 어디서나 부처님 법 구하여라.

傳法偈[1]

假使頂戴經塵劫　　身爲床座遍三千
가사정대경진겁　　신위상좌편삼천

若不傳法度衆生　　畢竟無能報恩者.
약부전법도중생　　필경무능보은자

---

1. 『대지도론』에 나오는 게송인데 전법게傳法偈는 스승이 제자에게 법을 전해 주는 게송이다.

법을 전하리

부처님을 극진하게 오랜 세월 공양하며
이 내 몸이 침상 되어 삼천세계 다 덮어도
만일 법을 전하여서 중생제도 못한다면
부처님의 크신 은혜 다 갚을 수 없느니라.

黃蘗禪師[1] 偈

塵勞未脫事非常　緊把繩頭做一場
진로미탈사비상　긴파승두주일장

不是一番寒徹骨　爭得梅花撲鼻香
불시일번한철골　쟁득매화박비향

---

1. 황벽(?-850) 선사는 복주福州 민현閩縣 사람인데 어릴 때 홍주洪州 황벽산에서 출가하여 백장회해百丈懷海에게서 법을 이었다. 848년 배휴裵休의 청으로 완릉宛陵의 개원사開元寺에 머물면서 학인들을 맞이하였다. 당唐 대중大中 4년(850) 8월 황벽산에서 입적하였다. 시호는 '단제斷際 선사'이고 탑호는 광업廣業이며 저서에 『전심법요傳心法要』와 『어록語錄』이 있다. 법을 이은 제자로는 임제의현臨濟義玄이 뛰어나다.

코 찌르는 매화 향기 _ 황벽 선사

생사 번뇌 못 벗으면 보통일이 아닐지니
정신 차려 화두 잡고 집중하여 공부하세
뼛속까지 시린 추위 한번 겪지 아니하면
어찌하여 코 찌르는 매화 향기 맡아볼까.

報恩法演禪師[1] 頌

佳人睡起懶梳頭　把得金釵挿便休
가인수기나소두　파득금채삽변휴

大抵還他肌骨好　不塗紅粉也風流
대저환타기골호　부도홍분야풍류

---

1. 보은법연은 남악 17세인 동림도안東林道顔 선사의 법사로서 임제종 스님이다. 생몰연대는 알 수 없다. 구지俱指 선사가 손가락을 세워 법문한 인연을 설하고서는 이 게송을 내놓았다. 동림도안 선사의 법을 이은 제자가 4인이 있는데 첫 번째가 둔암조주遯庵祖珠이고 두 번째가 보은법연이다.

아름다운 풍류 _ 보은법연

고운 여인 깨어나서 자분자분 빗질하고
금비녀를 잡아 꼽곤 돌아앉아 쉬는 모습
그 여인의 피부 자태 얼핏 봐도 아름다워
화장하지 않더라도 알큼살큼 풍류 있네.[1]

---

1. 이 게송의 뜻은 바로 본분을 드러낼 뿐 따로 수행해야 할 방편의 힘을 빌리지 않는다는 것이다.[直據本分 不借新熏] 깨달은 자리에서는 일상의 모든 모습을 그대로 아름답게 즐긴다. 마음의 본뜻을 안 사람은 저자거리의 이야기조차 훌륭한 법담이 될 뿐만 아니라, 나무 위에서 지저귀는 제비 소리까지도 실상實相의 이치에 통달한 소리로 듣는 것이다.

제 **14** 장

부록

附錄

1. 傳記
전 기

超夜叉之難

昔 外國山寺에 有年少比丘인데 每誦法華라.
석 외국산사   유년소비구   매송법화

嘗 於寺外에 經行하다 忽遇羅刹女鬼하니
상 어사외   경행   홀우나찰녀귀

變爲婦人하여 來嬈比丘하여 比丘被惑이어 遂與之通이라.
변위부인   내요비구   비구피혹   수여지통

通後 神昏無覺을 鬼負飛行하여 欲返本處하여 將噉이라.
통후 신혼무각   귀부비행   욕반본처   장담

從一伽藍上過일때
종일가람상과

比丘가 在鬼背上에서 聞誦法華하고 因卽少惺하자 心暗誦之하니라.
비구   재귀배상   문송법화   인즉소성   심암송지

鬼便覺重 漸漸近地하고는 棄之而去라.
귀변각중 점점근지   기지이거

1. 전해오는 재미나는 이야기들

법화경 독송의 공덕

옛날 먼 나라 어느 절에 나이 어린 비구가 있었는데 언제나 『법화경』을 소리 내어 외웠다.

어느 날 일찍이 절 밖에서 포행을 하다 홀연 나찰羅刹 여자귀신을 만났다. 그 귀신이 아름다운 부인으로 변하여 비구를 홀리니 비구는 마침내 정을 통하게 되었다.

정을 통한 뒤 비구가 정신이 혼미하여 깨어날 기미가 없자 귀신은 잡아먹기 위해 그를 업고 그들의 본거지로 날아갔다.

어느 사찰 위를 날아가고 있을 때 귀신 등 위에서 혼절해 있던 비구가 마침 절에서 『법화경』 외우는 소리를 듣고 정신이 들어 마음속으로 따라 외웠다.
그러자 귀신은 등에 업은 비구가 갑자기 무거워지며 자신이 점점 땅 가까이로 떨어지는 것을 알고는 크게 놀라 비구를 숲 속에 버리고 도망가 버렸다.

比丘는 聞鍾入寺하고 陳其本末이라.
비구 문종입사   진기본말

然이나 計去鄕 二千餘里니라.
연   계거향 이천여리

諸僧이 云하되 此人은 犯重이니 不可同止라.
제승   운   차인   범중   불가동지

有一上座이어 云하되
유일상좌   운

爲鬼所惑이지 非是自心이라
위귀소혹   비시자심

旣能脫免이어 現經威力하니 可住寺令懺이로다.
기능탈면   현경위력   가주사영참

後에 遇鄕信하고 乃發遣之하니라.
후   우향신   내발견지

숲 속에서 들리는 종소리로 길을 찾아 절로 들어간 비구는 자신한테 일어난 사건의 자초지종을 스님들에게 이야기하였다. 그런데 그 절은 고향과는 2천리나 떨어져 있는 곳이었다.

모든 승려들이 "이 사람은 중한 계율을 범하였으니 같이 살아서는 안 된다."고 하였다.

그러나 어른 스님께서 말씀하셨다.

"귀신의 유혹에 빠진 것이었지 자신의 뜻은 아니었다. 이미 귀신의 손아귀에서 벗어나 『법화경』의 위력을 드러내고 있으니 절에 머물게 하고 참회시켜도 되겠다."고 하였다.

뒷날 고향에서 온 소식을 받고는 그를 돌려보내 주었다.

戒互用之罪

雲盖智禪師[1] 一夕雨霽 寒月微暎에 宴坐方丈이니라.
운개지선사 일석우제 한월미영　연좌방장

將及二鼓[2]에 忽聞炮灸之臭하자 俄有枷鎖之聲이라.
장급이고　홀문포구지취　아유가쇄지성

開戶視之하니
개호시지

貌不常類 荷枷帶索하고 枷上에 火起而復滅하니라.
모불상류 하가대삭　가상　화기이부멸

立方丈之前하고 以枷尾로 倚於門閫이라.
입방장지전　이가미　의어문곤

智曰 汝是誰耶아. 曷苦如此오.
지왈 여시수야　갈고여차

枷下人 曰 我는 前에 住當山이던 守顒也라.
가하인 왈 아　전　주당산　수옹야

---

1. 운개지雲盖智 선사는 성은 진陳씨이고 이름은 수지守智이며 운개雲盖는 호이다. 23세에 출가하여 처음 구강九江에서 대영관大寧寬에게 공부하고 뒤에 황룡남공黃龍南公에게 인가를 받았다. 황룡남공이 입적한 뒤 서당西堂에 물러나 문을 닫고 30년 동안 참구하니 납자들이 모두 우러러 보았다. 정화政和 5년(1115) 나이 91세에 입적하였다.
2. 이고二鼓는 이경二更이다. 밤 아홉시부터 열한시까지이다.

시주물의 용도를 달리 쓴 호용죄

어느 날 저녁 내리던 비가 개이고 부드럽게 보이는 하얀 달덩이가 어슴푸레 비출 때 방장실에서 운개수지雲盖守智 선사가 편안히 좌선삼매에 들어 있었다.

밤 아홉 시가 되었을 때 홀연 고기 태우는 냄새가 진동하며 갑자기 쇠사슬 끌리는 소리가 들렸다.

문을 여니 손과 목이 형틀에 묶인 이상한 모습의 사람이 보였는데 그 형틀 위로는 불길이 타올랐다 꺼지고는 하였다.

그 사람은 형틀 한쪽을 방장실 앞에 있는 문턱에 기대고 서 있었다. 수지 선사가 말하였다.

수지 : 그대는 누구시오? 어찌 이와 같은 고통을 받는단 말이오?

수옹 : 저는 전에 이 산에 살던 수옹守顒이라 하옵니다.

智大驚 曰 公居此山일때 院宇一新하여 道風遠播일새
지대경 왈 공거차산   원우일신   도풍원파

意非四禪이면 不足處之인데 云何若是오.
의비사선   부족처지   운하약시

顒曰
옹왈

我 修道 二十年에 不互用 化士供僧之物이라.
아 수도 이십년 불호용 화사공승지물

後에 造僧堂일때 互用僧供하고는 猶未塡設일새 受苦至此니라.
후   조승당   호용승공   유미전설   수고지차

智曰 作何方便이어야 可免이오.
지왈 작하방편   가면

顒曰 望컨대 以慈悲로 回賣僧堂하여 塡圓衆供하소서.
옹왈 망   이자비   회매승당   전원중공

智曰 浸久之事라 以何로 爲憑이리오.
지왈 침구지사 이하   위빙

수지 선사가 크게 놀라면서 물었다.

수지 : 당신이 이 산에 머무실 때 절을 새로 지어 부처님의 도가 멀리까지 전해졌으니, 제 생각으로는 최소한 천상이 아니면 거처할 곳이 아니신데 어찌 이와 같은 고통을 받는단 말입니까?

수옹 : 제가 절에 들어와 살면서 20년 동안 시주들이 스님들에게 올린 공양물을 다른 곳에 써본 적이 없었습니다. 하지만 뒷날 승당을 지을 때 스님들의 공양물을 전용해 쓰고는 아직 충당하지 못한 것이 있었기에 이 과보로 받는 고통이 오늘날 여기에까지 이르게 되었습니다.

수지 : 어떤 방편을 써야 당신이 이 고통을 면할 수 있겠습니까?

수옹 : 스님의 자비로 승당을 처분하여 그 돈으로 대중들의 공양물에 다시 써주시기를 간청하옵니다.

수지 : 아주 오래전 일이라 무엇으로 대중들에게 이 일의 증거를 삼아야 되겠습니까?

曰
왈

當時 意謂 修造畢功이면 卽爲塡設인데 無何至死라.
당시 의위 수조필공   즉위전설   무하지사

嘗 以破籠 盛檀越 名目하고 置庫司暗閣上인데 今幸存焉이니라.
상 이파롱 성단월 명목   치고사암각상   금행존언

翌日 集衆詣庫司하니 帳目果在라.
익일 집중예고사   장목과재

唱賣 衣鉢及僧堂하여 遂爲塡設하니 五年及足이라.
창매 의발급승당   수위전설   오년급족

後夢에 顯來하여 謝하며
후몽   옹래   사

賴師之力으로 幸免獄苦하고 得生人中하니 三生後 復爲僧하리라.
뇌사지력   행면옥고   득생인중   삼생후 부위승

以此觀之하면
이차관지

用僧供物하여 造僧房屋하고 願還不及도 尙受此報인데
용승공물   조승방옥   원환불급   상수차보

當今撥無因果者 互用財利하고
당금발무인과자 호용재리

甚竊常住하여 以爲己有하면 爲如何哉이리오.
심절상주   이위기유   위여하재

---

1. 단월檀越은 시주하는 사람을 말한다.
2. 창매唱賣는 경매를 말한다.

수옹 : 당시 승당을 다 짓고 나면 바로 사용처가 바뀐 금액을 채워 넣으려고 했는데 금방 죽게 되어 어떻게 해보지를 못했습니다. 일찍이 시주자 이름과 시주 받은 물품 품목을 모두 적어놓은 장부를 헌 대바구니에 넣어 창고 어두운 벽장 위에 놓아두었는데 다행히 지금까지도 남아 있을 것입니다.

다음날 대중과 함께 창고에 가보니 과연 그 장부가 남아 있었다. 옷과 발우와 승당을 처분하여 대중들의 공양물에 충당해 가니, 5년 만에야 대중의 공양물 금액을 충족시키게 되었다.

뒷날 꿈에 나타난 수옹 스님이 감사의 예를 올리면서 "선사의 자비로 다행히 지옥의 고통을 면하고 사람으로 태어나니 다시 3생 뒤에 승려가 될 것입니다."라고 말하였다.

이로 보면 승려의 공양물로 승당을 짓고 뒷날 돌려주려다 돌려주지 못한 과보도 이와 같은데, 지금 인과를 무시하는 자들이 재물을 마음대로 쓰고 심지어 상주물을 훔쳐 자신의 소유물로 삼는다면 그 과보가 어떻겠는가.

彼明眼人도 被互用罪로 尙受苦報
피명안인　피호용죄　상수고보

況具縛人이 取三寶物하여 私用之罪로 豈可逃乎아.
황구박인　취삼보물　　사용지죄　기가도호

저 눈 밝은 사람도 시주물의 사용처를 바꾸어 마음대로 쓴 호용죄 互用罪로 고통스런 과보를 받았는데, 하물며 죄 많은 사람들이 깨끗한 삼보의 재물을 가져다 사사로이 쓴 죄로 받아야 할 엄청난 과보를 어찌 벗어날 수 있겠는가.

東山方丈之火筯

又 東山淵公[1] 行業은 高潔하니라.
우 동산연공 행업 고결

自東山 遷至五峰인데 見火筯[2] 與東山方丈所用 無異라.
자동산 천지오봉 견화저 여동산방장소용 무이

遂謂其眷 曰 莫是東山方丈之物乎아하니
수위기권 왈 막시동산방장지물호

眷曰 然이라 彼此常住 無利害故로 將至矣니라.
권왈 연 피차상주 무이해고 장지의

師曰 汝輩無識이로다
사왈 여배무식

安知因果에 有互用罪이리오하며 急令送還하니라.
안지인과 유호용죄 급령송환

---

1. 동산연공東山淵公은 생몰연대 및 전기 미상이다.
2. 화저火筯는 부젓가락이다.

동산 방장실의 부젓가락

동산연공東山淵公 선사가 살아가는 모습은 고결하였다.

한번은 동산東山에서 오봉五峰으로 옮겨 살았는데 부젓가락이 동산 방장실에서 쓰던 것과 똑같은 것을 보게 되었다.

동산에서 따라온 시자에게 "이것은 동산 방장실에서 쓰던 물건이 아닌가?" 물으니,

시자가 "그렇습니다. 여기서 쓰든 저기서 쓰든 상주물로서 절집에 이익 되고 해될 것이 없으므로 가지고 왔습니다."라고 말하였다.

선사께서 이르기를 "그대들이 몰랐구나. 어찌 인과에 상주물의 용도를 달리 써서 받게 되는 죄로 '호용죄互用罪'가 있음을 알고 있었겠는가." 하시며, 급히 부젓가락을 동산으로 돌려보냈다.

辨救命之報

搜神記[1]에 云이라.
수신기   운

隋縣 溠水側에 有斷蛇丘라.
수현 차수측   유단사구

昔에 隋侯 出見大蛇 爲牧童所傷이라.
석   수후 출견대사 위목동소상

疑其靈하여 以藥傅之하니 蛇乃去로 因名其丘니라.
의기령   이약부지   사내거 인명기구

後歲餘 蛇含珠而報之라.
후세여 사함주이보지

其珠는 徑寸純白인데 夜有光이어 可以燭百里니라.
기주   경촌순백   야유광   가이촉백리

謂之隋侯珠[2]라하고 亦曰 夜光珠라하며 又 靈蛇珠라하니라.
위지수후주   역왈 야광주   우 영사주

---

1. 『수신기』는 진晉나라 간보干寶가 신기하고 괴이한 설화를 모아놓은 책이다.
2. 수후주는 수후가 뱀을 도와준 공덕으로 얻은 구슬인데 후세에 변화卞和의 옥玉과 함께 천하의 보물이 되었다.

살려 준 은혜에 보답한 뱀

『수신기』에서 말하였다.

수현隋縣 차수溠水 옆에 토막 난 뱀의 구릉이란 뜻을 가진 '단사구斷蛇丘'가 있다.

옛날 수후隋侯가 밖에 놀러 나왔다가 언덕에서 큰 뱀이 목동에게 몸이 토막 날 정도로 크게 상처 입고 있는 것을 보게 되었다. 그는 저 뱀이 영물이 아닐까 의심하여 약을 가져다 잘 치료해 주니, 뱀이 치료를 받고 간 일이 있다 하여 그 언덕의 이름을 단사구라 하였다.

몇 년이 지난 뒤 그 뱀은 빛나는 구슬을 물고와 치료해 준 은혜에 보답하였다. 그 구슬은 순백색으로 직경이 1촌 남짓한데 밤에는 빛이 나서 1백리를 밝힐 수 있었다.

이 구슬을 '수후주隋侯珠'라 하였고, '야광주夜光珠' 또는 '영사주靈蛇珠'라 말하기도 하였다.

驚多言之失

古人 詩云
고인 시운

若不三山¹霜霧艾 千載能燒我不死
약불삼산 상무애 천재능소아불사

自口出藥還自死 不如緘口釜中煮
자구출약환자사 불여함구부중자

又 異苑²에 云하니라. 東吳 孫權³時 有人이 入山 遇大龜하자 卽
우 이원 운 동오 손권 시 유인 입산 우대귀 즉

束之而歸하니 能作人言 曰 遊不良時 爲君所得이로다.
속지이귀 능작인언 왈 유불량시 위군소득

人甚怪之하고 載出하여 欲上吳王이라.
인심괴지 재출 욕상오왕

夜泊越里일새 攬船於大桑樹니라.
야박월리 남선어대상수

---

1. 삼산三山은 삼신산三神山이라고도 하니 신선이 산다는 봉래蓬萊·방장方丈·영주瀛洲 세 산을 말한다.
2. 『이원』은 책 이름인데 송宋나라 유경숙劉敬叔이 찬술하고 모두 10권이다.
3. 손권(182-252)은 중국 삼국시대 오나라 초대 황제인데 시호는 태황제太皇帝이다. 손견孫堅의 둘째 아들인데 200년에 손책孫策이 죽자 그 뒤를 이어 주유周瑜의 보좌를 받아 나라를 다스렸다. 손권은 촉나라 유비와 힘을 합쳐 남쪽으로 내려오는 조조의 대군을 적벽에서 격파함으로써 강남에서 확고한 위치를 다졌다.

말이 많아 생긴 재앙

옛 사람이 시로 말하였다.

> 삼신산 서리와 안개 속에 자란 쑥이 아니라면
> 천 년을 태워 죽이려고 해도 나는 죽지 않으리라
> 스스로 입에서 약을 내뱉고 그 자리에 죽는 일도
> 입을 다물고 솥 가운데 삶겨 죽는 것만 못하리라.

또 『이원異苑』에서 말하였다.

동오東吳 손권孫權 때 어떤 사람이 산에서 큰 거북이를 보자 잡아서 묶어 돌아오니, 거북이가 사람 말을 하며 "노는 때가 좋지 않아 그대에게 잡혔구나."라고 하였다.

거북이를 잡은 사람이 참 기이하게 생각하고 그것을 배에 실어 오나라 왕에게 바치려고 길을 떠났다. 배를 타고 길을 가다 밤에 월리越里라는 마을에 정박하게 되었기에 큰 뽕나무 밑에 배를 매어 두었다.

夜自樹中 有聲呼龜 曰 勞乎 元緒¹ 無事爾耶오.
야자수중 유성호귀 왈 노호 원서 무사이야

龜曰 今被拘執이니 方見烹哉라.
귀왈 금피구집　방견팽재

雖盡南山樵라도 不能潰我이나 諸葛元孫은 博識하니 必致相苦리라.
수진남산초　불능궤아　제갈원손　박식　필치상고

樹曰 若救려면 我之徒 計將安出이오.
수왈 약구　아지도 계장안출

龜曰에 無多辭라 禍將及汝리라하니 樹寂然而止하나라.
귀왈　무다사　화장급여　　수적연이지

旣至에 權命烹之라.
기지　권명팽지

焚柴萬車하나 語猶如舊니라.
분시만거　어유여구

諸葛恪 曰 燃老桑이어야 乃熟이라하니
제갈각 왈 연노상　　내숙

獻者 仍說龜樹共言이라.
헌자 잉설귀수공언

---

1. 원서는 거북이의 다른 이름이다.

밤중에 뽕나무가 거북이에게 "힘들겠구나. 거북아! 너에게 아무 일도 없을까?"라고 말하니,

거북이가 "이제 잡혔으니 뜨거운 물에 삶기게 될 것이다. 남산의 땔나무를 다 태우더라도 나를 삶아 죽일 수야 없지만 박식한 제갈각한테 반드시 큰 고난을 당하게 될 것이야."라고 하였다.

뽕나무가 "너를 구하려면 우리가 어떤 계책을 써야 하지?" 라고 말하자,

거북이가 "말을 많이 하지 말라. 재앙이 너에게 미칠 것이다." 하니, 뽕나무가 말을 멈추고 조용히 있었다.

이윽고 목적지에 도착하여 큰 거북이를 바치자 손권이 그것을 뜨거운 물에 삶으라고 명령하였다. 1만 수레나 되는 땔나무를 불살랐지만 삶기 전처럼 여전히 거북이는 살아 있다고 보고를 받았다.

제갈각諸葛恪이 "오래 된 뽕나무를 땔나무로 써야 삶아질 것입니다."라고 하니, 거북이를 바쳤던 사람도 거북이와 뽕나무의 대화를 엿들은 내용을 말해 주었다.

權命하여 使伐桑煮龜케하니 立卽爛이니라.
권 명   사 벌 상 자 귀   입 즉 란

又 有一句이니 世上功名은 看木鴈이요 坐中談笑는 愼桑龜니라.
우 유일구   세상공명   간목안   좌중담소   신상귀

註 木은 以材見伐이요 鴈은 以不鳴就死니라. 見莊子하라.
주 목   이재견벌   안   이불명취사   견장자

1. 장자가 산중을 지나가다 가지와 잎이 무성한 큰 나무 한 그루를 보았다. 그런데 그 옆에 있는 목수는 나무 곁에 서 있을 뿐 나무를 벨 생각조차 하지 않고 있었다. 이에 장자가 그 까닭을 묻자 목수는 쓸모없는 나무이기 때문이라고 대답했다. 장자는 이윽고 산에서 내려와 어느 친구의 집을 찾아갔다. 그 친구는 매우 반가워하며 머슴아이를 시켜 기러기를 삶아오도록 했다. 머슴아이가 "기러기가 두 마리 있는데, 한 마리는 잘 울고 한 마리는 울지 못하는데 어느 놈을 잡을까요?"라고 묻자 울 줄 모르는 놈이 쓸모없으니 그 놈을 잡으라고 하였다.
그 이튿날 장자의 제자들이 나무는 쓸모없음으로 천수를 다했고 기러기는 쓸모없음으로 죽임을 당했는데 어느 쪽을 선택하겠느냐고 장자에게 물었다.
장자는 쓸모 있음과 쓸모없음의 중간을 선택할 것이나 이 역시 참다운 도는 아니라고 하면서 세상 사는 참다운 지혜는 오직 진리의 세계에서 자유자적하는 삶에 있을 뿐이라고 하였다.

손권이 그 뽕나무를 베어 거북을 삶게 하니 곧바로 삶아졌다. 또 한 글귀가 있으니 "세상의 부귀공명에 대한 것은 나무와 기러기 고사를 보아야 하는 것이요, 앉아 이야기를 나눌 때는 뽕나무와 거북이의 일화로 귀감을 삼아야 한다."라고 하였다.

덧붙여 말하노니 나무가 재목감으로 적합하면 베어지는 것이요, 기러기가 울지 않으면 죽게 되는 것이다.『장자』에 나오는 내용을 보라.

明惜字之益

宋 王沂¹公父는 見字紙遺地하면 必拾取하여 以香湯으로 洗過하고
송 왕기 공부 견자지유지   필습취   이향탕   세과

焚之하니라. 一夕夢에 先聖이 撫背하며 曰
분지   일석몽 선성   무배   왈

汝는 敬重吾字之紙 勤也로다. 恨汝老矣이어 無可成就로다.
여   경중오자지지 근야   한여로의   무가성취

他日 當令曾參 來生汝家케하여 顯大門閭리라.
타일 당령증삼 내생여가   현대문려

未幾 果生一子하니 遂命王參이라. 弱冠 擢第壯元하니 卽沂公也라.
미기 과생일자   수명왕삼   약관 탁제장원   즉기공야

以此推之컨대 有字紙面은 不可抛撒踐踏이라.
이차추지   유자지면   불가포살천답

偈 曰
게 왈

世間文字藏經同　見者須將付火中
세간문자장경동　 견자수장부화중

或擲淸流埋淨處　賜君壽福永無窮.
혹척청류매정처　 사군수복영무궁

---

1. 왕기는 원나라 때 진정眞定 사람인데 자字는 사노思魯이다. 연우중延祐中 (1314-1310)에 진사進士가 되어 벼슬이 예부상서禮部尙書에 이르렀다. 저서에 『이빈집伊濱集』이 있다.

350

경전을 소중하게 여겨야

송나라 왕기공王沂公의 아버지는 불법의 내용이 적혀 있는 종이가 땅에 떨어진 것을 보면 반드시 주어 향을 우려낸 물로 깨끗이 씻어낸 뒤 그것을 불살라 없앴다. 어느 날 저녁에는 꿈에 부처님이 나타나 등을 어루만지면서 말씀하셨다.

"그대는 내 가르침이 쓰여 있는 종이를 소중히 공경하는 마음이 끝이 없구나. 그대가 지금 늙어서 불법을 성취할 수 없는 것이 한스러울 뿐이다. 뒷날 증삼曾參이란 인물이 그대 집안에 태어나 문중을 크게 빛내게 될 것이다."

얼마 지나지 않아 과연 아들을 낳았는데 이름을 왕삼이라 하였다. 젊은 나이에 장원급제하니 곧 기공沂公이었다. 이로 추측해 보건대 부처님의 가르침이 들어 있는 종이는 함부로 버리거나 밟아서는 안 된다. 게송으로 말한다.

부처님 법 쓰여 있는 종이들은 경전이니
보는 사람 모름지기 불을 살라 태우거나
맑은 물에 던지거나 깨끗한 땅 파묻으면
그 과보로 수명 복덕 영원토록 끝없으리.

彰建屋之福

仁孝勸善書에 云이라.
인효권선서   운

昔 維衛佛께서 與六萬二千比丘 出山하여 還父王國하니
석 유위불   여육만이천비구 출산   환부왕국

王이 於城外에 割地 立屋하여 處諸比丘하니라.
왕   어성외   할지 입옥   처제비구

有一比丘 語左右家하여 欲倩作屋인데 男子不許라.
유일비구 어좌우가   욕청작옥   남자불허

其家老母 手自爲之하여 屋旣成之하니 十指皆穿이라.
기가노모 수자위지   옥기성지   십지개천

比丘가 坐中入定하며 一夜 入火光三昧[1]하니 舍現大火라.
비구   좌중입정   일야 입화광삼매   사현대화

母望하고 念言하기를 作屋하자 尋燒하니 何其薄福이오하며
모망   염언   작옥   심소   하기박복

走見하니 如舊니라.
주견   여구

但火光中에 見比丘하고는 甚喜라. 壽終이어 生天하니라.
단화광중   견비구   심희   수종   생천

---

1. 화광삼매는 선정 속에서 불빛처럼 환하고 밝은 기운이 올라오는 삼매를 말한다.

토굴을 지어 준 복락

어진 마음과 효도로 착한 일을 권하는 『인효권선서仁孝勸善書』에서 말하였다.

옛날 유위維衛 부처님이 6만 2천 비구와 함께 산을 나와 부왕의 나라로 돌아가니, 왕이 성 밖에 땅을 주고 방사를 지어 모든 비구들을 머물게 하였다.

이때 어떤 비구가 토굴을 짓고자 이웃 인가에 도움을 부탁했는데 남자들이 일을 도와주지 않았다. 그런 모습에 애가 탄 이웃집 일꾼의 노모가 손수 나서 직접 토굴을 지어 완성하자 노모의 열 손가락이 다 헐어버렸다.

비구가 그 토굴에 앉아 선정에 들면서 어느 날 밤 화광삼매에 들어가니 밝고 큰 불길이 토굴 위로 솟구쳤다. 노모가 멀리서 그것을 보고 "집을 짓자 불이 나니 어찌 저리도 박복한가."라고 혼자 생각하며 불을 끄려고 달려가 보니 여전히 집은 그대로 있었다.

다만 불빛 가운데 앉아 있는 비구를 보고나서는 매우 기뻐하였다. 노모는 수명이 다하자 하늘나라에 태어나게 되었다.

釋迦가 成佛때 天命 未盡 下來白佛하기를
석가   성불   천명 미진 하래백불

明日 飯佛及僧하니 佛默然受之하니라.
명일 반불급승   불묵연수지

匡王¹이 又 遣人하여 請佛하니
익왕   우 견인   청불

佛曰 已受天請이니라.
불왈 이수천청

王은 自思曰하기를 未嘗見天人下施인데 何緣有此오.
왕   자사왈   미상견천인하시   하연유차

明日 遣人候之하나 不見施辦이라.
명일 견인후지   불견시판

日近午正이나 亦復寂然이라.
일근오정   역부적연

王勅修饌하고 若無其人이면 吾當供之하리라.
왕칙수찬   약무기인   오당공지

---

1. 익왕은 파사익왕을 말하니 중인도 사위국의 왕이다. 그의 아들 기타태자祇陀太子는 수달다須達多와 함께 기원정사를 지어 부처님께 바쳤다. 왕도 불법을 독실하게 믿어 외호하는 일을 맡았다. 부처님과 생일이 같고 부처님께서 성도하시던 해에 왕위에 올랐다.

석가모니가 성불하였을 때, 하늘나라 수명이 아직 남아 있는 '전생에 노모였던 천녀天女'가 지상으로 내려와 부처님께 "다음 날 부처님과 스님들께 공양을 올리겠습니다."라고 하니, 부처님께서는 묵묵히 그 청을 받아들였다.

파사익왕이 그때 또 사람을 보내 부처님께 공양 청을 하자 부처님께서 "이미 하늘나라 공양 청을 받았느니라." 말씀하셨다.

왕은 홀로 "하늘나라 사람들이 지상에 내려와 공양 올리는 것을 아직 보지 못했는데, 어떤 연고로 이와 같은 일이 있게 되는가."라고 생각하였다.

다음 날 사람을 보내서 하늘나라 사람들이 공양 올리는 것을 기다리게 하였지만, 천녀들이 공양 올리는 모습을 볼 수 없었다. 해가 정오에 가까웠으나 역시 조용하기는 마찬가지였다.

왕은 음식을 준비하라고 명령하고, 공양 올리는 하늘나라 사람들이 없다면 왕 자신이 부처님께 공양을 올리리라 생각하였다.

日中에 天至이나 了不賚食이라.
일중   천지   요불뢰식

但將天女 鼓諸音樂하고 禮佛而住하면서
단장천녀 고제음악   예불이주

白曰하기를 時到니라하고 卽擧手巾하자 衆事 自然 皆辦이니라.
백왈   시도   즉거수건   중사 자연 개판

行水旣訖하고 擧手出廚하자 百味甘露 自然在地라.
행수기흘   거수출주   백미감로 자연재지

手自斟酌하니 衆會皆足하니라.
수자짐작   중회개족

王見 驚異하고 白佛하기를 此女는 何福乃爾오하니
왕견 경이   백불   차녀   하복내이

佛爲王說이라.
불위왕설

前世에 爲比丘하여 作屋以手라.
전세   위비구   작옥이수

從是로 生天하여 九十一劫 手出衆物인데 福尙未終이니라.
종시   생천   구십일겁 수출중물   복상미종

정오가 되자 하늘나라 사람들이 도착하였으나 음식을 가져오지 않았다는 것을 알았다. 다만 천녀들이 아름다운 음악을 연주하고 부처님께 예배만 하고 있다가, 시간이 조금 흐른 뒤 "공양 시간이 되었습니다."라고 아뢰면서 비단결 같은 소맷자락을 가볍게 흔들자 온갖 공양물이 자연스럽게 준비되었다.

깨끗이 손을 씻고 요리하기 시작하자 감로수와 같은 온갖 맛깔스러운 음식들이 저절로 차려졌다. 손들이 저절로 입맛에 맞는 대로 가니 대중들이 모두 만족하였다.

왕이 보고 크게 놀라면서 부처님께 "이 천녀는 무슨 복으로 이러합니까?" 사뢰니, 부처님께서는 왕을 위하여 그 인연을 설명해 주셨다.

"이 천녀는 전생에 비구 스님을 위하여 노인의 몸으로 손수 토굴을 지어 주었던 일이 있었다. 그 뒤로 하늘나라에 태어나 91겁 동안 손에서 온갖 물건을 내놓을 수 있는 복락福樂을 얻게 되었는데 그 복락이 아직 끝나지 않았느니라."

2. 稽古
계 고

得髓得皮

達磨 住少林 經九年하고 欲返天竺에 乃謂門人하여 曰 時將至矣인
달마 주소림 경구년   욕반천축 내위문인   왈 시장지 의

대 盍各言所得이오. 道副 曰 不執文字하고 不離文字하여 以爲道用
   합각언소득   도부 왈 부집문자   불리문자   이위도용

이라하니 曰 汝得吾皮니라.
         왈 여득오피

摠持 曰 我今 所解 如慶喜見 阿閦佛國[1]이어 一見하고 不再見이
총지 왈 아금 소해 여경희견 아촉불국   일견   부재견

니라하니 曰 汝得吾肉이니라.
         왈 여득오육

道育 曰 以我見處로 無一法可得이니라하니 曰 汝得吾骨이니라.
도육 왈 이아견처 무일법가득   왈 여득오골

最後 慧可 出禮三拜하고 依位而立하니 曰 汝得吾髓니라.
최후 혜가 출례삼배   의위이립   왈 여득오수

---

1. 아촉불국은 아촉불의 국토를 말한다. 아촉은 부처님 이름이며 번역하여 부동不動 또는 무노불無怒佛이라고 한다. 옛적에 이 세계에서 동방으로 일천 불국토를 지나면 아비라제국阿比羅提國이 있는데 대일여래大日如來가 주불主佛이다. 아촉은 그 부처님께 '절대 성을 내지 않겠다'는 무진에無瞋恚의 원력을 발하고 수행을 완성하여 아비라제阿比羅提에서 현재 설법하고 계시는 부처님이다.

2. 옛날 일들을 생각하며

골수를 얻었도다

달마 대사가 소림사에 머무르기를 9년, 천축으로 돌아가려고 문인들에게 일러 "내가 천축으로 돌아갈 날이 다가 오는데, 저마다 어찌 얻은 바를 말하지 않느냐?"라고 물었다.

도부道副 스님이 "문자에 집착하지도 않고 문자를 떠나지도 않습니다. 이것으로 도를 위하여 쓸 뿐입니다." 하니, "그대는 나의 가죽을 얻었도다." 하였다.

총지總持 스님이 "제가 이제 이해한 바 기쁘게 동방의 부처님을 뵙는 것 같아서 한번 보고 다시 뵐 일이 아닙니다." 하니, "그대는 나의 살을 얻었도다." 하였다.

도육道育 스님이 "저의 견처見處로는 얻을 만한 법이 하나도 없습니다." 하니, "그대는 나의 뼈를 얻었도다." 하였다.
맨 마지막에 혜가慧可 스님이 나와 삼배를 올리고 그대로 서 있으니, "그대는 나의 골수를 얻었도다." 하였다.

一麻一麥

瑞應本起經에 云이라.
서응본기경　운

菩薩이 取草 布地하고 叉手 閉目하며 一心 誓言하기를
보살　취초 포지　　차수 폐목　　일심 서언

使吾於此에 肌骨枯腐라도 不成佛이면 終不起하리라.
사오어차　기골고부　　불성불　　종불기

天神이 進食해도 不受하니 天令左右 自生麻麥케하니라.
천신　진식　　불수　　천영좌우 자생마맥

菩薩이 日食一麻一麥하며 端坐六年하니라.
보살　일식일마일맥　　　단좌육년

삼씨 한 알 보리 한 알

『서응본기경』에서 말하였다.

보살이 풀을 갖다 땅에 깔고 앉아 두 손을 마주 잡고 눈을 감은 채 마음을 모아 맹세하기를 "나는 이 자리에서 살과 뼈가 마르고 썩더라도 성불하지 못하면 끝내 일어서지 않으리라." 하였다.

천신이 음식을 갖다 드려도 받지 않으니 하늘에서 그 주변에 저절로 마와 보리가 자라게 하였다. 보살이 하루에 삼씨 한 알과 보리 한 알을 먹으면서 6년을 곧고 단정하게 앉아 있었다.

飛錫點基

舒州 潛山은 世稱奇絶인데 而山麓尤勝이라.
서주 잠산 세칭기절   이산록우승

誌公與白鶴道人[1]이 爭居之하려 共奏 梁武帝하니
지공여백학도인   쟁거지   공주 양무제

帝는 使二人이 各以物誌之하여 先得者 居之케하니라.
제   사이인   각이물지지   선득자 거지

於是에 道人이 先放白鶴하고 誌公은 次飛錫杖이라.
어시 도인 선방백학   지공   차비석장

錫先卓立에 甘泉湧出일새 誌公이 結庵 安居하니라.
석선탁립 감천용출   지공 결암 안거

王陽明[2] 詩曰
왕양명   시왈

險夷元不滯胸中 何似浮雲過太空
험이원불체흉중 하사부운과태공

夜靜海濤三萬里 月明飛錫下天風.
야정해도삼만리 월명비석하천풍

---

1. 백학 도인은 생몰연대 및 전기 미상이다.
2. 왕양명(1472-1528)은 중국 명나라 중기 유학자인데 자字는 백안伯安이고 호는 양명이며 이름은 수인守仁이다. 학문적으로는 주자학朱子學을 배웠으나 만족하지 않고 선禪이나 노장老莊의 설에 심취한 때도 있었지만 도우道友인 담감천湛甘泉을 만난 무렵부터 성현의 학學을 지향하게 되었다. 양명학의 진수를 논한 것으로 일컬어지는 유명한 사구결四句訣이 있다. "선도 없고 악도 없는 것이 마음의 바탕이요, 선도 있고 악도 있는 것은 의意의 활동이며, 선을 알고 악을 아는 것은 양지良知요 선을 위해 악을 버리는 것이 격물格物이다.[無善無惡是心之體 有善有惡是意之動 知善知惡是良知 爲善去惡是格物]"

주장자를 날려 보내니

서주舒州에 있는 잠산潛山은 세상에서 보기 좋은 매우 아름다운 경치를 가지고 있다고 하는데 산기슭의 경치는 더욱 빼어나다.

지공誌公 스님과 백학白鶴 도인이 이 자리를 서로 차지하려고 양무제에게 상소를 올리니, 양무제는 두 사람이 저마다 신물信物에 표시하여 먼저 그 자리를 얻은 사람이 머무르게 하였다.

이에 백학 도인이 먼저 흰 학을 풀어놓고 지공 스님은 뒤이어 주장자를 날려 보냈다. 주장자가 먼저 날아가 우뚝 선 자리에서 물맛 좋은 샘물이 솟구쳐 나왔기에 지공 스님이 암자를 짓고 살게 되었다.

왕양명이 시로 말한다.

험난하든 평탄하든 가슴 속에 두질 않아
저 허공에 흰 구름이 무심하게 흘러가듯
고요한 밤 파도 소리 멀리멀리 뻗어가니
달 밝은데 주장자가 하늘에서 떨어지네.

黃梅泉[1] 題順天仙巖寺 詩曰

幽壑鍾聲自宇寰　燈燈邃現百年間.
유학종성자우환　등등수현백년간

飛空試卓泉根錫　度世聊探樹裡環.
비공시탁천근석　도세료탐수리환

半榻晝明花綴牖　九霄雲盡月籠山.
반탑주명화철유　구소운진월농산

向平華髮秋無數　願乞金丹一粒還.
향평화발추무수　원걸금단일립환

---

1. 황매천(1855-1910)은 조선 후기의 학자이자 우국지사이다. 본관은 장수長水이고 자字는 운경雲卿이며 이름은 황현黃玹이고 호가 매천梅泉이다. 전남 광양에서 출생하고 시문에 능하여 1885년 생원시에 장원하였으나 시국의 혼란을 개탄하고 향리에 은거하였다. 융희 4년(1910) 일제에 의해 국권을 빼앗기자 치욕을 억누르지 못해 절명시絶命詩 4편을 남기고 음독 순국하였다. 이듬해 영남과 호남 선비들의 성금으로 『매천집梅泉集』이 출간되고 한말 풍운사風雲史를 담은 『매천야록梅泉野錄』은 1955년 국사편찬위원회 사료총서 제1권으로 발간되어 한국 최근세사 연구에 귀중한 사료가 된다. 그 밖의 저서에 『동비기략東匪紀略』이 있다. 1962년 대한민국 건국훈장 독립장이 추서되었다. 선암사는 전남 순천시 승주군 조계산에 있는 사찰이다.

순천 선암사를 소재로 쓴 시 _ 황매천

깊은 골에 종소리가 우주에서 들려오니
밝은 등불 이어지며 백 년 세월 빛나는 절
허공 날던 주장자가 꽂힌 자리 맑은 샘물
중생 제도 애오라지 숲 속 보물 찾는다네.

평상 위에 나앉으니 밝은 대낮 화창한 꽃
하늘 끝에 구름 개니 높은 산에 달이 덩실
귀밑머리 새하얗게 많은 세월 흘렀어라
어서 빨리 깨달아서 부처 세상 태어나리.

錫杖解虎

齊僧 慧稠[1] 在懷州王屋山에 聞虎鬪하고 以錫杖으로 解之하니라.
제승 혜조 재회주왕옥산 문호투 이석장 해지

因成으로 頌曰
인성 송왈

本自不求名　剛被名求我
본자불구명　강피명구아

岩前解兩虎　障却第三果.
암전해양호　장각제삼과

---

1. 혜조慧稠는 생몰연대 및 전기 미상이다.

호랑이 싸움을 말리다

제齊나라 승려 혜조慧稠가 회주懷州 왕옥산王屋山에 있을 때 호랑이 싸우는 소리를 듣고는 주장자로 말렸다.

그 일로 인연하여 게송으로 말하노니

스스로가 본디 명예 찾은 일이 없었지만
명예라는 것이 굳이 나를 찾아오게 되니
바위 앞에 호랑이가 싸우던 일 말린 것이
깨달음에 나아가는 공부 길을 방해하네.

又 曇詢[1]이 因山行에 見兩虎相鬪라.
우 담순   인산행 견양호상투

累日 不歇일새 遂執錫分之하고 因語에 曰
누일 불헐   수집석분지   인어 왈

同居林藪하며 計豈大乖요 幸各分路하라하니
동거임수   계기대괴 행각분로

於是에 兩虎 低頭하고 受敎而去하노라. 詩曰
어시 양호 저두   수교이거   시왈

窓前錫杖解兩虎
창전석장해양호

床下鉢盂藏一龍.
상하발우장일룡

---

1. 담순曇詢은 수나라 때 굉농宏農 사람인데 성은 양楊씨이다. 담준曇準 승조僧稠를 좇아 배움을 구해 경장을 통달하였고 홀로 좌선하기를 좋아하였다. 문제文帝가 그 도풍을 듣고 특별히 사자를 보내 예우하고 공경하였다. 개황開皇 19년(599) 나이 85세로 백첨산사柏尖山寺에서 입적하였다.

또 담순 스님이 산에서 수행을 하다가 두 호랑이가 으르렁거리며 싸우는 것을 보았다. 여러 날 지켜봐도 싸움을 멈추지 않으므로 마침내 석장으로 뜯어 말리고 이르기를 "숲 속에서 같이 살며 어찌 그리 싸우는가. 저마다 제 갈 길로 가라." 하니, 이에 두 호랑이가 머리를 숙이고 가르침을 받고서는 그 자리를 떠났다.

시詩 한 수로 말하노니

창문 앞에 있던 석장 두 호랑이 싸움 말려
평상 아래 발우에는 용 한 마리 담아두네.

찾아보기

인용경전

『관음소』 90
『노자』 262
『논어』 100, 144, 268, 279
『능엄경』 85, 213
『대당서역기』 248
『대론』 257
『대송승사략』 258
『대지도론』 76, 238
『대집경』 314
『모성자』 123
『박물지』 214
『방등다라니경』 158
『법본내전法本內傳』 107, 109, 113
『법화경』 43
『보량경寶梁經』 207
『사기史記』 216
『사분율』 260
『사십이장경』 278
『사행론』 36
『서경』 26, 208, 279
『서방성인론』 286
『서응본기경』 361
『석명』 234
『선견율비바사』 196
『설문해자說文解字』 50
『순자』 93
『시경』 270, 285

『양자법언』 214
『업보차별경』 300
『역대삼보기』 246
『열녀전』 141
『열반경』 82, 96
『예기』 189, 197
『오계중서』 218
『오서』 126
『원각경』 43
『유마경약소수유기』 202
『의경』 234
『이원異苑』 345
『인효권선서』 353
『일체경음의』 220
『장아함경』 202
『장자』 222
『정명소』 147
『정법념경』 213
『정조도』 30
『조정사원朝庭事苑』 259
『주역』 52, 270
『중용』 198
『지관보행전홍결』 202
『춘추좌씨전』 196
『통혜록通慧錄』 207
『한서』 280
『홍명집』 176
『화엄경』 260

가

가람伽藍 310
가섭마등迦葉摩騰 106, 109, 249
간磵 72
감로수 235
강표江表 30
개물開物 248
개황開皇 132
거추좌예巨醜挫銳 28
게찬偈讚 12
격물格物 362
경술經術 272
경훈警訓 11
계戒 85
계고稽考 12
계상稽顙 93
계율 191
곤계昆季 174
공자 100, 140, 283
곽문거郭文舉 175
『관음소』 90
광목천왕廣目天王 136
굉지선사宏智禪師 292
9무학 134
구겸지寇謙之 273
구류九流 264
구불득고求不得苦 293
궤범사軌範師 142

『규봉수증의圭峰修證儀』 40, 41
규봉종밀선사圭峯宗密禪師 40
극근克勤선사 218
극초郗超 174
금비金錍 83
금선金仙 162
금효禁效 122
기문記文 11
기유覬覦 210

나

나암추懶庵樞화상 80, 81
『난백흑론難白黑論』 171
남산스님 192
내전 203
노군老君 276
노로勞勞 308
노자 112, 276
『노자』 262
노행자盧行者 312
녹로轆轤 242
녹록碌碌 214
『논어』 100, 144, 268, 279
농農 50
농류農流 264
『능엄경』 41, 85, 213

다·라

다문천왕多聞天王　136
단사구斷蛇丘　343
단월檀越　336
달마　31, 75, 359
『달마다라선경』　31
『달성론』　170, 171
담무갈曇無竭　142, 143
담순曇詢　368
담언　232
대규戴逵　174
『대당서역기』　248
『대론』　46, 257
대매大梅스님　66
대머리거사　212, 213
대보大寶　152
『대부례大傅禮』　280
『대송승사략大宋僧史略』　26, 258
대유大猷　278
『대지도론』　76, 238, 320
『대집경』　314
대통지승大通智勝　146
도량道場　135
도류道流　264
도생道生스님　29, 184
돈오頓悟　185
동림혼융東林混融선사　57
동산연공東山淵公　340

등은봉스님　42
라후라　81, 192
란蘭　176
람濫　26
려唳　70

마

마등스님　125
마이摩夷　260
『마하지관摩訶止觀』　41
만맥蠻貊　100
맥광麥廣　254
맹가孟軻　101
맹견孟堅　265
맹자　285
『맹자孟子』　101
면학勉學　11
명교대사　188
명교숭　189
명류名流　264
모도毛道　92
『모성자』　123
모자牟子　109
『모자이혹론牟子理惑論』　109
무갈無竭　142
무종武宗　273
묵류墨流　264

문신問訊　310

문중자文中子　99

바

바라　92

바수　158

『박물지』　214

박博　208

반고　265

『반서班書』　265

『방등다라니경』　158

배구裵矩　132

백거이　88

백미百味　76

『백씨장경집』　88

백양순白楊順선사　60

『백흑론』　171

번찰幡刹　202

범왕范汪　175

범진范鎭　218

범찰梵刹　202

범태范泰　168, 169

법류法流　264

법보法寶　249

『법본내전法本內傳』　107, 109, 113, 127

법숭　176

법심法深　177

법운원통法雲圓通　37

『법화경』　43, 92, 329

『보량경寶梁經』　207

『보림전』　30

보살계菩薩戒　135

보은법연　324

보처미륵補處彌勒　134

복희　286

봉호蓬蒿　224

부도浮屠　34

부용해芙蓉楷선사　62, 63

부의傅毅　107

불법승佛法僧　247

불보佛寶　251

불성佛性　83

불안선사　300, 301

『불조역대통재佛祖歷代通載』　184

불타발타라　30

빙대氷臺　214

사

『사기史記』　216

『사기열전』　265

사대천왕四大天王　136, 137

사등四等　146

사라　156

사령운謝靈運　169

사리闍梨　142
사마광　98
사마온공　99
사마천　265
사몽謝濛　173
사무량심四無量心　146
사부謝敷　175
『사분율』　260
사상謝尙　172
『사십이장경』　108, 109, 278
사왕闍王　158
사참事懺　95
『사행론』　36
살타파륜薩陀波崙　142
삼동三洞　112
삼보　246
삼복三復　44
삼산三山　344
삼초三焦　234, 240
삼황　286, 287
생고生苦　293
생령生靈　162
『서경』　26, 99, 208, 279
『서방성인론』　286
『서응본기경』　361
서장書狀　11
『석난문釋難文』　205
『석명』　234
석상石霜스님　66, 67

『선견율비바사善見律毘婆沙』　196
선문禪文　12
선열禪悅　189
선정　41, 43, 189, 191
『설문해자說文解字』　50
설통說通　52
섬銛　100
성교聲敎　249
성도成都　220
성무成務　248
소실봉　74
손권　344
손작孫綽　175
솔토지빈率土之濱　171
송문제宋文帝　166
송상宋庠　118
『수신기』　342, 343
수아법사修雅法師　232
수후주隋侯珠　343
『순자』　93
순타　96
숭산　74
습인習因　158
습착치習鑿齒　285
승가僧伽　46
승나僧那　148
승려지엄　30
승록찬영　206
승보僧寶　164, 249

승예僧叡　27
『시경』　270, 285
시정市井　48
시중示衆　12
시중侍中　167
십중금계十重禁戒　140
십지十地　97
십팔유학　134
십팔범왕十八梵王　136, 137
쌍림雙林　156

아

아사리阿闍梨　142
아사세왕阿闍世王　158
아촉불국　358
안사고顔師古　216
안연지顔延之　170, 171, 185
안표顔彪　170
안회　100
애별리고愛別離苦　293
야광주夜光珠　343
양마이대楊馬二戴　280
양무제梁武帝　150
양염陽艶　197
『양자법언』　214
양지良知　362
양현보羊玄保　166, 181

양황梁皇　150
어리석은 승려　211
어별魚鼈　218
어행전御行殿　118
『업보차별경』　300
여대흥대女大興臺　196
여산　30
여閭　48
『역대삼보기』　246
연성連城　224
연성벽連城壁　224
연수당延壽堂　293
『열녀전』　141
『열반경』　82, 96
열반당涅槃堂　293
염閻　48
염제　286
영逞　28
영아嬰兒　40
영지율사　297
영평永平　106
『예기』　189, 197
『예문지藝文志』　265
『오계중서』　218
『오서』　126
오신채五辛菜　153
오음성고五陰盛苦　293
오장五腸　234
오제五帝　287

와합瓦合 196
완연宛然 44
왕공王恭 174
왕기 350
왕도王導 172
왕밀王謐 174
왕양명 362, 363
왕탄王坦 174
외전 203
욕澔 189
용상龍象 144
용주鎔鑄 142
우가녕승록 259
우가찬영 26, 27
우도수于道邃 177
우두미牛頭微 79
우법개于法開 177
우법란于法蘭 177
우운종무 227
우의羽儀 176
운개지雲盖智 332
『원각경』 43
원문願文 12
원시천존元始天尊 121
원오圓悟선사 219
원증회고怨憎會苦 293
유계遺誡 11
유량庾亮 173
유류儒流 264

『유마경약소수유기』 202
유사遊絲 197
육경六經 169
육범사성六凡四聖 80
육부六腑 234, 240
육수정陸修靜 284
육욕천六欲天 136
육욕천자六欲天子 137
은산隱山스님 64
은의殷顗 175
음양류陰陽流 264
『의경』 234
이고二鼓 332
이덕림李德林 132
이리迤邐 218
이부吏部 166
이사李斯 273
이수理數 138
『이식론離識論』 185
이십칠현성二十七賢聖 134
이양利養 56
『이원異苑』 345
이원조李元操 132
이참理懺 94, 95
인종황제 162
『인효권선서仁孝勸善書』 353
일우一雨 164
일월등명불日月燈明佛 146
일월등명日月燈明 146

『일체경음의』 220
일호지액一狐之腋 216
임우霖雨 224

자

자마생作麼生 302
자비희사慈悲喜捨 147
자수선사 309
잠명箴銘 11
잡록雜錄 12
잡류雜流 264
『장경집』 88
장로자각종색선사 32
『장아함경』 202
『장자』 222, 349
장현張玄 175
재보宰輔 176
재齋 85
저선신褚善信 112
전법게傳法偈 320
전선관법傳禪觀法 26
『절달성론折達性論』 170, 171
『정명소』 147
『정법념경』 213
『정선현토치문』 10
『정조도』 30
정행正行 142

제석천주帝釋天主 137
제지制止 147
조계 30
『조계보림전曹溪寶林傳』 31
『조론』 148
조서鳥鼠 213
조숙량 30
『조정사원朝庭事苑』 259
조주趙州 65
종병宗炳 171
종색선사 33, 47
종통宗通 52
종횡류縱橫流 264
좌선 35, 39
주공周公 209
주무周武 272
『주역』 52, 270
주의周顗 172
주주塵 29
중도中道 199
중련 28
『중용』 198
중조中朝 173
증장천왕增長天王 136
지계持戒 146
『지관보행전홍결止觀輔行傳弘決』 202
지국천왕持國天王 136
지둔支遁 177, 184
지의도자紙衣道者스님 67

지의선사智顗禪師　128, 129
지현영중智賢永中　8
지혜　191
진시秦始　272
진왕晋王　135
진정문선사　307

『춘추좌씨전春秋左氏傳』　196
출가　63, 131, 215
취락聚落　196
『치림보훈緇林寶訓』　8
『치문경훈주』　10
침루寢陋　268

차

창매唱賣　336
창창倀倀　99
채음蔡愔　108
천감天監　152
『천태지관』　41
천태지의天台智顗선사　145
천태지자天台智者대사　83
철발綴鉢　192
청량국사清凉國師　85
청량징관대사　84
청묘淸廟　254
초류噍類　280
총림叢林　46
최호崔浩　273
축도생竺道生　185
축도잠竺道潛　177
축법란竺法蘭　106, 109, 125, 249
축법숭竺法崇　177
축법호竺法護　177

타·파

탁발　281
탁발도拓跋燾　273, 280
탕탕蕩蕩　288
태교　141
태극대도太極大道　121
태무제太武帝　273
태상군록太上群錄　114
태상노군太上老君　112, 115
태소太素　122
태허부축太虛符祝　114
『통혜록通慧錄』　207
투자投子스님　67
파사익왕　354
팔고八苦　293
편첨匾檐스님　64
평형平衡　93

하

하상지何尙之 167, 173
하승천何承天 171
학수鶴樹 156
『한비자韓非子』 224
『한서漢書』 210, 265, 280
한현종漢顯宗 106
해분좌예解紛挫銳 28
향산거사 88
향적주香積廚 312
허순許詢 174, 184
혁奕 208
현덕玄德 262
현사 301
현절릉 108
현종顯宗 248
현태玄泰스님 66
현풍玄風 120
형산백옥荊山白玉 224
형산유옥荊山有玉 224
혜가慧可스님 75, 359
혜관慧觀 183
혜랑선사 29
혜엄慧嚴스님 182, 183, 185
혜원慧遠스님 179, 285
호계삼소虎溪三笑 285
호계虎溪 285
호리蒿里 318

호법護法 12
호용죄互用罪 339, 341
『홍명집』 176
화광삼매 352
화씨지벽和氏之璧 224
『화엄경』 260
황권黃卷 120
황매천 364
황벽선사 322
황황 50
후주後周 281
흡연翕然 268
희안수좌希顔首座 203, 205

찾아보기 _ 381

치문

제3권 모두 함께 깨달음을

초판 발행 | 2009년 11월 6일
초판 2쇄 | 2018년 10월 23일
펴낸이 | 열린마음
저자 | 원순

펴낸곳 | 도서출판 법공양
등록 | 1999년 2월 2일·제1-a2441
주소 | 110-170 서울시 종로구 수송동
두산위브파빌리온 836호
전화 | 02-734-9428
팩스 | 02-6008-7024
이메일 | dharmabooks@chol.com

ⓒ 원순, 2018
ISBN 978-89-89602-43-9
ISBN 978-89-89602-40-8(전3권)

값 20,000원

부처님의 가르침을 올바르게 _ 도서출판 법공양